教科教育学 シリーズ

算数・数学科教育

橋本美保 ＋ 田中智志

藤井斉亮

刊行に寄せて

　教職課程の授業で用いられる教科書については、さまざま出版されていますが、教科教育にかんする教科書についていえば、単発的なものが多く、ひとまとまりのシリーズとして編まれたものはないように思います。教育実践にかんする一定の見識を共有しつつ、ゆるやかながらも、一定の方針のもとにまとまっている教科教育の教科書は、受講生にとっても、また授業を担当する教員にとっても、必要不可欠であると考えます。
　そこで、「新・教職課程シリーズ」の教職教養（全10巻）に続き、教科教育についても新たに教職課程用の教科書シリーズを刊行することにしました。この新しいシリーズは、教科ごとの特色を出しながらも、一定のまとまりがあり、さらに最新の成果・知見が盛り込まれた、今後の教科教育を先導する先進的で意義深い内容になっていると自負しています。
　本シリーズの方針の１つは、以下のような編集上の方針です。

　　○教育職員免許法に定められた各「教科教育法」の授業で使用される
　　　内容であり、基本的に基礎基本編と応用活用編に分けること。
　　○初等と中等の両方（小学校にない科目を除く）の指導法を含めること。
　　○教科の指導法だけではなく、各教科に密接にかかわる諸科学の最新
　　　の成果・知見を盛り込んだ、最先端の内容構成であること。
　　○本書を教科書として使用する受講生が、各自、自分なりの興味関心
　　　をもって読み進められるような、工夫を行うこと。
　　○原則として、全15回という授業回数に合わせた章構成とすること。

　本シリーズのもう１つの方針は、教育学的な観点を有することです。教科教育の基本は学力形成ですが、どのような教科教育も、それが教育である限りその根幹にあるのは人間形成です。したがって、学力形成は人間形

成と切り離されるべきではなく、学力形成と人間形成はともに支えあっています。なるほど、科学的な能力と道徳的な力とは区別されるべきですが、科学的な能力と心情的な力とは本来、結びついているのです。人間形成は、道徳的な能力の育成に収斂することではなく、心情的な力、すなわち人として世界（自然・社会・他者）と健やかにかかわる力を身につけることです。たとえば、算数を学ぶこと、国語を学ぶことは、たんに初歩的な数学、初歩的な国語学・文学の知見を、自分の願望・欲望・意図を達成する手段として身につけることではなく、世界全体と人間が健やかにかかわりあうための知見として身につけることです。たとえていえば、健やかな人間形成は家の土台であり、学力形成は建物です。土台が脆弱だったり破損していては、どんなに素敵な建物も歪んだり危険であったりします。

　人間形成の核心である世界との健やかなかかわりは、私たちがこの世界から少しばかり離れることで、ほのかながら見えてきます。古代の人は、それを「絶対性」と呼んできました。絶対性は、ラテン語でabsolutus（アブソリュートゥス）、原義は「（この世俗世界）から離れる」です。あえて道徳的に考えなくても、世事の思惑や意図から自由になって自然や生命、人や文化に向き合うとき、私たちの前には、本当に大切なこと、すなわち人が世界とともに生きるという健やかなかかわりが見えてきます。

　本書の編集は、算数・数学科教育の領域で活躍されている藤井斉亮先生にお願いいたしました。教職を志すみなさんが、本書を通じて、真に人間性豊かな、よりよい教育実践の学知的な礎を築かれることを心から願っています。

監修者　橋本美保／田中智志

まえがき

　本書は、教員養成大学や教職課程を設けている大学等において、小学校教員および中学校数学科教員を目指す人のために開講されている初等算数科教育法および中等数学科教育法等の授業での活用を想定し、編纂したものである。そのため、数学教育学に依拠しながら、理論的側面だけでなく、学校教育現場での実際の授業も想定し、教材研究のあり方や授業づくりの基本的指針も示すようにした。

　本書の一つの特徴は、小学校における算数だけでなく中学校における数学を明確に視野に入れ、その系統性を踏まえて構成されている点である。このように述べると、数学的側面を重視したように聞こえるが、指導内容について、教育学的価値も十分に吟味して示した。教師を目指す人たちであるなら、算数・数学が他教科に比べて系統性が高いと言われていることを承知しつつ、さらに教材の数学的側面と教育学的側面を視野に入れ、素人ではなく玄人としての別格の深い教材理解を目指してほしい。

　ただ、誤解のないように一言付け加えておくと、教材の系統性の理解は、教師の側の準備として必要不可欠だが、それだけでは十分ではない。児童生徒の側に立ったとき、児童生徒にとっていま何のために何を学習しているのかが分からなければ意味がないからである。いま学んでいることは将来役に立つと言われても、説得力はない。教師は目の前の児童生徒にとって、その時点で意味のある学習となるように授業を展開すべきである。そのためには、教材研究が欠かせない。教材研究により教材の本質を明らかにし、価値を明確にしなければならない。教師が教材の価値を知らずして、児童生徒がその教材の価値が分かるはずはないからである。

　教材研究の必要性と重要性は、わが国の教師にとって十分に認識されているところであるが、世界に目を向けると必ずしもそうではない。実際、教材研究という用語については、適切な英訳が見当たらない。概念がない

ので、用語が存在していないのである。海外の学術論文を見ると、教材研究に焦点を当てた論文の中で、論文題目にkyozai-kenkyuと記してある論文が見いだせる。そうするしか方法がないからであろう。本書は、わが国の教師文化の中で育まれてきた教材研究の実際を示したものと言ってよい。また同時に、本書は、教師を目指す人たちが、最終的には知的に自立し、教材研究ができるようになることを目指している。随所に「課題」を設定したのもそのためである(「課題」に関するヒント・ポイントは章末に掲載した)。

わが国には教育課程の基準として学習指導要領があり、教科書も検定制度により学習指導要領と整合的である教科書が使用されている。しかし、だからといって学習指導要領を踏まえつつも教科書をなぞる授業に陥ることがないようにしたい。授業は生き生きとして、児童生徒の今と将来に役立つように実践してほしい。

学習指導要領は、およそ10年で改訂されてきたが、急速に変化する社会とそこで生きる児童生徒に対し、算数・数学科にも変化に即した改善が常に求められている。変わりゆく状況の中で何が大切なのかを、いつも問い続ける姿勢を持ち続けることが必要であろう。

将来、算数・数学科の教員として児童生徒の前に立ったとき、人間社会がどうなることがよいのかを考え、教育目的と日々の授業の目標とのつながりを大切にしたい。目の前の児童生徒に正対して心を開き、同時に、教師として授業目標を具現化するための教材研究を怠らないようにしたい。授業は、算数・数学の知識や技能の習得の場ではなく、学習指導を通した人間形成の場となるべきである。そのためにはどうすればよいのか。本書がそれを見いだす契機になれば幸いである。

編著者　藤井斉亮

算数・数学科教育

刊行に寄せて　*2*

まえがき　*4*

序章　注入型授業から問題解決型授業へ　*10*

算数・数学科教育の基礎

第1章　算数・数学科教育の目的と歴史　*16*

第1節　算数・数学教育の始まり　*16*
第2節　算数・数学教育の改良運動　*19*
第3節　戦後の教育改革と算数・数学教育　*25*
第4節　現代における算数・数学教育の目的　*28*

第2章　学習指導法と評価　*33*

第1節　学習指導法　*33*
第2節　評価の目的と方法　*40*

第3章　教育機器の利用　*48*

第1節　「大画面」の活用　*48*
第2節　数学的問題解決を変えるツール型ソフトや機器　*50*
第3節　個別学習や協働学習を進めるためのタブレット　*53*

第4章　授業研究　*55*

第1節　算数・数学教育と授業研究　*55*
第2節　授業研究の基礎　*58*
第3節　授業研究会への参加　*62*

第2部
算数科教育の理論と実際

第5章　数と計算　*66*

第1節　整数の概念と表記　*66*
第2節　整数の加法・減法　*72*
第3節　整数の乗法・除法　*77*
第4節　小数・分数の加法・減法　*83*
第5節　小数・分数の乗法・除法　*89*
第6節　見積もりと概数・概算　*95*

第6章　量と測定　104

第1節　量の概念と性質　104
第2節　図形の計量 —— 長さ・面積・体積　110
第3節　異種の2量の割合　115

第7章　図　形　126

第1節　図形の概念と操作　126
第2節　空間観念と図形的直観　134

第8章　関　数　142

第1節　関数の考え　142
第2節　式・記号化の考え　149
第3節　統計の考え　154

第3部

数学科教育の理論と実際

第9章　数学的活動と課題学習　164

第1節　数学的活動の数学的考察　164
第2節　数学的活動と課題学習の教育的考察　166

第10章 数と式　　171

第1節　数とその拡張　　*171*
第2節　文字式とその利用　　*178*
第3節　方程式・不等式の統合的な見方　　*184*

第11章 図　形　　191

第1節　作図と論証　　*191*
第2節　空間図形と空間観念　　*198*
第3節　図形の計量 —— 相似・三角比　　*204*

第12章 関　数　　213

第1節　関数の考えと算数との関連（接続）　　*213*
第2節　関数の活用　　*219*

第13章 資料の活用　　230

第1節　データの収集　　*230*
第2節　データの分析 —— グラフ表現・数値化　　*236*
第3節　統計的確率と数学的確率　　*243*

終章　授業研究のいっそうの質の向上を目指して　　250

序章

注入型授業から問題解決型授業へ

1. 世界から注目されている日本の算数・数学の授業

　教育の国際比較は種々の側面から可能であろうが、教科ではこれまで特に算数・数学科に焦点が当たってきた。算数・数学は教科としてどの国においても学校教育に組み込まれているからであろう。

　算数・数学に焦点を当てた国際比較では、これまでまず「達成されたカリキュラム」として児童生徒の国際学力調査結果が話題となり、次に学習指導要領などの「意図したカリキュラム」が話題となってきた。そして、いよいよ「実行されたカリキュラム」として実際の授業に焦点が当たるようになった。

　各国で行われている算数・数学の実際の授業自体に焦点を当てた研究として、TIMSSビデオスタディがある。その結果を集約した"The Teaching Gap"が1999年に出版され、日米独の数学科授業(中学校第2学年)の相違点が明確になるとともに、授業が文化的営みであることが指摘された。だが、"The Teaching Gap"が関心を集めたのは、現象としての授業の相違点

だけではなく、授業において中心的役割を担う教師、特に日本の教師が米独の教師とは全く異なる経験を蓄積していることが明らかになったからである。その経験とは、授業研究である。"*The Teaching Gap*" の第7章では、教師の資質向上の切り札として日本の授業研究が詳細に紹介されている。その結果、授業研究はLesson Studyと訳され、瞬く間に世界中に広がった。"*The Teaching Gap*" で紹介されている授業研究は、吉田誠の博士論文 [Yoshida 1999] に基づいた公立小学校（広島県）の事例であり、詳細にその過程が記述されている研究授業は、小学校第1学年の算数の授業である。この授業は、（Ⅱ位数）−（Ⅰ位数）の繰り下がりのある減法の授業で、問題解決型授業として展開され、問題解決型授業自体も世界の注目を集めることになった。

授業研究自体の特徴・価値などは第4章に譲ることにし、ここでは問題解決型授業を展開するうえでの教師の資質に着目しよう。

2. 問題解決型授業と教師の活動

(1) 問題解決型授業

初めて日本の算数の問題解決型授業を見た外国の研究者の感想として、それが注入型授業の対極にあるというだけでなく、「たった1題しか問題を解かないのか」というものがある。確かに、授業で扱う問題は1題である。しかし、よく考えられた1題である。その背後には、教師の深い教材研究がある。

問題解決型授業が始まると、まず、そのようなよく考えられた問題の提示がある。児童生徒の側から言えば、問題の理解である。普通、それには5分から10分間が必要であろう。

第2段階は、問題に子どもたちが自力で挑む段階である（10分〜20分間）。自力解決と呼ばれる段階である。

そして第3段階は、比較検討場面であり、そこでは個々の解法が比較検

討され、同時に生かされ、練り上げられて集団思考へと昇華していく（10分〜20分間）。そこでの教師の役割は、重要でかつ難しい。実際、教育実習生や若手の教師にとって、授業の中でも特に困難な過程である。豊かな比較検討場面を構成するためには、自力解決での個人思考の広さと深さが必要であり、それが質の高い集団思考への必要条件である。教育実習生や若手の教師は、児童生徒の発想やその背後にある潜在的な豊かさを見とることが難しい。また、教材研究が十分ではなく、そもそも種々の可能性を秘めた豊かな問題を授業課題として提示できないのである。

　第4段階は、まとめの段階である（5分間）。まとめの段階は、各解法への賞賛では不十分である。すなわち、個人的満足ではなく、数学的満足へと高める指導が必要である。さらには、人間の知恵が顕在化するような、いわば人間教育につながるまとめが大切である。

　問題解決型授業では、問題が提示された後は、児童生徒にその解決が委ねられる。では、教師は「さあ、自分で解いてみましょう」というだけで、何もしないのであろうか。そうではないであろう。児童生徒主導の授業を実現することは、実は容易ではない。この点を考えてみよう。

（2）教師の3つのレベル

　杉山吉茂は、教師に3つのレベルがあるという［杉山2008］。

　レベル1：数学的な知識、手続きを知らせる教師。子どもはそれを覚える。「これが決まりですよ。はい、練習しましょう」という授業となる。注入型の授業である。

　レベル2：「覚える」だけでなく、これに「分かる」が加わる。「できる」ことに「なぜ」が加わり、訳も説明できる教師がレベル2の教師である。

　レベル3：子どもが自分で新しい知識や手続きを見つけ、発見する授業、創る授業である。そういう授業ができる教師がレベル3の教師である。授業は問題解決型授業となる。

　レベル1の教師による授業は、簡潔に言えば、「先生が知らせて子ど

が覚える」授業であり、レベル2の教師による授業は「先生が訳を説明して子どもが分かる」という授業である。

　レベル1は、理解の視点から言うと、スケンプ [Skemp 1976] の言う用具的理解に到達でき、どのようにすれば答えが出るかが分かり、できるようになる。How中心の理解である。レベル2は、Howを支えるWhyも分かるので、関係的理解が得られよう。

　スケンプは、分数の除法を例に挙げているが、分数÷分数の計算は、割る方の分数をひっくり返して掛ければいい、と子どもに指示して練習させるのがレベル1の教師による授業である。一方、なぜ、ひっくり返して掛ければ答えが出るのか、その「なぜ」に答えることができる教師、そういう授業ができる教師がレベル2の教師である。

　レベル1とレベル2は教師主導である点に特徴があるが、レベル3は児童中心であり、教師は補助に徹することになる。レベル3の教師による授業では、子どもたちが分数÷分数の計算の仕方を見いだしてく授業となろう。

　問題解決型授業はいわゆる児童生徒中心の授業である。普通に授業しているだけでは、特に注入型の授業を展開しているだけでは、「さあ、自分でやってごらん」と言われたときに、子どもが主体的に算数・数学を創ったりすることはできないであろう。そういうことができるためには、そういうことができるような子どもに育てておかないといけない。それができる教師がレベル3の教師である。そういう子どもを育てて初めて児童生徒中心の教育となり、問題解決型授業が展開できるのである。

　このように考えると、問題解決型授業では、何をどのように教えておけば、何が自力解決できるかの教材研究が、教師の側でまず必要となる。問題解決型授業では、これまで教師が何をどのように教えてきたかが顕在化される。同時に、教師が行ってきた教材研究の質が評価される場とも言えるのである。

　問題解決型授業の一つの誤解は、「問題解決型授業は、いわゆる投げ込み教材では可能だが、ふだんの授業では難しい」ということである。問題

解決型授業がふだんの授業と関連があると捉えている場合でも、まず基礎的・基本的な知識技能を注入型授業で教え込み、それを応用させる場が問題解決型授業であるという誤解がある。だが、基礎的・基本的な知識・技能なるものが「生きて働く知識」「使える技能」となって身についていないと問題解決型授業は展開できない。では、基礎的・基本的な知識技能を「生きて働く知識」「使える技能」として身につけるにはどうすればいいか。答えは問題解決型授業を行うことである。

このように考えると、ふだんの授業を問題解決型授業として展開することは難しいが、価値あることであることが分かる。それができる教師がレベル３の教師である。レベル３の教師は、一見すると「さあ、やってごらん」と言うだけなので、楽そうに見える。だが、実際は、その背後に深く広い教材研究の蓄積があるのである。

本書は、卒業して教育現場に出たとき、レベル３の教師を目指す人のために、必要最低限の要件を明確に示したつもりである。本書を教材研究のよりどころとし、教材研究を積み上げ、学部卒業時には少なくともレベル２の教師に到達することを期待している。

引用・参考文献

杉山吉茂『初等科数学科教育学序説』東洋館出版社、2008年

Skemp, R. R. "Relational understanding and instrumental understanding" *Mathematics Teaching*, 77, 1976, pp.20-26

Yoshida, M., *Lesson study: A case study of a Japanese approach to improving instruction through school-based teacher development* (Dissertation), Chicago: University of Chicago, 1999

第 *1* 部

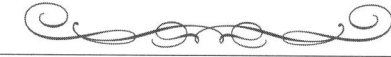

算数・数学科教育の基礎

第1章

算数・数学科教育の目的と歴史

第1節 算数・数学教育の始まり

1. 学校教育以前の数学教育

　数学教育という営みは、教育機関である学校が整備される以前からいくつかの目的を持ってなされてきた。

　第1には、数学の探求やその成果を伝達するための教育である。数学が学問として発展してきた過程においては、なんらかの形で先駆者から数学を学び研究する機会があったはずである。初歩的な内容であれ、専門的な内容であれ、誰もが最初はなんらかの教育を受けたはずである。こうした教育があってこそ、数学は発展してきたと考えられる。

　第2には、数学を実用的に利用するための教育である。測量や建築においては計測や作図が必要であり、数学は実用の中で学ばれ利用されていた。また商業においては、計算や単位換算など数学が実用的に利用されてきた。

したがって、こうした場面に用いられる数学やその方法を習得させる教育が考えられる。

第3には、人材登用や選抜試験のための教育がある。税の計算や管理という実務的な側面を背景とした官僚の登用試験や上級学校への進学のための試験科目として数学は取り入れられ、これに対応するための教育が行われている。現在の受験勉強としての算数・数学教育と同じである。

しかし、こうした側面から数学教育を捉えるのでは、現在の算数・数学教育の目的として十分とは言えない。学校教育において算数や数学が教科として位置づいているのは、数学の継承・発展や数学の活用、受験準備のためだけではない。子どもの発達や成長に資する教育としての算数・数学教育の目的には、別の視点が必要なのである。

2．近代学校教育における算数・数学教育

わが国の近代学校教育制度の始まりは、1872（明治5）年の学制と見ることができる。これ以前にも寺子屋や藩校といった教育機関の存在を認めることはできるが、国家や行政組織によって義務教育として成立した教育という意味での近代学校教育制度は、明治政府による学制が出発点となる。学制においては、小学、中学、大学の教育機関が規定される。小学が広く国民全体に向けた大衆教育を中心とし、大学が国家に有為な人材を育成するエリート教育を中心としていたのに対して、これらの中間に位置する中学は、大学への準備機関や選抜機関の役割が大きく、独自の教育目的の下に設置された学校とは言い難いものであった。

学制においては教科の規定がなされ、その詳細は、別途、教則において示されている。そこには、現在の算数・数学に該当する教科として「算術」「幾何学」「代数学」が挙げられている。当時の明治政府は、西洋の文明や技術を取り入れた近代国家の建設を目指しており、この基礎として西洋数学を学校教育に取り入れている。このため、西洋数学の分野の区分が、そのまま教科の枠組みとなる。そして、西洋の数学書を翻訳した教科書を使

用したため、数学のそれぞれの分野における系統が指導内容とその配列となっている。

　こうした学制期の学校制度は、1879（明治12）年の教育令や後の改正教育令を通して、関連する法令が制定される過程で徐々に整備されていく。1886（明治19）年には小学校令、中学校令が制定され、同年の「小学校ノ学科及其程度」によって、初等教育機関である尋常小学校の学科として「算術」、「尋常中学校ノ学科及其程度」によって、中等教育機関である尋常中学校の学科として「数学」が定められる。尋常中学校は、国家に有用な人材を育成するために、中流社会の男子を対象とした学校として位置づけられる。この他の中等教育機関としては、高等女学校や実業学校が設置されているが、この時期の中等教育機関は十分な規模や内容を備えておらず、ここにおける数学にも明確な教育目的は規定されていない。

3．算数・数学教育の確立期

　1899（明治32）年の中学校令改正、翌1900（明治33）年の小学校令改正を受けて、同年に小学校令施行規則、1901（明治34）年に中学校令施行規則が制定される。小学校令施行規則には初めて算術の目的が示される。ここには「算術ハ日常ノ計算ニ習熟セシメ生活上必須ナル知識ヲ与ヘ兼テ思考ヲ精確ナラシムルヲ以テ要旨トス」とある。また、中学校令施行規則には「数学ハ数量ノ関係ヲ明カニシ計算ニ習熟セシメ兼テ思考ヲ精確ナラシムルヲ以テ要旨トス」と数学の目的が示されている。

　算術と数学の前半部分には若干の違いがあるものの、計算に習熟することなど、学科として教え、子どもに身につけさせるべき知識や技能に関することが書かれている。これに対して、後半部分では、学科の学習を通して育てるべきこととして思考を精確にすることが同じ文書で書かれている。前半部分を実質陶冶といい、後半部分を形式陶冶という。これは算数・数学教育の目的における基本的な2つの視点であり、その後の教育にもさまざまな影響を与えていく。

1902(明治35)年、中学校教授要目が制定され、数学の指導内容が定められる。数学は「算術」「代数」「幾何」「三角法」の4つの学科で構成され、各学年の指導内容が明示される。また、1903(明治36)年には小学校の教科書国定制度が制定され、1905(明治38)年に算術の最初の国定教科書『尋常小学算術書』(黒表紙教科書)が発行される。この時期は、学校教育全般において国家統制の進んだ時期であり、算数・数学教育についても、こうした制度上の整備が進む中で、国家としての基準が明確にされていく。

　こうした当時の算数・数学教育は、文部大臣、菊池大麓(1855〜1917)と、その弟子である東京帝国大学教授、藤沢利喜太郎(1961〜1933)の思想が基になっている。菊池は、その著書『幾何学講義』において「幾何学と代数学とは別学科にして幾何学には自から幾何学の方法あり、濫に代数学の方法を用ゐる可からざるなり」[菊池1897:20]と述べ、西洋数学の区分を重視した分科主義を主張している。同様に藤沢も、その著書『算術条目及教授法』において、算術から代数への接続を認めながらも、「特別なる数の計算法を論ずるは算術の本領にして、如何なる数をも代表することを得る文字を論ずるは代数の特色なり」[藤沢1895:8]として両者の区別を主張している。

第2節　算数・数学教育の改良運動

1. 欧米における数学教育改良運動

　日本において算数・数学教育が確立期を迎えていた頃、欧米では、数学教育改良運動といわれる大きな変革が起こる。1901年、イギリスのペリー(John Perry, 1850〜1920)はイギリス学術会議での講演において、従来の数学教育への見直しと徹底的な改造を主張する。ペリーは、数学教育が学問としての数学を重視した教え込み、記憶式の教育になっていることを批判し、数学の実用や有用性に着目した数学教育を主張している。アメリカのムー

ア（Eliakim Hastings Moore, 1862〜1932）はこれに賛同し、1902年のアメリカ数学会における会長講演において、実験室法といわれる指導法を提唱している。また、ドイツのクライン（Felix Christian Klein, 1849〜1925）など著名な数学者も数学教育の改良を訴えている。

この中で、批判の的となったのが、ユークリッド原論を基にした幾何教育である。分科主義の幾何教育は、ユークリッド原論のように、公理や定義に基づいて幾何の定理を一つ一つ証明するものである。証明は推論の論拠となる公理や定義、また以前に証明した定理を根拠にして構成され、その全てを記述する厳密なもので、直観的に認められることや、他分野の定理・方法を用いることはいっさい認められていない。こうした内容は、多くの子どもに適するものではなく、数学は教え込みの記憶式教育となっていると批判される。証明を正確に記述できるようになるため、理解できない教科書の記述をそのまま暗記する方法が取られ、抽象的な論理は当時の数学教育における大きな障害であったとも言われている。

こうした従来の数学教育は、子どもの発達や生活との関わりを考慮していないことに対して、子どもの身の回りのものから図形の概念や性質を捉えたり、実験・実測によって帰納的に探求したりすることが提案される。子どもが自分で図形の性質を見いだしたり、数学の定理を見いだしたりするような発生的な教授法が提唱され、日常の事象を科学的に捉えるための関数観念の重要性が主張される。ここにおける実験・実測に基づいた数学教育は、子どもの興味・関心をひくことや数学への取り組みやすさのみを追求することが目的ではない。研究者が科学的な探究をする際の方法や考え方を実際に経験することによって、科学的な精神を養うことが目指されている。

またこの数学教育改良運動には、学問としての数学も影響を与えている。それはヒルベルト（David Hilbert, 1862〜1943）の公理論の影響である。ユークリッド原論とは異なる公理系でも幾何学を構成することができ、ユークリッド原論が唯一の完全なものではないことが明らかになる。数学教育においては、唯一の絶対的な真理としてユークリッド原論に基づく幾何学を

教えてきたが、この前提が崩れたため、数学教育における幾何の内容に対して、教育の立場から構成し直す余地が生まれたのである。

　こうした数学教育改良運動においては、学問としての数学をそのまま教えることを重視していた数学教育から、教育としての学校数学が模索された時期と捉えることができる。また、就学率向上や大衆化に伴い、中等教育が上級学校への準備機関から、教育内容に独自の目的を持つ教育機関へ転換する時期とも捉えることができる。残念ながら、前述した同時期の日本の学校数学は、こうした数学教育改良運動が批判した数学教育を模範にしてつくられたものであり、欧米の動向とは逆行するものとなっている。

2. 日本における数学教育改良運動の受容

　明治30年代の『尋常小学算術書』や中学校の教授要目に基づく教育は、子どもの関心や発達を考慮しておらず、指導に多くの困難があることが指摘される。こうした批判からの代案として、黒田稔（1878〜1922）が作成した東京高等師範学校附属中学校の数学教授細目がある。この教授細目は、1906（明治39）年から1909（明治42）年にかけて作成され、1911（明治44）年の文部省の中学校数学科教授要目の改正に影響を与えている。ここでは、指導内容の記述においては「算術」「代数」「幾何」「三角法」に分けた学年配当をしているが、指導においては相互の関連を図ることが明記されている。そして「算術に関する複雑な事項は代数及幾何を授ける場合に之を教授すべし」として、算術の内容を代数や幾何の内容とともに取り扱うことを認め、分科主義の数学教育からの転換となっている。

　また、黒田は数学教育研究のために1910（明治43）年からドイツに留学し、ゲッチンゲン大学においてクラインに師事している。1913（大正2）年に帰国した後は、欧米における数学教育改良運動の動向を伝えるとともに、新しい数学教育のための教科書も執筆している。ここでは、分科主義が数学教育には適さないとし、数学の各分野の関係を密接にし、統合的に系統化して教えるべきであり、さまざまな数学の知識を活用して問題を最も簡単

に解く力をつけることを主張している。そして、各分科を連絡結合する最良の方法が「関数的思想」であり、実際の問題において数学を応用するにも不可欠で重要なものであるとしている。

　欧米における数学教育改良運動は、森外三郎（1866〜1936）や林鶴一（1873〜1935）、国枝元治（1873〜1954）らによっても伝えられる。森は、クラインの考えを具体化したドイツのギムナジウム（中高一貫の中等教育）の教科書 "*Lehrbuch der Mathematik nach modernen Grundsätzen*" を翻訳し、これは『新主義数学』として文部省から発行されている。また小倉金之助（1885〜1962）は、その著書『数学教育の根本問題』[小倉 1924]において、明治以降の分科主義の数学教育の現状を批判し、海外の数学教育改良運動を紹介しつつ、「関数の観念」を中心とした数学教育を主張している。小倉は「数学教育の意義は科学的精神の開発にある」として、「関数の観念」こそが科学的因果関係を語るものであり、科学的見方、科学の考え方を学ぶためには「関数の観念」が数学教育の核心となると主張している。

　小学校の算術についても、大正デモクラシーや自由主義運動の影響もあって、子ども中心の教育が模索される。師範学校の附属小学校や私立学校においては「生活算術」という新しい教育が行われるようになる。これは、算術の内容を子どもの日常生活から取り上げるもので、作問主義、作業主義、郷土主義などの新しい試みが報告される。各地で授業研究会が盛んに開かれ、教育関係雑誌を通して、その成果が伝えられるようになる。

3．形式陶冶論争

　大正期の数学教育の改良への機運が高まる中で、東京高等師範学校を中心とした中等教育研究会において、数学科教員のための数学教育の研究会の設立が決議される。この決議を受け、1919（大正8）年に日本中等教育数学会（現在の日本数学教育学会の前身）が設立され、算数・数学教育を専門とした学会が誕生する。この学会の関係者によって、数学教育の改良に関する議論がなされることになる。

1922（大正11）年、広島で開催された全国中等学校数学教授研究会において長田新（1887～1961）が「形式陶冶ニ関スル最近ノ論争」と題する講演を行う。ここでは、従来の形式陶冶を全面的に否定し、さらに形式陶冶を認めることは有害であるとする学説が紹介される。この講演が発端となり、形式陶冶を否定する立場と肯定する立場が議論を戦わせる形式陶冶論争が起こる。肯定する立場としては、1924（大正13）年の日本中等教育数学会の第6回総会における林や国枝の反論があり、ここでは形式陶冶は認められているとしている。

　当時の形式陶冶論争は、否定派・肯定派のいずれにおいても、それぞれ海外の学説や調査結果を根拠にしており、独自の調査結果を基にした見解を述べているわけではない。論争の決着はつかず、どちらかが認められ、教育政策や国定教科書の編集方針に取り入れられることはなかったが、双方の主張の根幹には、数学教育の目的である何のために数学を学んでいるのかということに関する主張がある。これは、形式陶冶の考え方に安住し、学問としての数学をそのまま教えることに安住してきた教師たちへの批判であり、その後の数学教育の改良への足がかりになっている。

4. 数学教育再構成運動

　1931（昭和6）年には20年ぶりに中学校教授要目が改正される。この改正では、分科主義に固執せず柔軟に指導することが認められ、欧米の数学教育改良運動の分科主義否定の影響を見ることができる。そして、1935（昭和10）年には小学校の国定教科書が抜本的に改訂される。文部省の塩野直道（1898～1969）が中心となり『尋常小学算術』（緑表紙教科書）が発行される。この教科書では、従来の計算中心の算術の内容に対して、図形教材や代数的手法、関数の見方などが加わり、内容面で大きな変化が見られる。また、子どもに身近な題材や挿絵を取り入れ、子どもの発達や興味・関心へも配慮したものとなっている。この教科書における算術教育の目的は、児童の数理思想を開発することと、日常生活を数理的に正しくするように指導す

ることとされている。数理思想とは、数理を愛することや、数理の探究に喜びを感じる心、そして、事象から数理を見いだし、事象を数理的に考察し、数理的に行動する態度とされている。

　『尋常小学算術』は1935年から1学年分ずつ発行され、1940（昭和15）年に6学年分がそろって完成する。こうした新しい教育を受けた子どもたちが中学校に進学することから、数学教育の目的、指導内容、教育課程、指導法を抜本的に改良することが求められ、数学教育再構成運動が起こる。日本中等教育数学会を中心とした研究会が設置され、学問としての数学の系統にとらわれず、解析幾何や微積分、画法幾何、統計、力学など新しい指導内容を導入することや、新たな教育課程、指導法が開発される。そしてこの運動は、1942（昭和17）年の中学校の教授要目改正と1943（昭和18）年の一種検定教科書『数学』に結実する。ここにおいては、数学教育は既成の数学を教えるものではなく、生徒が自ら数学を発見し創造していくものであるという考え方から、代数領域の第1類と幾何領域の第2類の2系統の教育課程が検討され、それぞれに教科書教材が開発される。

　しかし、当時の教授要目や教科書は、教育現場や数学教育界において全面的には受け入れられていない。社会的な状況としては、第二次世界大戦の影響が学校教育自体に及び、こうした時間と労力を必要とする指導が不可能になっていたことがある。また、そうした状況において、従来の指導と大きく異なる目的や意図が、教育現場に正確に伝わらず理解されなかったこともある。また小学校も、1941（昭和16）年の国民学校令により教科の再編が行われ、算術は理科と合わせた理数科に統合され、理数科算数と理数科理科が設けられる。国定教科書も改訂され、第1学年から第2学年の『カズノホン』と第3学年から第6学年の『初等科算数』（緑表紙教科書）が発行される。これらの教科書では、数理思想を引き継ぎながらも、挿絵や題材において軍事色が見られるようになる。

第3節　戦後の教育改革と算数・数学教育

1. 戦後教育改革

　1945（昭和20）年、終戦を迎えた日本は、連合国軍の統治下において民主主義国家構築の道に進む。急速な社会改革が行われる中で、教育も例外ではなく抜本的な制度改革が行われる。1947（昭和22）年には教育基本法と学校教育法が制定され、6-3-3制の新教育制度が始まり、新制の小学校、中学校、高等学校が設置される。学校教育法施行規則において、小学校の教科に算数、中学校・高等学校の教科に数学が定められる。各教科の基準は学習指導要領によることとなり、同年、『学習指導要領算数科編数学科編（試案）』が発行される。算数・数学の目的として「日常の色々な現象に即して、数・量・形の観念を明らかにし、現象を考察処理する能力と、科学的な生活態度を養う」ことが掲げられ、これに続いて具体的な算数・数学の内容が20項目挙げられている。

　そして、新しい国定教科書として『算数』と『中等数学』が発行される。これらの教科書は、戦後に新しく編集されたものであったにもかかわらず、『学習指導要領算数科編数学科編（試案）』に示された指導内容と一致していない点が見られるなど、戦後の混乱期を示す一例となっている。また、1948（昭和23）年には『算数数学科指導内容一覧表』が発行され、各学年の指導内容を戦前より約1学年分下げた基準が示される。この基準に合わせた新しい教科書として、1949（昭和24）年『小学生のさんすう』第4学年用と、『中学生の数学』第1学年用が発行される。これらの教科書は、教科書国定制度廃止から検定制度への移行期に発行されたため、文部省著作教科書とされ、以後、民間の教科書会社が編集する検定教科書のモデル教科書といわれている。ここでは子どもの生活経験における問題解決の過程を通して、算数・数学の内容を指導する単元が取り入れられている。

　こうした改革を受けて1951（昭和26）年、『小学校学習指導要領算数科編

（試案）』と『中学校学習指導要領数学科編（試案）』が発行される。ここに示された算数や数学の一般目標には、日常生活との関わりにおいて算数や数学を活用していく態度や、自主的に考えたり行動したりする態度、算数や数学の有用性、美しさ、役割やよさ等を知ることが述べられている。そして、社会的な目標と数学的な目標の2つの側面があることが強調され、子どもの生活を通した算数・数学の教育が目指されている。

2. 系統主義の教育課程

　1958（昭和33）年に小学校と中学校の学習指導要領が改訂され、高等学校は1960（昭和35）年に改訂される。この改訂では「（試案）」が取られ、国の教育基準として学習指導要領が告示される。総則と各教科の目標や内容などを端的にまとめたものとなり、教科の系統を重視した教育課程が示される。指導内容は戦前の基準にほぼ戻り、指導時数も増加される。

　これは、戦後教育改革期における生活重視の教育が子どもの学力低下を招いたとする批判や、教育改革が占領軍の押しつけであったとする反動を反映している。1951（昭和26）年にはサンフランシスコ講和条約が締結され、翌1952（昭和27）年に日本は主権を回復している。こうした社会情勢から、算数・数学教育には従来の系統を重視した教育課程への回帰が見られる。

　この学習指導要領の算数・数学の目標において「数学的な考え方」が示される。「数学的な考え方」の根本には、算数・数学における活動や思考を束ねる中心的な概念への着目があり、この学習指導を通して算数や数学の創造的な活動を自主的に進めることを重点目標として位置づけている。

　これ以後、学習指導要領は約10年ごとに改訂され、社会情勢を反映しつつ時代に即した教育の方向性や指導内容を示していくこととなる。

3. 数学教育現代化運動

　戦後教育改革期の中で日本が新たな社会体制、教育制度を再構築してい

る中で、世界はアメリカなどの資本主義国家とソビエト連邦などの社会主義国家との冷戦時代を迎えた。軍事技術を含む科学技術競争の中で、1957（昭和32）年スプートニクショックが起こる。ソビエト連邦が人工衛星の打ち上げに成功し、これが資本主義国家の科学技術開発の遅れとして受け止められる。科学技術関連の学術的な研究を進めるとともに、その前提となる科学技術教育の改良が重要な社会的課題となり、数学と理科の教育改革が国家的なプロジェクトとして推進されるようになる。

　従来の教育内容が見直され、現代の学術研究や社会の進歩を学校教育にも反映させていくことが主張され、教育の現代化運動が起こる。数学教育はその中心にあり、SMSG（School Mathematics Study Group）などの研究組織が作られ、現代化の精神に基づいた教材や教科書の開発が行われる。数学教育には現代数学の進歩が反映され、集合や構造、位相などの内容が取り入れられる。このための学習理論としては、ブルーナー（Jerome Seymour Bruner, 1915〜）の『教育の過程』における「どの教科でも、知的性格をそのままに保って、発達のどの段階のどの子どもにも効果的に教えることができる」とする仮説を基にした教科の構造化が着目されている。

　現代化運動は、日本の算数・数学教育にも大きな影響を与え、1968（昭和43）年の小学校学習指導要領、1969（昭和44）年の中学校学習指導要領、1970（昭和45）年の高等学校学習指導要領の改訂に反映される。この改訂では、指導内容に大幅な増加が見られ、集合、関数、確率などが小学校の算数や中学校の数学に取り入れられる。そして算数・数学の目標には「統合的、発展的に考察」することが示されている。

4．基礎・基本と問題解決

　現代化運動において主張された高度な数学的な概念の指導は、子どもにとって難易度が高いだけでなく、教師にとっても現代化の精神を理解して指導するのは簡単なことではなかった。しかも、新しい高度な内容は、従来からの指導内容を維持したまま、それに加えて扱うことになっていたこ

とから、結果的に形式的な指導に陥ることが多く、理想とはかけ離れた教育となってしまった。子どもの理解を度外視した「落ちこぼし」教育、先を急ぐ「新幹線授業」などと揶揄されるようになり、見直しが求められた。

　現代化を先に進めていた国々においても、同じような状況が見られる。「Back to Basics（基礎に戻れ）」と掲げた従来の指導への揺り戻しが起こる。こうした状況下で1977（昭和52）年に小学校学習指導要領、中学校学習指導要領が改訂され、1978（昭和53）年に高等学校学習指導要領が改訂される。増大した指導内容は基礎的・基本的な内容に精選されることとなり、子どもが学ぶためのゆとりある教育が目指されている。

第4節　現代における算数・数学教育の目的

1. 新しい学力観

　平成期には学習指導要領は3回改訂されている。直近の改訂は2008（平成20）年の小学校学習指導要領と中学校学指導要領、2009（平成21）年の高等学校学習指導要領の改訂である。ここにおける算数の目標は、以下のように示されている。

　「算数的活動を通して、数量や図形についての基礎的・基本的な知識及び技能を身に付け、日常の事象について見通しをもち筋道を立てて考え、表現する能力を育てるとともに、算数的活動の楽しさや数理的な処理のよさに気付き、進んで生活や学習に活用しようとする態度を育てる。」

　ここには、1989（平成元）年の学習指導要領改訂で注目された「よさ」の用語が見られる。戦後の復興期や高度成長期は、社会全体が豊かさや経済的な発展を求める時代であり、学校教育もこうした社会の要請に支えられている。これに対して社会全体が豊かになり、努力や苦労することなく便利な生活ができるようになると、何のために学ぶのかという理由が希薄になる。結果として、学校における学びを支えてきた動機が受験へと過度に

傾き、受動的な学習に陥る。こうした状況を改善するため、子ども自身の主体性や学ぶ意欲への着目がなされる。自ら学び自ら考えることや、算数や数学の役割やよさを感得すること、学んだことを進んで活用していくことなど、子どもの関心・意欲・態度を育てることが主張される。

また、高度情報化社会の到来とともに、社会の変化は従来とは比べものにならない速さで進展していくようになる。このような変化の激しい社会において、子どもが学校教育を終えた後も、自らの知識を更新していくことや、自ら考え行動できるような心豊かな人間の育成が重要視される。算数・数学教育においても、単に知識や技能を身につけ、思考・判断できるようにするだけではなく、これを支える「自ら学び自ら考える」といった関心・意欲・態度を含めた新しい学力観が反映されている。

1998（平成10）年の小学校学習指導要領と中学校学習指導要領改訂、1999（平成11）年の高等学校学習指導要領改訂は、学校週5日制に対応したもので、大幅な指導時数の削減と指導内容の厳選が行われる。この改訂においては、変化の激しい社会を生きるための知・徳・体のバランスのとれた力として「生きる力」の育成が掲げられ、算数・数学では「算数的活動」と「数学的活動」が目標に示される。生きる力は「変化の激しい社会を担う子どもたちに必要な力は、基礎・基本を確実に身に付け、いかに社会が変化しようと、自ら課題を見つけ、自ら学び、自ら考え、主体的に判断し、行動し、よりよく問題を解決する資質や能力、自らを律しつつ、他人とともに協調し、他人を思いやる心や感動する心などの豊かな人間性、たくましく生きるための健康や体力など」と説明されている。子どもの主体的な学びを通して、学ぶことの楽しさや充実感を味わえるようにすることが重視され、この点が現在の学習指導要領にも継承されている。

2. 数学的リテラシーと育成すべき資質・能力

2008（平成20）年と2009（平成21）年の学習指導要領改訂の背景には、子どもの学力低下への批判や教育基本法改正などがある。これらを踏まえ、

「生きる力」の理念は継承しつつ、指導時数や指導内容を1989（平成元）年とほぼ同様の基準に戻す改訂がなされている。しかし、この改訂は単なる学力問題への対応として行われたのではなく、従来の教育の目的に関する議論をさらに進める中で行われている。ここで注目されたのが、現代を知識基盤社会 (knowledge-based society) として捉える見方や、OECD (Organisation for Economic Co-operation and Development, 経済協力開発機構) のPISA (Programme for International Student Assessment, 生徒の学習到達度調査) が示す指針である。

21世紀は、新しい知識・情報・技術が、政治・経済・文化をはじめあらゆる領域での活動の基盤として飛躍的に重要性を増す時代であり、こうした知識基盤社会に生きる子どもにどんな力を身につけさせるかが教育の目的を考えるうえでの出発点となっている。これは国際的な傾向でもあり、OECDでは知識基盤社会を生きる子どもに必要な能力を、キーコンピテンシー (key competency, 主要能力) として定義している。

キーコンピテンシーの中心にあるのは、思慮深く考え、行動することであり、次の3つのカテゴリーで捉えられている。それは「社会・文化的、技術的ツールを相互作用的に活用する能力」「多様な社会グループにおける人間関係形成能力」「自律的に行動する能力」である。PISAはこの考え方に基づき、従来の学力テストの問題とは異なる特徴的な出題を通して、単なる知識や技能ではなく、学習した知識や技能を実生活の課題に活用する能力を評価している。

PISAにおいて、数学に関して問われた能力が数学的リテラシーである。数学的リテラシーとは「数学が世界で果たす役割を見つけ、理解し、現在及び将来の個人の生活、職業生活、友人や家族や親族との社会生活、建設的で関心を持った思慮深い市民としての生活において確実な数学的根拠にもとづき判断を行い、数学に携わる能力」とされている。ここに示されている観点は、日本にとって全く新しい視点とは言いがたく、1951（昭和26）年の中学校高等学校学習指導要領（試案）の数学科の一般目標に同じ趣旨を読み取ることができる。また、1998（平成10）年と1999（平成11）年の学習指導要領改訂の基本となった「生きる力」にも、PISAのキーコンピテ

ンシーと共通する考え方が見られ、日本の算数・数学の目標は、これらと軌を一にするものである。2007（平成19）年から始まった全国学力・学習状況調査においては、主として知識に関するA問題と、主として活用に関するB問題が出題され、特にB問題は「知識・技能などを実生活の様々な場面で活用する力や様々な問題解決のための構想を立てて実践し評価・改善する力などに関わる内容」を基本理念として作られている。

OECDのキーコンピテンシーや数学的リテラシーの基本的な立場として、子どもにどのような資質能力を身につけさせるかという観点がある。従来の算数・数学教育の目的の議論においては、指導内容として何を教えるかが中心として考えられてきたのに対して、育成すべき資質・能力を踏まえて教育目標を議論する立場が強調されている。国立教育政策研究所は2013（平成25）年に報告書「社会の変化に対応する資質や能力を育成する教育課程編成の基本原理」をまとめ、「21世紀型能力」の提案を行っている。キーコンピテンシーとして諸外国で定義されていることや、OECD、PISAの枠組みなどを参考に、育成すべき資質・能力を「基礎的リテラシー」「認知スキル」「社会スキル」に分類し特徴づけている。そして、思考力を中核とし、それを支える基礎力と、使い方を方向づける実践力の3層構造に整理した「21世紀型能力」にまとめている。

算数・数学教育の目的も、何を知っているか、何ができるかという狭い意味での知識・技能に限定せず、子どもが将来、遭遇する未知の問題場面や課題に取り組み、解決していくための資質・能力を踏まえて議論することが始まっている。この議論の中において、今までの算数・数学教育において培われてきた子どもの学びとしての算数・数学の意義を、どのように関連づけていくかが重要である。

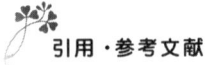
引用・参考文献

小倉金之助『数学教育の根本問題』イデア書院、1924年

菊池大麓『幾何学講義 第一巻』大日本図書、1897年

藤沢利喜太郎『算術条目及教授法』大日本図書、1895年

ブルーナー（鈴木祥蔵・佐藤三郎訳）『教育の過程』岩波書店、1963年

第2章

学習指導法と評価

第1節　学習指導法

　わが国の算数科・数学科における典型的な学習指導法は、問題解決による指導と呼ばれる。問題解決による指導では、既習の事柄を生かして、問題を解決することを通して新しい数学の概念をつくることを目指している。その過程では、子どもが数学特有の考え方や態度などを学ぶことも目指している。本節では、問題解決による指導に焦点を当て、学習指導法について考える。

1. 問題解決による指導の概観

　問題解決による指導では、1時間の授業で解決する問題はたった1つである。子どもは、1つの問題とじっくり向かい合い、その解決を試み、話し合いを通して学習する。授業は、一般的には、問題の提示、個別解決、

話し合い、まとめという4つの場面から成っている。スティグラー（J. W. Strigler）らは、米国、ドイツ、日本の授業を対比する中で、日本で行われている問題解決による指導を「構造化された問題解決（structured problem solving）」［スティグラー＆ヒーバート 2002: 36］と呼んでいる。

最近では、小学校の教科書の紙面に、問題解決による指導を具体化した事例を見ることができる。例えば、4年生の面積の指導の後半には、「右のような形の面積を求めましょう」という図形の面積を求める問題が示されている（図1）。そこでは、子どもが4通りの解決をすることを想定している［藤井 2014: 19-23］。

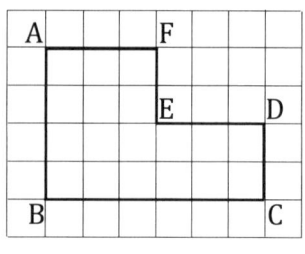

図1

　ア　4×3+2×3（FEを延長）　　イ　2×3+2×6（DEを延長）
　ウ　4×6−2×3（AF, CDを延長）　エ　4×(6+3)÷2

そして、ア、イ、ウを参照し「3人の考えで、共通していることはどのようなことでしょうか」というまとめの発問と、それに対する子どもの反応として「図のような形の面積も、長方形や正方形の形をもとにして考えれば求めることができます」が示されている。最後に、「今まで習ったことを使って考えればいいんだね」という教師のまとめまでが示されている。教科書に示された問題解決による指導を参照しても分かるように、問題が解けることのみが目標とはなっていない。すでに学んだことを基に考え、新しい見方や考え方を子どもが学習することが目標となっている。

問題解決による指導では、教師が子どもに問題を示し、子どもがその問題を個別に解決し、その解決について話し合うことを通して、新しい概念をつくることを目指す。そして、子どもが数学特有の考え方や態度などを学ぶことも目指している。そのため教師は、適切な思慮深い問題の設定、そして話し合いを通して、新しい概念をつくっていく手段として、子どもが数学的に考えるための適切な手だてを工夫することが要求される。例えば、複数の子どもの解決を比較検討する観点を提示したり、子どもの解決

を基に考える問題を明確にしたりする［古藤ほか 1990］。

2. 問題解決の指導の授業での展開

　問題解決による指導を実現した授業について具体的に考えてみる。小数の減法の導入（3年生）において、「2.3−0.8 を工夫して計算しましょう」というような単純な問題を教師が提示する。問題解決による指導法は、計算の指導をする授業であっても実現可能である［相馬 1997］。

　個別解決の場面では、すでに学んだことを基に、子ども自らがさまざまな計算方法を試みることが期待される。個々の子どもにとっては自分がそれまで学んできたことを生かす機会となる。

　2.3 は 0.1 が 23 個で、0.8 は 0.1 が 8 個となる。2.3−0.8 は 23−8 と見て差が 15 だから、0.1 が 15 個で答えは 1.5 となる。小数の加法で学習してきた 0.1 を単位として考える解決である。

　1年生の減法において学習してきた減加法や減減法を基にして解決することも可能である。

　　2.3−0.8=(1+1.3)−0.8=(1−0.8)+1.3=0.2+1.3=1.5

減減法を基に、減数を分解することも考えられる。

　　2.3−0.8=2.3−(0.3+0.5)=(2.3−0.3)−0.5=2−0.5=1.5

さらに、引くことが簡単にできないので、減数を引きやすくすることも考えられる。減数を 1 にして引きすぎた 0.2 を後から加える方法である。

　　2.3−0.8=2.3−1+0.2=1.3+0.2=1.5

　話し合いの場面では、それぞれの方法でなぜうまく計算できるのかが話題とされる。そして、いつでも利用できる計算方法を見いだすこと、さらには計算の性質を見つけ出すまでが期待される。

　減数を整数にして引きやすくする方法に着目する［和田義信著作・講演集刊行会 1997］。

　　2.3−0.8=2.3−1+0.2

　この方法では、繰り下がりが生じないように、減数を整数である 1 にし、

最初に引きすぎた0.2を最後に加えている。見方を変えると、この方法では差が変わらないように調整している。調整することが明確になるように式に表してみる。

　　2.3−0.8=2.3−1+0.2=2.3−(0.8+0.2)+0.2

　式をよく見ると、減数に0.2を加え、2.3からそれを引いたあとに0.2を加えている。式の形を少し格好よくするために、最初に被減数に0.2を加えてみる。

　　2.3−0.8=2.3−(0.8+0.2)+0.2=(2.3+0.2)−(0.8+0.2)

　この計算方法の背景には、減法では減数と被減数に同じ数を加えても、同じ数を減じても、差は変わらないという性質がある。この性質の観点から見ると、減加法、減減法を基にした解決も同様に見ることも可能である。

　　2.3−0.8=(1+1.3)−0.8=((1−0.8)+1.3)−(0.8−0.8)=0.2+1.3=1.5

　このような減法の性質に子どもが気づくように展開することも、問題解決による指導で目指していることである。

　ここで、減数を整数にしたので、被減数を整数にしてみることも考えてみる。

　　2.3−0.8=(2.3+0.7)−(0.8+0.7)=3−1.5

　減数を整数にする方法と比べると、被減数を整数にする方法はあまり効果的な計算方法ではないことが分かる。整数の減法で試みた方法や新たな減数や被減数を整数にする方法などを試みることで、解決に共通する数学的な性質を見いだしたり、ある方法の限界を明らかにしたりする。性質を見いだす過程では、式を読むこと、式に表すことが繰り返しなされている。問題解決の指導では、式を読む、関数の考えを用いる、分類整理するなどの活動が具体的な内容との関わりで実現される。

　問題解決による指導において、新しい性質を見いだすことは、後の学習での問題解決の手がかりを与えることを意図している。例えば、小数の減法において見いだした差が変わらない性質は、分数の減法においても生きる。また、除法の学習においても類似の性質を見いだすことが可能である。次の問題解決において、既習事項として生かすという配慮がなされている

のである。また、式を読む活動に見られるように、具体的な問題場面において数学特有の思考の方法や態度を学ぶ機会が生ずる。

3. 子どもが考えるべき問題が生ずる場面

　問題解決による指導では、子どもが考えるべき問題がさまざまな機会に生ずる。多様な解決を検討することで生ずる場合もあるが、子どもが試みた不十分な解決や間違った試みが、話し合いの場面のきっかけとなる。教師が不十分な解決や間違った試みを意図的に取り上げ、子どもが考える機会、数学で大切な考え方を経験する機会とすることができるかどうかが課題である。

　中学校2年生の証明活動の導入において「n角形の内角の和は何度になりますか」という問題を考えてみる。具体的に、正六角形を描いて解決する生徒がいる。「正六角形の中には正三角形が6つで180×6=1040度。中心で360度余分に加えているので、180×6−360=720度」。この解決は、証明の一般性を考えるうえで重要である。

　教師が正六角形を基にした解決を取り上げ、その解決について生徒みんなで考えるとき、正六角形ではない図を描いた生徒から、その妥当性に対して意見が出される。説明が一般的であるかどうかという問題が生ずる。例えば、一般の六角形を描き、向かい合った頂点どうしを結ぶとそれらが1点で交わらない（図2）。この図から、正六角形による説明は一般性の観点から十分でないことが分かる。また、図2を参照することで、内部の一点から6つの頂点と線分を結ぶことで三角形が6つできることに気づく生徒もいる。三角形の内角の和が180度であることを前提とすると、先ほどと同じ式 180×6−360=720度で解決が可能となる。この解決方法は、一般のn角形においても利用できる。180×n−360 である。この式はよく見ると、一つの頂点からその他の頂点

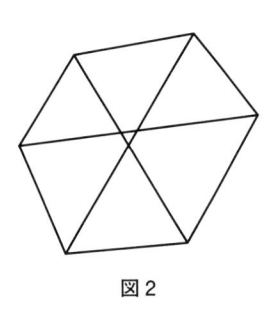

図2

に線分を引き、その三角形の個数がn角形ではn−2個であるとして作った式180×(n−2)と同じであることも分かる。説明の一般性についての議論の可能性が、教師が正六角形による解決を話し合いの場面で取り上げることで生ずる。

　子どもに多様な解決を期待するため、ときには誤った解決が出されることもある。鶴亀算「ツルとカメが合わせて20匹います。ツルの足とカメの足の本数は合わせて58本です。ツルとカメはそれぞれ何匹いますか」について考えてみる。

　ある子どもが、「ツルとカメのセットを考えて、58÷6=9余り4。ツル、カメが9匹ずついて、足が4本余っている。ツルとカメが合わせて20匹なので、足が4本であと2匹なので、ツルがあと2匹いる。だから答えはツルが11匹、カメが9匹となります」という解決を試みた。

　ツルとカメをセットにする解決法は、この問題場面で確かに正しい答えが得られる。しかし、ツルとカメをセットにする解決方法は一般に正しいのか。もし、「ツルとカメが合わせて20匹います。ツルの足とカメの足の本数は合わせて50本です。ツルとカメはそれぞれ何匹いますか」となったとき、ツルとカメのセットで考える解決は役立つであろうか。

　子どものツルカメセットの考えに従って解決を進める。ツルとカメのセットを考えて、50÷6=8余り2。ツルとカメが8匹ずついて、足の本数が2余っているので、ツル1匹を加えて、ツル9匹、カメ8匹となる。ツルとカメが合わせて17匹となり、合わせて20匹という条件を満たしていないので、正しい答えは得られない。

　このように、ツルとカメをセットにする解決方法は、いつも正しい答えを得ることができるとは言えない。しかし、子どもの試みたツルカメセットの解決をよく見ると、最後に調整をしている。「足が4本余っている。ツルとカメが合わせて20匹なので、足が4本であと2匹なので、ツルがあと2匹いる」。同じように調整してみる。

　ツルを1匹増やして、ツルが10匹のとき、ツルの足の本数は2×10=20本、カメの足の本数は50−20=30本。30は4で割り切れないので、ツルが

10匹の場合はない。ツルを11匹とすると、ツルの足の本数は22本、カメの足の本数は50−22=28本、28÷4=7でカメは7匹。ツルとカメは合わせて17匹となる。同じように続けていくと、ツル12匹の場合はない。ツル13匹のときカメが6匹で合わせて19匹である。ツルが15匹のときカメが5匹となり、ツルとカメの和がちょうど20匹になる。ツルカメセットの考えを基に、ツルの数を変化させることで、条件を満たすツルとカメの数を求めることができる。

ツル	10	11	12	13	14	15
ツルの足	20	22	飛ばす	26	飛ばす	30
カメの足	50−20=30	50−22=28		50−26=24		50−30=20
カメ	30÷4	28÷4=7		24÷4=6		20÷4=5
ツル＋カメ	×	18		19		20

これに対して、「全てツルとすると、50÷2=25、25−20=5となる。だからカメは5匹でツルは20−15=15匹になる」という有名な解決がある。この解決は、ツルカメセットの解決の観点から見ると何をしているのであろうか。ツルが25匹の場合からツルの数を変化させ、同じ表を作ってみる。

ツル	50÷2=25	24	23	21	19	17	15
ツルの足		2×24=48	2×23=46	2×21=42	2×19=38	2×17=34	2×15=30
カメの足	50−50=0	50−48=2	50−46=4	50−42=8	50−38=12	50−34=16	50−30=20
カメ	0	2÷4	4÷4=1	8÷4=2	12÷4=3	16÷4=4	20÷4=5
ツル＋カメ	25	―	24	23	22	21	20

全てツルとすると、ツルは25匹でカメは0匹。ツルとカメの足の数の和50本を変えないようにする。足の数の和を変えないためには、ツルを2匹減らすと、カメが1匹増える。ツルとカメを合わせて20匹にするには、25−20=5で、カメを5匹増やしてツルを10匹減らす。カメは5匹で、ツルは15匹となる。

いずれの解決方法も、ツルとカメの足の数の和を一定に保って、ツルとカメの数を変化させた。ツルとカメの和が条件を満たすか、ツルとカメの足の数の和が条件を満たすか、いずれかの場合を求め、そこからツルとカメの数を変化させて、ツルとカメの和の条件を満たす値を探している。いずれも、関数の考えで解決できることが明確となる。有名な解決である

「全てツルと考えて…」という解決を子どもが導くことも可能となる。

　話し合いの場面をつくり出すためには、意味のある多様な解決が生ずるような問題を設定することが大切である。他方で、子どもの解決を数学をつくる方向へ生かせるのかを考えることも大切である。一見間違っている解決は、数学的な話し合いの場面をつくるために絶好の機会となる。

　問題解決による指導法は、あくまでも子どもが数学をつくり出す過程を経験することを通して、新しい概念をつくったり、数学的な推論、態度を学ぶ機会を提供することを目指している。教師の立場から見ると、問題の設定、話し合いの観点をどのような解決を基にどのようにつくり出すかを検討することが課題となる。

　学習指導法の一つとして、問題解決による指導を取り上げた。学習指導法について考えるとき、不可欠な観点が2つある。1つは目標である。問題解決による指導法は、子どもが考えることが目標であり、数学に特有の考える過程を子どもが経験することを目指している。他の1つは、子どもの実態を知ることが重要である。教育目標と目の前にいる子どもの実態との関わりにおいて、学習指導法は初めて成り立ち意味を持つのである。学習指導法は、単なる方法ではない。目標と子どもの実態の間で成り立っている概念である。

第2節　評価の目的と方法

1. 評価の本質

　教育評価とは、教育目標を踏まえて学習指導を総括する行為である。教育の目標（授業目標、単元目標、学年目標など）に対して、その目標がどれだけ達成できたかを、なんらかの形で示す。したがって、評価を行う際には必ず「目標」との関わりを論じていく必要がある。

日本語で言う「評価」という概念は、さまざまな意味で用いられている。評価の過程を意味することもあれば、評価の結果を意味することもあり、また評価の方法を意味することもある。同じ「評価」という言葉を用いていても、それが教育におけるさまざまな場面の異なる意味合いで用いられることが多いことが、教育評価の問題をより複雑にしている。

　例えば、英語で「評価」に相当する語を調べてみると、appreciation, assessment, estimation, evaluation, grading, judgment, measurement, testing, valuationとさまざまである。そして、これらの中でも教育評価に関する用語としてよく用いられるものが、assessment（アセスメント）と evaluation（エバリュエーション）である。

　全米数学教師協会（National Council of Teachers of Mathematics：NCTM）は、アセスメントを「児童・生徒が持つ算数・数学の知識、技能、態度についての事実・証拠を収集するプロセスであり、その証拠に基づきさまざまな目的に応じて、なんらかの推論を行うこと」、エバリュエーションを「試験・調査や判断に基づいて、価値を同定すること。アセスメントの情報を活用する一つの方法」[NCTM 1995: 87-88]としている（しかしながら、米国の研究者によると、多くの米国の数学教師は、これら2つの区別がよく分からないまま「評価」に関する話をしていることが多い、とのことである）。

　評価結果に対する価値づけ（よしあしを判断すること）に関して、アセスメントは価値づけをしないが、エバリュエーションでは価値づけをするところが大きな違いである。しかし日本語の「評価」という語は「価を評する」と読み下すことができることもあり、日本ではアセスメントが「評価を行うための下準備」と見なされることが多い。エバリュエーションまで行わなくては「評価」として不完全とされることもある。しかしこれからの教育評価では、「アセスメント」としての評価の必要性・重要性・有用性を念頭に置き、「児童・生徒が持つ算数・数学の知識、技能、態度についての事実・証拠を収集し、目的に応じてそこから何らかの推論を行うこと」も一つの評価であると捉えていきたい。

　一方で、教育評価には「妥当性」と「信頼性」の両方が兼ね備えられる

べきとされる。評価の妥当性とは「評価（測定）しようとしている評価目標を、的確に測り得る性質のこと」であり、評価の信頼性とは「何回測っても、誰が測っても同じ結果を求めることができる性質」のことである。言い換えるなら、評価の妥当性とは「測るべきものを、きちんと測定・評価しているか」、評価の信頼性とは「誰が、いつ、どこで測っても同じ結果が得られるか」となる。橋本重治は、評価の妥当性を「評価用具の具備すべき第一の条件」とし、その重要性を指摘している［橋本1976］。現在の評価（ペーパー試験）などは、その妥当性に大きな問題があると言わざるをえない。妥当性が備わっていない評価は、いくら信頼性が高くても意味がないのであるが、今日の評価の中には、妥当性を著しく欠くにもかかわらず、信頼性のみを追求しようとしているものが少なくないように思われる。これからの教育評価には、「妥当性」を保証・追求していくことが求められている。

2．評価の目的

橋本は、評価の目的を以下のように、大きく「指導目的」「学習目的」「管理目的」「研究目的」の4つにまとめている［橋本1976］。
　(1) 指導目的：指導をする教師の側から見たもの
　(2) 学習目的：学習者自身の側から見たもの
　(3) 管理目的：教師、学校管理者、大学、社会等から見たもの
　(4) 研究目的：教師、学校経営者、教育計画立案者、一般市民から見たもの

算数・数学の学習指導において行われる評価の多くは、算数・数学の指導を目的としたものである（指導目的としての評価）。ここで留意したいのは、評価結果は、指導の成果を単にアウトプットするだけではないという点である。近年、文部科学省は、「指導と評価の一体化」という概念を述べている。「学習評価を行うに当たっては、子どもたち一人一人に学習指導要領の内容が確実に定着するよう、学習指導の改善につなげていくこと

が重要である」とされる。評価を「学習指導の最後」に位置づけるのではなく、次の学習指導に生かすことができるよう、学習指導と評価との有機的なつながりを目指していく必要がある。

一方、学習目的としての評価を有効に機能させるためには、評価結果を確実に学習者へとフィードバックしなければならない。「評価を、学習者の学習活動それ自体の一部分として、学習の場を構成する」ことを目指したい。そのためには、教師からの評価を学習者の学習へとフィードバックすることも重要であるが、学習者自身による「自己評価」を機能させることも同時に考えておきたい。また、学習者どうしの相互評価なども積極的に行い、その結果を次の学習に生かしたい。

管理を目的とする評価は、私たちにいちばんなじみのあるものかもしれない。入学試験や就職試験、教員採用試験など、全て管理目的の評価であり、今でも社会で重要な役割を果たしている。一般に「評価」というと、この管理目的の評価がイメージされる場合が多い。しかし、評価の管理目的は「教育における本流をなす評価の目的とは言えない」とされる。

研究を目的とする評価の例は、OECD・PISA調査やTIMSSなどの国際比較調査、あるいは文部科学省による全国学力・学習状況調査など、広く世間に知られている。研究目的の評価は、よりよい算数・数学の実践を目指した研究において必要となるデータを収集するものである。したがって、教師が日々の実践研究における情報収集の手立てとして行われるものも、広い意味では研究を目的とする評価と捉えることができる。

3. 評価の方法

(1) 個別評価・集団評価

個別評価とは、学習者個人の達成度や情意を評価するものであり、これまでの教育評価において主になされてきたものである。それに対して集団評価は、学級や学級内のグループを一つの集団として捉え、その集団に対

して評価を行う。

　個に応じた指導を確実に行うためには、個別評価が欠かせない。一人ひとりの学習者の実態を捉え確実に応じるためには、学習者の理解や関心・意欲・態度を確実に把握する必要がある。得られた評価結果を基に、学習の遅れに適切な指導・支援を行ったり、優れた面をより伸ばすための指導・支援がなされるべきである。

　一方、現行の学習指導要領では、充実すべき重要事項の第一として「言語活動の充実」を挙げ、各教科等を貫く重要な改善の視点としている。学び合いといった学習形態も広く知れ渡るようになった。嶋野道弘は、学び合いを「自己との対話を重ねつつ、他者と相互に関わりながら、自分の考えや集団の考えを発展させて、共に実践に参加していくこと」［嶋野 2013］と概念化している。このような状況において、学習評価は単に個人のみを対象とするのではなく、学習集団を対象とするものも併せて考えるべき時期に来ていると考えられる。集団評価は、集団が目標をどれだけ達成したかを評価するものであるが、そのほかにも、お互いの考えを学び合えたか、集団の中で自分の役割を果たすことができたか、といった観点にも考慮する必要があろう。なお、集団評価の手法はさまざまな試案があるものの、現時点において、いまだ確立されていない。

(2) 診断的評価・形成的評価・総括的評価

　診断的評価は、学年・学期の始めや単元の導入時において、学習指導を始める前に行われる。新しい内容を有効・円滑に指導するために、学習者の実態をあらかじめ把握するための評価である。具体的には、基礎的な知識・理解・技能・経験・情意などを確認するものである。新しい内容を学習するに当たり、各学習者がどのような知識・理解・技能を有しているか、どのくらい興味・関心・意欲を有しているか、などを評価する。診断的評価の結果は、指導計画を立てる際の有益な情報となる。

　形成的評価は、学習指導の途中で、学習者の算数的・数学的活動が滞りなく進んでいるかを把握するための評価である。指導の途中で適切な学習

指導・支援を行うために、また指導法の改善に役立つように、学習者の状況を随時把握し、評価する。学習指導の途中とは、単元の途中であったり、授業の途中であったりするが、その時の学習者の理解をモニタし、それを必要に応じて学習者や教師にフィードバックする。学習者へのフィードバックとは、学習の状況に応じた適切な指導・支援である。学習者が自分の達成状況や学習課題を知ることで、学習への積極的・主体的な取り組みや、意欲を喚起させることが期待できる。一方、教師へのフィードバックとは、生徒の実際に応じて教師が適宜対応できるように、必要な情報を提供することである。文部科学省が「指導と評価の一体化」という概念を提唱してから、「形成的評価」の重要性があらためて認識されるようになった。形成的評価とは「学習に生かす」ための評価であり、「児童・生徒がもつ算数・数学の知識、技能、態度についての事実・証拠」を客観的に描写したアセスメントのデータが、形成的評価（指導と評価の一体化）において、より有益な情報を提供することに注目したい。

　総括的評価は、学習が一段落したところで行う評価である。単元の終わり、学期の終わり、学年の終わりなどにおいて、その間の学習でどれだけの成果を得られたか、どの程度目標を達成できたかを総括して評価する。「評価」という言葉から、真っ先に思い浮かぶのがこの総括的評価であろう。総括的評価は、比較的短い期間でなされる形成的評価を積み重ねるだけでは把握できないような、学習者による総合的な成果を評価するものである。特に、思考力・判断力・表現力などの方法的能力や、関心・意欲・態度などの情意的側面のように、長い時間を経て明らかになるものは、長期にわたる総括的な評価が不可欠である。

（3）相対評価・絶対評価

　相対評価とは、学習者集団の成績分布において、ある個人が相対的にどの位置にあるかを示すことで評価を行う方法である。成績が正規分布に従うことを前提としたうえで、統計的な手法を用いて評価結果が数値化される。例えば5段階評定では、平均点 m、標準偏差 σ において、5段階の評

価は次のようになる。

　　評定１：m−1.5σよりも低い得点（全体の７％）

　　評定２：m−1.5σからm−0.5σまでの得点（全体の24％）

　　評定３：m−0.5σからm+0.5σまでの得点（全体の38％）

　　評定４：m+0.5σからm+1.5σまでの得点（全体の24％）

　　評定５：m+1.5σよりも高い得点（全体の７％）

　ちなみに偏差値で数値化すると、得点mが偏差値は50であり、その他はおおむね以下のとおりである。

　　得点m−2σが偏差値30

　　得点m−σ　が偏差値40

　　得点m　　が偏差値50

　　得点m+σ　が偏差値60

　　得点m+2σが偏差値70

　一方、絶対評価とは、あらかじめ定められた基準に照らし合わせ、各学習者が習得した内容や伸長した能力などを評価する方法である。学習指導要領に示された、目標の実現状況を見る評価がその一例である。例えば、指導と評価の一体化を目指し「学習に生かす」ための評価を行おうと考えるなら、集団における相対的な位置を数値化した相対評価の結果だけでは、次の学習に生かすことは難しい。学習の目標に照らし合わせ、学習者一人ひとりの学習の成果・状況を確実に把握し、学習指導の改善へとつなげるためには、絶対評価が不可欠である。

　なお、文部科学省は、相対評価・絶対評価という用語は用いずに「集団に準拠した評価」「目標に準拠した評価」としている。

引用・参考文献

　　古藤怜・新潟算数教育研究会『算数科多様な考え方の生かし方まとめ方』東洋館出版社、1990年

嶋野道弘「学び合う授業づくり・その本質と方法」『初等教育資料』2013年5月号、No.899、東洋館出版社、2013年、pp.6-11

杉山吉茂『初等科数学科教育学序説 杉山吉茂講義筆記』東洋館出版社、2008年

スティグラー, J. W., ヒーバート, J.（湊三郎訳）『日本の算数・数学教育に学べ——米国が注目するjugyou kenkyuu』教育出版、2002年

相馬一彦『数学科「問題解決の授業」』明治図書出版、1997年

橋本重治『新・教育評価法総説』金子書房、1976年

藤井斉亮代表著作『新しい算数4上』東京書籍、2014年

和田義信著作・講演集刊行会『和田義信 著作・講演集3 講演集(1) 数学と数学教育』東洋館出版社、1997年

NCTM, *Assessment Standards For School Mathematics*, National Council of Teachers of Mathematics, 1995

中央教育審議会初等中等教育分科会教育課程部会「児童生徒の学習評価の在り方について（報告）」2010年（http://www.mext.go.jp/b_menu/shingi/chukyo/chukyo3/004/gaiyou/attach/1292216.htm）

第3章

教育機器の利用

第1節 「大画面」の活用

1. 教師用デジタル教科書

　教育の情報化に関わる一連の施策によって、コンピュータ利用の中心はコンピュータ室から普通教室に変わった。電子黒板やプロジェクタにより、50インチ以上の大きな映像を提示できるようになった。一斉指導での機器利用では、この大画面を効果的に使うことが基本と言える。

　大画面で提示すべきものの基本的なリソースは、教師用デジタル教科書である。教科書の紙面と同じ構成が出発点であるが、紙面の教科書を拡大して提示するだけでは足りないことを、さまざまなコンテンツなどでサポートしてくれているのが教師用デジタル教科書である。問題理解を支援する映像、実験の代替としてのシミュレーション、作図などの操作手続きを分かりやすく示す映像、実験などをした結果を書き込み、関係性を見い

だすための表、それを基にグラフを描くための座標軸など、標準的な授業をするためのさまざまな教具がデジタル化されて埋め込まれている。そこに埋め込まれているそれぞれのコンテンツの役割を読み取り、使いこなせるようにすることが、現在の機器利用のための第一歩と言える。

しかし、デジタル教科書さえ使えばいい授業になるわけではない。例えば、大学の授業などでパワーポイントは多用されているが、皆さんは授業の受け手として嫌な思いをしたことはないだろうか。私の世代では、今のパワーポイントに相当するものがOHPシートだった。教員は準備してきたシートを提示するだけでよいが、私たち学生はそれをノートに写さなければならない。学生の様子を観察していない教員は、学生が写し終える前にシートを変える。「あっ」という学生の悲鳴も聞かずに。教員は準備のときにいろいろなことを盛り込みたいから字が小さくなる。教室の後ろの方に座っている学生には読めなくなる。これが数回続くと、まじめに聞く気が失せていき、授業の質が低下していく。もし、同じような経験を皆さんが持っているなら、皆さんの授業を受ける子どもたちがどう感じているのかをモニタリングしていただきたい。

プレゼンテーションとは一方的に語ることと誤解している人もいるようだが、本物のプレゼンは、参加者を参加させ納得させる。書く手間を省く分、聴取者を観察し把握している。子どもの視線や表情をきちんと観察し、授業をコントロールすることこそが、大画面を使った授業の基本である。

2. 実物投影機（書画カメラ）

大きい画面で何を提示し、活動として何をしたいのかを意識するうえで、最も基本的な機器が実物投影機（書画カメラ）である。デジタル教科書がなくても、紙の教科書の拡大提示でかなり代替できる。まず、今日扱うところの全体像を提示する。問題文が読みにくかったら拡大する。大切なところには、マーカーを引いたり書き込みをする。子どものノートを使って発表するときには、これで拡大する。ワークシートへの書き込みの仕方を説

明したいときにも、書き込む様子を実況中継すればいい。実物投影機を使いこなすことは、大画面をデジタル的に使いこなすための出発点でもある。

3. 黒板（板書）を見直す

　数学の授業で"チョークアンドトーク"が長く生き残ってきたのは、決して偶然でも手抜きでもない。「数学の授業に適していた」からこそである。多くのノウハウも蓄積・継承されてきた。その利点をわきまえ、他の機器の利用にも生かすなり、あえて黒板を使うことも大切なことである。例えば、小・中学校では「1枚の板書にまとめる」という伝統がある。1時間の全体の流れを一瞥できるようにするという意味もある。話題にしたことは消さないという意味もある。電子黒板は、大きいといってもせいぜい60インチ。画面を切り換えるときには失っているものも多い。一度に複数の子どもに解答例を板書させ、それを比較するような使い方には、黒板の方が使いやすい。授業の中で実現したい目的を意識しながら、それぞれの利点・欠点を比較し、よりよい使い方を蓄積していくことが大切である。

第*2*節　数学的問題解決を変えるツール型ソフトや機器

1. 学習指導要領におけるソフトの扱いの変化

　現行（2008年改訂）の学習指導要領では、一つの大きな変化があった。例えば、中学校の資料の活用に関して、「コンピュータを用いたりするなどして……」と、特定の内容とはいえ、学習の前提としてコンピュータの利用が明示された点である。道具としてのコンピュータ（ソフトウェア）を使うことによって、限られた時間と労力の中で行える数学の問題解決は大きく変わる。学習目標と照らし合わせたときに「必要に応じてコンピュータを使う」だけでなく、「それらがないと実現できない学習目標」も意識化

する必要がある。実際、学習指導要領の本文での記述は限られているが、中学校や高等学校の『学習指導要領解説数学編』では、さまざまなところで「観察、操作や実験などの活動を通して生徒が学習を深めたり、数学的活動の楽しさを実感できるようにする道具」という記述や「コンピュータなどを積極的に活用させる」という記述が見られる。

2. 問題解決の道具として使えるツール型ソフト

　一般に「教具」というと、理解の支援のために用いるが、習熟するにつれ、それを必要としなくても問題解決できることを目指すことが多い。教師用デジタル教科書のコンテンツも、その単元の学習が終われば、その役割が終わると言える。しかし、例えば資料の活用で使うソフトは、その授業のときだけ使えばおしまいでよいのだろうか。いや、それでは使い物にならない。同じような場面で、問題解決の道具として使い続けられることが重要だからこそ、「コンピュータを用いるなどして」という記述になっている。そのため、教科書の当該部分のみでなく、さまざまなところでも使える力を伸ばしたいと考えると、それに対応するソフト（ツール型ソフト）を使うことが考えられる。このような、数学のさまざまな問題解決の場面でツールとして使えるツール型ソフトは、主として次の種類がある。

(1) 関数グラフツール：関数の式を入力すれば、そのグラフを描画するのが基本的機能。多く利用されているソフトにGrapesなどがある。

(2) 作図ツール（動的幾何ソフト）：幾何的に図形を作図し、条件を保ったまま変形・測定・軌跡などにより、図形を動的に探究するためのもので、cabri、GC（Geometric Constructor）、シンデレラなどがある。

(3) 表計算ソフト：表にデータをまとめ、集計したり、グラフ等を作成するのが基本的な機能。最も代表的なソフトがExcel。

(4) 数式処理：mathematicaやMapleに代表されるように、近似計算ではなく、数式そのものを処理するシステム。

(5) その他：最近注目されているGeoGebraは、動的幾何ソフトを基盤

とし、上記の全てを統合しようとしている。十進BASICなどのプログラミング言語も、広い意味で、数学の問題解決用のツールと言える。

3. 精度の高い実験が手軽にできる機器

　落下運動などの実験は、以前は、台車、テープ、カウンターを使った。機器の準備も大変だし、精度も高くない。物理の授業では扱うことはあっても、数学の授業で行うのはなかなか難しく、デジタル教科書にもシミュレーションが収録されているので、それを使うことが多いと思う。

　このような実験を授業の中で実施したいと思うなら、現時点ならば2つの方法がある。1つは距離センサ（とグラフ電卓あるいはPC）の利用である。これらを使えば落下運動にとどまらず、例えば「（距離が時間の）一次関数になるように歩いてみよう」というような実践を行うことができる。その場で得られたデータをその場でグラフにし、やり方が悪かったらすぐに修正する。そういう実践が可能になる。

　もう1つの方法は、ビデオの利用だ。リアルタイムで実験を観察しても、短時間で終わってしまうから、「え、何？何？」と、生徒にとっては、よく分からない。どこに注目すべきかを議論しながら、「同じ現象をもう一度見直す」ことができるようになる。正確な時刻と距離が分かりにくいところに不満を感じたら、「スロー再生」というアイデアを生徒から引き出したい。ビデオは1秒間に30コマずつ撮影しているので、コマ送りをしながら観察すると、1/30秒の精度で測定できることになる。しかも、テープがないので摩擦が激減しているから、かなり精度が高くなる。

4. 豊富な資料庫あるいは実験場としてのweb

　資料の活用などでは、実際にデータを集めて処理し、考察することが基本だが、さまざまな統計資料を活用したいと思ったときに、webは豊富な資料庫として使えるのは言うまでもない。使い方によっては、アンケート

などによってデータそのものを集める仕掛けとして使うこともできる。あるいは、例えば「あす正午に、長さ1mの棒の影の長さを調べて報告し合おう」というような計画を事前に立てておき、いろいろな学校からの報告を集約し、緯度と影の長さの関係から「地球は丸い」ことを実感し、そのデータから地球の大きさなどを推定するというような実践を行うための仕掛けとして使うこともできる。アイデアしだいでいろいろなことを実験できる場所と言える。その入り口がインターネット接続されたPCであり、機器の利用とは「アイデアを探（提供）し、実行する」ことでもある。

第3節　個別学習や協働学習を進めるためのタブレット

1. 一斉学習・個別学習・協働学習

　2011（平成23）年に文部科学省が公表した「教育の情報化ビジョン」(http://www.mext.go.jp/b_menu/houdou/23/04/1305484.htm) の中では、教育の情報化によって支援すべき学びとして、一斉学習（指導）のほかに、個別学習や協働学習を挙げている。それらを進めるうえで重要な役割を期待されているのが、タブレット端末やそれを使った生徒用デジタル教科書などである。

　ほとんどの公立学校では、タブレット端末はまだ導入されていない。実際の研究実践を行っているのは、フューチャースクールなど一部の学校に限られているし、研究開発そのものが途上の段階にある。しかし、時間とともに多くの学校に導入され、いずれは文房具のような当たり前の存在になっていくだろう。公開授業等の機会があれば、ぜひ参加し、どういう学びを実現するための道具として使っているかを実感してほしい。

2. タブレット端末による協働学習

　一方、電子黒板と同様で、タブレットを使いさえすれば、よい個別学習

第3章　教育機器の利用

や協働学習が成立するわけではない。どういう教材や使い方は子どもどうしの話し合いなどを活性化するのか、逆に、どういう場合にはかえって阻害してしまうのか、などの知見を蓄積していくことが必要である。

例えば、作図ツールGC/html5はiPadでも使えるので、愛知教育大学附属名古屋中学校などでは2010年から研究授業を実施しているが、4人に1台のiPadを右の写真のように置くことで、生徒はそれをのぞき込んだり操作するために頭が近づき、必然的に会話が活発になる。観察したことを基に数学的な考察を進めたくなると、ノートやワークシートでの作業が重要になる。必然的にiPadは放置されるが、4人に1台程度ならばじゃまにならない。このようなことは些細なことにも思えるが、生徒の活動を「支援しつつもじゃまをしない」というスタンスは、個別学習や協働学習のあり方を考えるうえでは重要な点である。

機器もソフトも使い方も、時代とともに大きく変わる。それによって探究可能な数学の世界がどう変わるのか、学び方がどう変わるのかを見極めることが大切である。

参考文献

日本数学教育学会編『数学教育学研究ハンドブック』東洋館出版社、2011年
「特集：気軽にスタート！ICTを活用した学び合い授業」『数学教育』2014年2月号、明治図書出版、2014年
文部科学省「教育の情報化ビジョン」
　　http://www.mext.go.jp/b_menu/houdou/23/04/1305484.htm

第4章

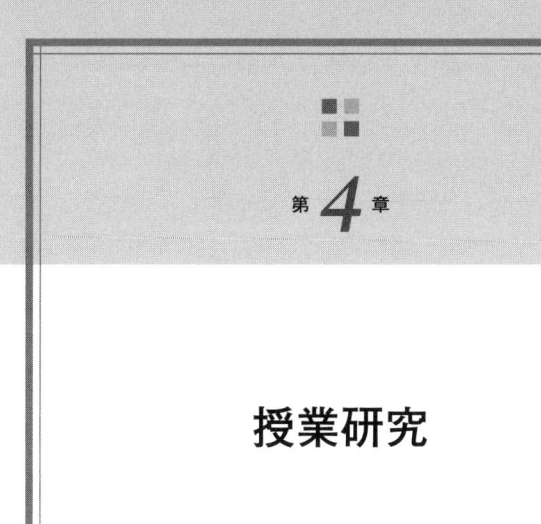

授業研究

第1節 算数・数学教育と授業研究

1. 算数・数学教育において授業研究が果たしてきた役割

(1) 教育改革を支える授業研究

　授業研究は何かという問いに対して明解に答えることは難しい。それは、授業研究が長い学校教育の歴史の中で、多くの試行錯誤を繰り返しながら定着してきたものだからである。明治の頃から脈々と続けられてきた授業研究が、算数・数学教育の分野で世界的に注目を浴びるようになったのは、1990年代後半、授業研究が日本の算数・数学の授業改革を進めるうえで大きな役割を担ってきたという指摘［Lewis & Tsuchida 1998; Stigler & Hiebert 1999; Yoshida 1999］がなされてからである。特に、スティグラーとヒーバートが著した"The Teaching Gap"(1999)は、日本の数学の授業は、アメリカやドイツ

の授業と比較して、数学的に価値のある内容を多く含み、生徒に考える機会を与え、生徒が数学的な内容を理解できるように注意深く計画・実施されているとしている。そして、このような授業を行うために、日本の教師がどのように指導法を高めていくかという点に着目し、公立小学校で広く行われている授業研究について述べた。

　これらの国際調査や世界的な研究者の論文などによって、教師の専門性を高める手段としての授業研究が一躍脚光を浴びることとなった。そして、この流れは他の教育分野の研究者の間に広がり、今日、世界各国で、授業研究を実践する試みやその過程の研究が行われるようになった［藤井・松田 2013; 高橋 2000; 高橋 2011］。

（2）授業研究がもたらす指導法改善のサイクル

　授業研究は、わが国の算数・数学教育の分野で、学習指導の改善に貢献してきたといわれる。その一例としては、問題解決型授業の開発とその定着が挙げられる。算数・数学教育における問題解決を重視した指導法の改善は、ポリア（George Polya 1887〜1985）の提言などが契機となり、世界の先進国を中心に研究がなされてきた。この理論を教室に具現化するため、日本では数学教育学者と学校現場の教員が、授業研究を一つの核としてさまざまな実践を試み、しだいに問題解決型といわれる授業形態を創り上げてきた。

　授業研究を通して得られた問題解決型の授業を具体化するためのさまざまなノウハウ、例えば、児童生徒の考え方を引き出す教材や教具、発問などは、さまざまな教育関連図書に掲載され、さらに教科書のページに反映されるようになった。そして、この教科書を用いた全国の学校現場で、しだいに問題解決型の授業に関する理解が広がり、より多くの現場の指導に反映されるようになった。つまり、日本の算数・数学教育においては、授業研究という教師の活動が、学習指導改善という大きなサイクルの中心的な役割を担ってきたと考えることができる。

2. 今日の授業研究を支える基本的な考え方

　長い年月をかけて形づくられてきた授業研究であるが、今日広く行われている授業研究は、基本的に教師によって行われる授業実践を中核とする研究活動であると言える。

　この研究活動ということに焦点を当てて考えるとき、参加する教師一人ひとりが、授業研究を通してよりよい学習指導を実現しようと主体的に取り組む姿勢を忘れてはならない。これは、いわゆる師範授業といわれるような、ベテランの教師が他の教師らのために手本となる授業を公開し、それを見て学ぶものとは異なる目的で行われる。したがって、指導案を立て、他の教師に授業を公開するという形式をとっていれば、何でも授業研究であるという考えは排除すべきであろう。

　では、教師が算数・数学の学習指導を行うための専門性を高めていく営み全体を見渡したとき、授業研究はどのような位置づけになるのだろうか。
　教師がどのように専門性を高めていくかを考えるとき、以下の2つの視点から見ることができよう。まず、算数・数学を教えるための専門的知識を備えることである。この専門的知識には、数学の内容そのものが含まれることはもちろんであるが、数学を教えるための専門的知識、例えば、学習指導要領や教科書の内容、児童生徒の発達段階、さらには学習を進めるうえで解決しなければならない典型的な誤解や誤った考え方なども含まれる。次に、これらの知識を土台に、児童生徒の充実した学習を実現するための授業設計、ならびにそれに基づいて授業を行う指導力の獲得である。この両者を備えた教師を目指すことが、教職に就く全ての者に求められることである。

　この2つのうち、前者は主として、大学の講義を聞いたり、専門誌や参考書などを学習したりすることを通して身につけることもできる。しかしながら後者については、実際に自ら授業設計を行い、それに基づく授業を実践し、それを客観的な視点から振り返り評価するという一連の活動を行わなければ身につくものではない。

授業研究は、これらのうち、まさに後者の目的に沿ったものであり、教師の専門性を高めるうえで重要な役割を担っているということが分かる。さらに、授業研究の過程で行う教材研究などを通して、参加する一人ひとりが、実践的な知識を深めたり広げたりする機会を得ることもできる。

第2節　授業研究の基礎

1. 授業研究の特徴

授業研究を考えるうえで忘れてはならないのは、教師の主体的な研究の場であるということである。これは、講習会に参加するような一般的な研修と比較してみると、「主体的」の意味することが明確になる（表1）。

このような授業研究の特徴を整理すると、以下のように捉えることができよう。

授業研究とは、①教師が主体的に行う研究・研修であり、②学習指導の向上を目指すうえで解決すべき課題を明確にし、③先行研究や教材研究から得られた知見を基盤として、④課題の解決を目指すための具体策として授業設計を行い、⑤授業設計に基づく授業を他の教師と共に検証し、⑥学習指導向上のための実践的な知識や指導法を共有していく過程である。

表1　伝統的な研修と授業研究の比較

講演会などの研修会	授業研究
このようにすべきであるという答えから始まる	参加者の問いから始まる
外部の専門家によって運営される	参加者によって運営される
専門家から教師への一方的な情報伝達	参加者相互を行き来する情報
指導者と参加者の階層的な関係	参加者どうしの受容的な関係
研究から実践への提言	実践的な研究

出所：［Lewis 2002］

2. 授業研究のサイクル

授業研究は、一般に以下のようなサイクルで行われていく。

（1）研究課題の設定

授業研究は問いから始まる。したがって、まず研究の目的を明確にすることが必要である。

研究の目的を明確にする方法の一つは、これまでの児童生徒の学習の状況を分析し、学習の定着が不十分な内容や、理解が難しい内容などを洗い出し、その中から授業研究の対象を絞り込んでいくことである。

また、学習指導要領の改訂などで新たに加わった内容をどのように扱うか、時代の流れに即応した新しい教材の開発、といったこれまでに試みらなかったような内容に取り組むのも授業研究の目的となり得る。

（2）先行研究の調査と教材研究

授業研究を、教師による一つの研究の方法であると捉えると、一般の教育研究と同じように、先行研究を明らかにし、教材の本質を理解したうえで指導案の作成に当たる必要がある。ここでいう先行研究とは、指導案で扱う題材に関連する過去の研究から得られた知見や、関連する教育の理論などを指す。そして、これらについて精査し、これまでに何が明らかになっているか、同時に、何が明らかになっていないかを理解し、これを基に、指導案の妥当性を筋道立てて述べることができるようにする準備の過程である。

この過程で特に重要なのは、教材研究である。本来、教材研究とは日々の学習指導を行ううえで常日頃から行うべきものである。しかしながら授業研究の場においては、経験のある実践者などのアドバイスを得ながら、日頃なかなか深められない教材研究にじっくりと取り組むことができる。換言すれば、授業研究は、どのようにすれば教材の本質に迫る教材研究ができるかを具体的に学ぶことのできる貴重な機会であるとも言える。

授業研究では、いきなり授業で何をするかを考える前に、教材研究を通して、教材の意義、その位置づけ、扱ううえで重視すべき事柄などを十分に理解したうえで指導案作成に取りかかれるような時間的な余裕を確保することが重要である。

(3) 指導案の作成

　研究授業のための指導案は、日々の授業を行う際に用いる指導案とは性質の異なるものである。日々の授業のための指導案は、自分が授業を行うための資料であり、また学習指導の記録といった役割を担う。これに対して研究授業のための指導案は、研究計画書といった性質のものだと考えるべきであろう。したがって指導案には、研究課題、すなわち研究を通して明らかにしたいことが明確に示されるとともに、なぜこの研究が重要であるのか、また、一般に行われている指導のどこに問題点があるのか、指導案に示された指導のどこに新しい試みがあるのか、などが明確に示されている必要がある。

　なお、指導案の形式には、各教科の特性や授業研究の目的などによってさまざまな形式が用いられる。いずれの場合にも、教師が児童生徒にどのような働きかけや手立てを講じるかといった計画の詳細と、なぜそれらが重要なのかといった根拠、さらに、その結果児童生徒にどのような反応が起こることを期待しているのか、また、期待されたような反応が起きなかった場合にはどのような手立てを用意しているか、などが読み手に明確に伝わるように書かれていることが重要である。

(4) 研究授業

　基本的に研究授業は、教師と児童生徒がなるべくふだんの授業と同じような形で行われるのが理想である。

　研究授業を参観する前に、参会者全員が十分に指導案を読み込み、指導案の意図することを理解したうえで学習指導の過程を丹念に観察することが重要である。このことを怠ると、授業中に見た表面的な事柄、例えば教

師が何をどのようにしたかだけに注目し、研究授業本来のねらいに迫ることができない。授業者がどのような意図で授業を設計し、それが児童生徒の学習にどのような影響を与えたかを明らかにすることが目的であることを考えれば、事前に指導案を十分に読み込まなければならないことは明白である。

（5）研究協議会

多くの児童生徒と教師によってなされる授業では、さまざまな事柄が同時に進行する。このことを一人の参会者が全て把握することは容易ではない。したがって、研究協議会は、参会者一人ひとりが、それぞれの持つ教師としての専門知識と、授業観察の能力を最大限に発揮して収集した事実を持ち寄り、多面的な視点から、より質の高い学習指導を実現するための方策を話し合う場であると言える。

したがって、研究協議会では、単に参観した事実を報告し合うのではなく、それらの事実を根拠に研究課題について議論することである。例えば、児童生徒一人ひとりが、指導案の意図した目標にどの程度近づくことができたと考えるか、といったことを参観した事実を根拠に議論することが、質の高い研究協議会を実現するために重要である。

研究協議会のまとめとして、しばしば外部から招いた専門家による講評（講師講評）が行われることがある。この講評の主な目的は、研究協議会でなされた議論を整理することと同時に、研究授業ならびに研究協議会の内容を専門的な見地から評価し、授業研究を進めていくうえでの指針を示すことである。したがって、この外部講師には、授業で扱われた教材について熟知していることはもちろんであるが、優れた観察力で授業ならびに研究協議会を観察し、研究的な視点で授業研究のサイクル全体を評価することが期待される。

（6）研究成果のまとめ

成果のまとめは、一般的に、以下によって構成される。

①指導案
②授業の逐語記録
③研究協議会の記録
④研究のまとめと次への課題

これらの中で、②と③については簡略化もしくは省略されることもあるが、授業研究が研究活動であるという視点から考えると、指導案だけではなく、④のまとめと課題は記録になくてはならないものである。

第3節　授業研究会への参加

　教育実習などで、指導案作成、研究授業、研究協議会という授業研究のサイクルを経験する前に、なるべく多くの機会を捉えて、公開で行われる授業研究会に参加し、自ら参会者として授業研究を体験することは意義のあることである。

　公開授業研究会に参加するうえで忘れてならないのは、誰もが授業研究を通して主体的に学ぼうとする態度で参加すべきことである。ここでは、授業研究会に参加するうえで必要な授業研究会参加のための基礎を述べる。

1. 研究授業の参観

- 自分が授業を参観する立場であることを自覚し、授業者の意図した計画の妨げになるようなことはしない。例えば、授業中に児童生徒に質問をしたり、児童の思考に影響を及ぼしたりするような行動は慎むべきである。また、授業者や児童生徒の視界を妨げるような位置で授業を参観すべきではない。
- より多くの事実を具体的に記録にとどめ、事実に基づいた授業分析が行えるような授業記録を作成する。そのためには、一つ一つの事実を記録する際に、必ず授業のどのタイミングで、誰によってなされたか

が分かるように記録を行う。
・一つの研究授業から何をどれだけ学ぶことができるかは、各自の授業観察力によって左右される。このことを自覚し、単に教師の行動よりもむしろ、一人ひとりの児童生徒が授業を通して何を考え何を学んだかに焦点を当てた密度の濃い参観ができるよう、「子どもを見る目」を養うことが重要である。

2. 研究協議会への参加

・研究協議会は、参会者どうしが、互いに授業参観を通して考えたこと、学んだことを持ち寄って、学習指導の向上のための知見を共有する場である。したがって、授業を批判的に捉えることが重要である。同時に、単なる指導案や授業者の批判に陥ることなく、代案を提示するなど問題を共有し、協議に参加するよう心がける。
・研究協議の充実は、参会者一人ひとりの参観した事実やその解釈を土台に議論を深めるところから始まる。互いの意見を十分に尊重しながら、聞き手の立場に甘んじることなく積極的に議論に参加することが大事である。

　「教師は授業で勝負する」といわれるように、教師の持つ専門的な知識、授業を設計する能力、そしてそれを児童生徒と共に具現化し充実した学習指導を実現する指導力は、全て「授業」という場に集約され顕在化される。
　日本の公教育が始まって以来、教師の主たる研究・研修の場として行われてきた授業研究は、時代とともにその姿を少しずつ変えながら今日の姿に至っている。長い時間をかけて積み上げられてきた先人の知恵によって形作られた授業研究について学ぶことは、成長し続ける教師への第一歩であると言えよう。

引用・参考文献

高橋昭彦「日米授業研究の現状と課題——アメリカで注目されている日本の授業研究」『日本数学教育学会誌』第82巻12号、2000年、pp.15-21

高橋昭彦「算数数学科における学習指導の質を高める授業研究の特性とメカニズムに関する考察——アメリカにおける10年間の試行錯誤から学ぶこと」『日本数学教育学会誌』第93巻12号、2011年、pp.2-9

西村圭一・松田菜穂子・太田伸也・高橋昭彦・中村光一・藤井斉亮「日本における算数・数学研究授業の実施状況に関する調査研究」『日本数学教育学会誌数学教育』第95巻第6号、2013年、pp.2-11

藤井斉亮・松田菜穂子「授業研究の鍵要素とその構造に関する一考察——ウガンダ・マラウイにおけるフォローアップ調査を踏まえて」『日本数学教育学会誌 』第95巻 数学教育論究 臨時増刊（第46回秋期研究大会特集号）、2013年、pp.305-312

Lewis , C., *Lesson Study: A handbook for teacher-led instructional improvement*, Philadelphia: Research for Better Schools, 2002

Lewis, C. & Tsuchida, I., "A lesson is like a swiftly flowing river: How research lessons improve Japanese education," *American Educator*, Winter, 1998, pp.12-17 & 50-52

Stigler, J. W. & Hiebert, J., *The teaching gap: Best ideas from the world's teachers for improving education in the classroom*, New York: Free Press, 1999

Yoshida, M., *Lesson study: A case study of a Japanese approach to improving instruction through school-based teacher development* (Dissertation), Chicago: University of Chicago, 1999

第 2 部

算数科教育の理論と実際

第5章

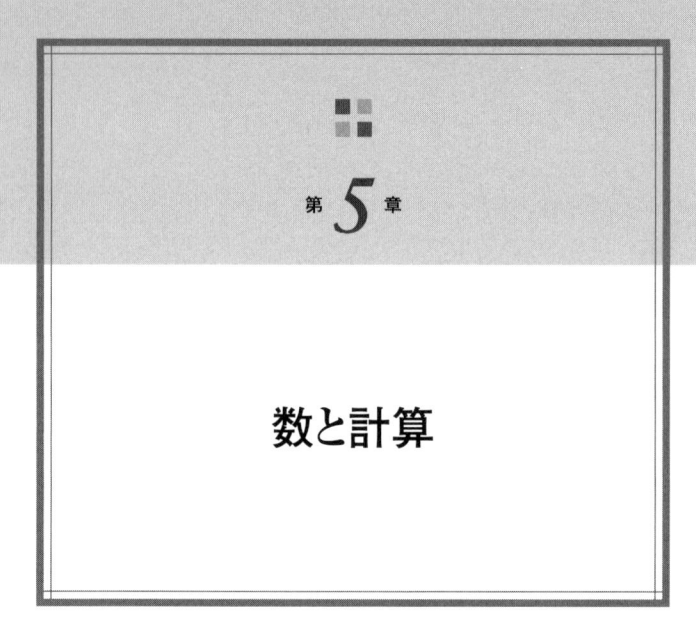

数と計算

第1節 整数の概念と表記

1. 小学校算数科における整数

　小学校算数科では、自然数（正の整数）と0とを総称して整数といっている。これを英語ではWhole Numberということがあるが、それを直訳した全数という言葉は使わず整数と言っている。中学校数学科では0と正負の数の集合 {……, −3, −2, −1, 0, +1, +2, +3, ……} を整数と呼び、自然数の集合 {1, 2, 3, ……} を整数の集合 {+1, +2, +3, ……} に対応させて、自然数の集合は整数の集合の部分集合であるとしている。

　算数で児童が初めて出会う数は整数であり、第1学年ではⅠ位数やⅡ位数の意味や表し方を学習する。その際、数（かず）と呼びながら整数について学ぶ。第3学年からは、小数や分数と区別するために、整数という用語が導入される。

整数は集合論的な立場に立つと、ものの集合のうち、その「多さ」に着眼して得られた概念である。「多さ」以外の側面は捨象されており、整数は人間が生み出した抽象的な概念である。整数は順序を表すためにも用いられる。ものの集合の「多さ」を表すと見たとき集合数といい、順序を表すと見たときは順序数ということがある。また、整数は量を表すためにも用いられる。これを測定数ということがある。これは、ある単位を決めて、そのいくつ分かで量を表しているのである。

　測定数としての見方は、「量と測定」領域において、任意単位による測定の際に見られるが、割り算（包含除）のときにも見られる。実際、6個のあめを1人に2個ずつ分けたときの割り算6÷2=3において、商3は2を単位としてそのいくつ分かを表しており、測定数と見ることができる。すると掛け算2×3=6は、単位の大きさが2で、それで測った測定数が3であることを知って、全体の大きさを求めることであると言える。

　また、測定数は小数、分数へと数の範囲を拡張していくときのよりどころとなるものであり、割り算（包含除）のときの商のように割合の意味も含意しており、大切な見方である。測定数としての数のモデルは、数直線上の点としても表される。

　ものの「多さ」に着眼して集合論の立場から自然数を数学的に考察してみよう。まず、集合Aと集合Bの要素の間に1対1の対応がつけられるとき、集合Aと集合Bは対等であるといい、このことをA～Bと書くことにしよう。集合間の対等関係は同値関係であり、A～A（反射律）、A～BならばB～A（対称律）そしてA～B、B～CならばA～C（推移律）を満たす。集合の集まりは、この同値関係によって類別でき、各同値類に付けられたラベルを集合の濃度という。有限集合から成る同値類に付けられたラベルが自然数である。

　具体的に言えば、チューリップが3つで構成される集合と植木鉢3つで構成される集合、そしてチョウチョウが3匹で構成される集合をそれぞれ{a, b, c}{○, □, △}{ア, イ, ウ}とすると、これらには濃度3の集合として同じラベル3が貼られる。有限集合、{a}{○}{ア}などの濃度を1、{a,

第5章　数と計算

b}　{○,□}　{ア,イ}などの濃度を2、{a,b,c}　{○,□,△}　{ア,イ,ウ}などの濃度を3というように順次表すことにすれば、有限集合の濃度はその集合の要素の個数を表す。

　一方、自然数は大小関係によって一列に並んでいて、前にあるものは後ろにあるものより小さく、逆に後ろにあるものは前にあるものより大きい。自然数のこのような順序数としての側面を数学的にまとめたものに、ペアノの公理系がある。

　自然数系Nを、次の5つの公理を満たす集合と考える。なお、「1」「自然数」「後者」は無定義述語である。

　公理1：「1」は自然数である。

　公理2：任意の自然数 x に対して、x の後者と呼ばれる自然数 x' がただ1つ存在する。

　公理3：1を後者とする自然数は存在しない。

　公理4：x' と y' が同一の自然数ならば、x と y も同一の自然数である。

　公理5：Mが次の条件（ⅰ）（ⅱ）を満足するNの空でない部分集合ならば、すべての自然数はMに属する。

　　　　（ⅰ）1はMに属する。

　　　　（ⅱ）x がMに属すれば、x' もMに属する。

　これらの公理に基づいて、1の後者 1' を2、2の後者を3、3の後者を4と表している。ペアノは、さらに自然数の加法・乗法の演算や大小関係を定義することで、自然数系の理論を展開している。

2．指導上の留意点

（1）数えることの重要性

　集合論の立場から言えば、整数は、ものの集合の持つ側面のうち、その「多さ」に着眼して得られた概念であるから、整数の概念を指導する際には、子どもの身の回りにあるものの集まりについて、その多い、少ないと

いう側面に着眼させ、ものの個数を数える活動が大切になる。その際、「多さ」以外の側面は捨象されるので、対象となる集合は基本的には何でもよいが、指導上の配慮としては、集合の要素間に1対1の対応をつけることが子どもにとって自然であるものがよい。さきほど、チューリップ、鉢、チョウチョウを例示したが、これらの集合の要素間には1対1の対応がつけやすいからである。チューリップの本数を数えて3であることが分かると、これらを皆植木鉢に植えることができるかと問い、植木鉢を数えるのである。

　数えることは数を把握する重要な手段である。ものの個数を数えるためには、次のことが基本となる。
（ⅰ）数える対象を明らかにする。
（ⅱ）ものと数詞を1対1に対応させる。
（ⅲ）最後の対象に対応する数詞を読み取る。

　数える活動は、子どもの身の回りにあるものの集合について、その多い、少ないという側面に着目させることから出発するが、そこでは数える対象を明確に捉えることが大切である。すなわち、数える集合とその要素を明確に捉えるのである。何を単位として数えるか、換言すれば、何を1と見るかは、算数全体を貫く重要な視点である。（ⅱ）では、数詞の理解が不可欠である。数えることがうまくできない子の中には、数詞を知っていても順序を間違えたり、飛ばしたりする子がいる。数詞の正確な理解は、数える活動の必須要件である。（ⅲ）は、最後の対象に対応する数詞がその集合の個数を表すという集合数の概念に結びつく。ものの順序を数えるときも同様な手続きとなる。

　指導においては、数える目的がよく分かる場を設定し、数える対象を整理して並べる工夫や、かたまりにして数えていくことも経験させたい。10のかたまりにして数える工夫は、十進数の理解に結び付くことになるなど、数える工夫は、命数法や記数法の素地となるからである。

(2) 数詞の理解

　わが国の場合、国語と算数・数学は古くから用具教科として教育課程に位置づけられていた。国語科が母国語での読み書き担当なら、算数科ではいわば算数語で表すこと、読むこと、そして処理することを習うのである。小学校1年生にとって、算数は初めて出会う外国語なのである。

　算数を言語として捉えると、今まで見えなかったものが見えてこよう。特に子どもたちが最初に出会う10以下の数について見ると、日本語では2種類の数詞が現存していることに留意すべきである。すなわち「いち、に、さん、し、ご、ろく、しち、はち、く、じゅう」という漢語系数詞と、「ひと、ふた、み、よ、いつ、む、なな、や、ここ、とお」という和語系数詞がある。

　さらに、日本語には助数詞がある。数はものの多さに着目してつくられ、それ以外の側面は捨象されているはずだが、日本語の場合、多さ以外の属性が助数詞に反映されているのである。例えば、棒状の鉛筆やチューリップは「本」であり、紙は「枚」、ノートは「冊」、そしてチョウチョウは「匹」であり、ものの属性が助数詞に反映される。しかも、漢語系数詞と和語系数詞と助数詞の連動は複雑である。実際、多くの場合、4と7のところで、和語系数詞ではなく、漢語系数詞に転じてしまう。例えば、おはじきを数えるとき、いっこ、にこ、さんこ、と漢語系に「こ」が付くが、4のところでは「しこ」ではなく「よんこ」となる。7のところでも「しちこ」より「ななこ」であろう。人間を数えるときは下記のようになる。

	漢語系	和語系
1		ひとり
2		ふたり
3	さんにん	
4		よにん
5	ごにん	
6	ろくにん	
7	しちにん	ななにん
8	はちにん	
9	きゅうにん	
10	じゅうにん	

日本語における助数詞の存在は、数概念が完全に抽象化されていないとも言えるが、子どもが数える活動を展開する際に、助数詞によって数える対象が明確になるという利点もある。また、数量の関係を式で表す際にも、数字に名数をつけることで、言葉の式から数式への移行を容易にする利点もあろう。

(3) 数概念を豊かに

算数の「数と計算」領域は、時間数の配分も多く、重要な領域である。計算手続きの習熟も大事だが、数概念を豊かにすることを忘れないようにしたい。一つの数をほかの数の和や差、あるいは積と見るなど、ほかの数と関連づける見方を養うべきであろう。数の大小関係、順序関係、数のモデルとしての数直線の活用、約数や倍数の指導において概念に関わることと表記に関わることの区別、自然数の集合における四則演算の可能性を吟味することなどを通して、数概念を常に豊かにしていく姿勢が大切である。また、低学年においては、数概念と表記が結び付くような指導を心がけることが大切であろう。

【課題1】 学年進行によって数の範囲がどのように拡張されていくのかを学習指導要領で調べ、教科書で確認してみよう。

【課題2】 整数と小数は十進位取り記数法で表記されている。そのしくみを理解するために、〇を11個描き、それらを2つずつ囲み、二進数で表記してみよう。また、十進数で表記された小数 0.4、0.44、そして 0.3 を五進数で表記してみよう。

第2節　整数の加法・減法

1. 数学的視点からの考察（加法・減法の定義）

(1) 公理論的立場から

公理論的立場から自然数の意味を明確にして、加法と減法ができるようにするために、以下のように加法を定義する。

自然数 a の後者をa'で表すとき、2つの自然数a、bに対して、

① a+1=a'
② a+b'=(a+b)'

を満足する1つの数a+bを対応させることを「加法」という。

①より、1+1=1'=2、2+1=2'=3、3+1=3'=4、…となる。こう考えることで、自然数系列1、2、3、4、…を得ることができる。

また②より、3+2=3+1'=(3+1)'=(3')'=4'=5 となり、2数の加法ができるようになる。この定義は、ペアノの公理系の最後の数学的帰納法の公理を根拠としている。3+2とは、3の後者の後者、すなわち3に1を足してまた1を足すという「加数分だけ数え足す」考えを表している。

この定義から、次のような自然数の加法の基本的な性質が導かれる。

自然数a、b、cに対して、

① a+b という自然数 (これをaとbの和という) がただ一つ確定する。
② (a+b)+c=a+(b+c)
③ a+b=b+a

減法は、加法の逆算として、以下のように定義する。

自然数a、bに対して x+a=b となる自然数 x が存在するとき、x=b−a として、xを求めることを「減法」という。

こうすると、減法ができるときとできないときがあるが、できるときは、b−a という自然数 (これを b から a を引いた差という) が、ただ一つ確定

する。この定義は、「減数分だけ数え引く」考えを表している。

(2) 集合論的立場から

ものの個数を数えるには、その対象を集合として捉える。数える対象が2つあるとき、これらを1つの集合に統合してその全体の個数を数える。集合 A の大きさ（要素の個数）を n(A) で表すことにすれば、2つの集合 A、B の大きさの間には、次の関係が成り立つ。

n(A∪B)=n(A)+n(B)−n(A∩B)

特に A、B の共通集合 A∩B=φ のとき、したがって、n(A∩B)=0 のときは、n(A)+n(B)=n(A∪B) となる。これを加法の定義とすることもできる。この考えでは、加法は、共通部分のない2つの集合 A、B から合併集合 A∪B=C を作り、その大きさを求めることである。

減法は、その逆として定義し、全体集合 C（合併集合 A∪B）から部分集合 A（B）を取り去った残りの部分集合（補集合）B（A）の大きさを求めることである。

2. 教育的視点からの考察

(1) 数を数えることと加法・減法の概念

加法・減法では、対象となる2つの集合を統合して1つの集合とみなすことが基本である。

「子どもが5人います。いすが8脚あります。1つのいすに1人の子どもが座ります。いすはいくつ余りますか」という問題を取り上げた授業で、ある児童が、「8−5=3でいすが3つ余ります」と答えたら、別の児童が「いすと人では引き算できないのに、なぜ計算できるのですか」と尋ねた。この児童に対してどんな指導をする必要があるかを考えてみよう。

量の大きさを数で表したとき（これを数化という）、そのときの単位がある見方から同等とみなされる2量ならば、加法や減法が可能となる。し

がって、加法概念を形成するには、別々の集合を1つの集合に統合して数えることができるように、別々の集合の要素を「同種」「同単位」とみなす必要がある。

減法概念の形成においては、求残と求差の2種類を考えねばならない。求残の場合、2つの集合は「同種」「同単位」であるが、求差の場合は、2つの集合を比較して、1つの集合からもう1つの集合の中に1対1に対応する部分集合を作って、要素の統合を図る必要がある。例えば、いすの数（8脚）と子どもの数（5人）の差を求めるには、児童をいすに座らせることを想定して、いすの集合の中に児童が座れるいすの部分集合を作って考えるのである。

減法は、加法の逆であるから、全体集合 C=A∪B から、その部分集合 A を取り去った補集合の大きさを求めることである。したがって、A は C の部分集合でなければならない。求差の場合は、まず、1対1対応の考えを働かせ、「同種」「同単位」の要素を作っていることに気づかせることが大切である。

(2) 加法・減法の計算の意味の理解とその指導

『小学校学習指導要領解説・算数編』は、「数と計算」の領域のねらいを、整数、小数、分数の意味や表し方について理解できるようにし、数についての感覚を豊かにすること、また、整数、小数、分数の計算の意味について理解し、それらの計算の仕方を考え、計算に習熟し活用することができるようにするとしている。

すなわち、計算の指導では、①「計算の意味を理解する」、②「計算の仕方を考える」、③「計算に習熟し、活用する」の3つの側面の指導が重要であることを示唆している。

加法・減法の計算の意味については、次のような場合がある。
○加法が用いられる場合
①初めにある数量に、追加したり、それから増加したりしたときの大きさを求める場合（増加）

②同時に存在する2つの数量を合わせた大きさを求める場合（合併）
③ある番号や順番から、さらに何番か後の番号や順番を求める場合（順序数を含む加法）

○減法が用いられる場合
①初めにある数量の大きさから、取り去ったり減少したりしたときの残りの大きさを求める場合（求残）
②2つの数量の差を求める場合（求差）
③ある順番から、いくつか前の順番を求める場合や、2つの順番の違いを求める場合（順序数を含む減法）

これらの指導に当たっては、具体的な場面について、児童がどの場合にも同じ加法や減法が適用される場として判断できるようにすることが大切である。このように、加法や減法の用いられる場合をしだいに一般化して、加法や減法の意味を具体的に捉えることができるようにすることを重視する。そして、加法は、2つの集合を合わせた集合の要素の個数を求める演算であり、減法は、1つの集合を2つの集合に分けたときの一方の集合の要素の個数を求める演算であることを、具体物を用いた活動などを通して理解できるようにすることが大切である。

【課題3】 4+5の式で答えが求められるいろいろな意味の問題を作りなさい。

【課題4】 式は、数学的文章と呼ばれる。これは、数学的な記号を用いて数量関係を表現しているからである。加法や減法の意味の指導に関連して、式に表すことや式を読むことの指導について調べなさい。

（3）加法・減法の計算とその指導

加法・減法の計算の指導には、次のような段階がある。
①素地指導
②加法九九とその逆の学習
③簡単な2位数の加減
④加法・減法の筆算

①は、自然数の概念形成の指導に続いて、数の多面的な見方を育てるための10までの数の合成分解の指導がこれに当たる。

　②は、③と④のための前提となる大切な学習である。1年の児童の困難な問題に、8+5のような繰り上がりのある加法や、15−8のような繰り下がりのある減法がある。繰り上がりのある加法では、足す数または足される数を分解して10を作り、端数を加える。

　減法の場合には、減加法と減々法がある。例えば13−8の場合、減加法では、(10−8)+3のように、10から引いて残りを加える。減々法では、(13−3)−5のように、まず10を作ってから残りを引いていく方法がある。どちらがよいかは、減数と被減数によって異なる。数の操作では、10の合成分解ができれば減加法を採ることが多いが、ものを操作するときは減々法を採ることが多い。

(4) 加法と減法の相互関係

　加法と減法の相互関係の指導に関しては、「加法及びその逆の減法」と学習指導要領に示されているように、加法の逆としての減法指導が必要である。

　例えば、「みかんが15個ある。何個か買ってきたので、全部で32個になった。買ってきたみかんは何個か」という場面を考える。この問題を「買ってきたみかんの数」を□で表し、そのまま時系列で式に表現すると15+□=32という加法の式で表現できる。これを図に表すと

みかん（15個）	□
全部（32個）	

となる。この図は、加法と減法の相互関係を表現した図である。

　一般的に、2+3=5の関係は、以下のように表現できる。

2	3
5	

　また、この図は、5−2=3、5−3=2をも表現している。いずれも同値な関係の表現である。同値な関係の異なった表現と考えてもよい。

一つの操作は、その逆の操作を予想して初めて操作の名に値すると言われている。すなわち、理解を伴った学習というのは、一つ一つをばらばらに学習するのではなく、本来的に関係のあるものは、初めから相互に関連させて学習させるべきであり、そのほうが知的発達の全体性・構造性にもかなった学習方法であるという主張である。

　例えば、上記の 2+3=5 を学習するとき、これだけを孤立させて指導するのであれば、それは、2 足す 3 を学習したのであって、「加法」の概念の理解に基づいて理解したとは言い難い。「加法」という概念は、その逆演算である「減法」との関連において初めて理解が可能であると考えられるからである。相互関係を考察する意図はそこにある。

第3節　整数の乗法・除法

1. 整数の乗法・除法は数学ではどのように定義されるのか

(1) 乗法の定義

①ペアノの公理系での定義

　ペアノの公理系によって自然数を構成するとき、乗法は加法を用いて次のように定義される。

（ⅰ）$a \times 1 = a$

（ⅱ）$a \times b' = (a \times b) + a$　（ただし、b' は b の後者を示す）

　この定義を基に、交換法則、分配法則、結合法則が証明される。

　ペアノの公理による定義では、乗法は同じ数を何度も加えていくこと、すなわち同数累加であるということとなる。

②集合での定義

　乗法を加法とは別の演算として、2つの集合の直積を基に定義するものもある。

図1

図2

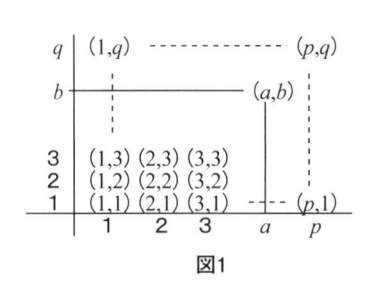

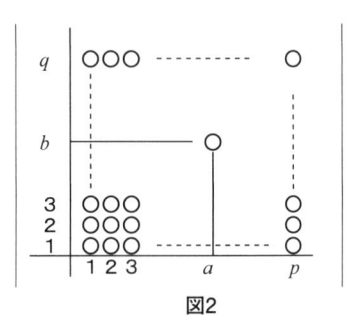

　AとBの2つの集合があるとき、「AとBの直積」とは、Aの要素aとBの要素bとの順序づけられた組み合わせ(a,b)全体で作られる集合のことであり、これをA×Bと表す。そして、集合Aがp個の要素を持ち、集合Bがq個の要素を持つとき、p×qを以下のように「AとBの直積の要素の個数」と定義する。

　p×q=n(A×B)　(n(A×B)は、AとBの直積の要素の個数)

　つまり、p×qを集合Aの要素と集合Bの要素それぞれ1つずつ選んで作った組み合わせ全体の数を求めることとするのである。AとBの直積について、その全ての要素を表現するに当たっては、図1のようなq個ずつp列並んでいるものを活用すると分かりやすい。そして、p×qについて考える場合は、その要素の数だけが分かればよいので、それぞれの要素を(p,q)と記述する必要はなく、例えば○で表し(図2)、その○の数を数えればよいこととなる。こうしてできた図2のような図はアレイ図と呼ばれ、乗法の入門期には大いに活用される図である。交換法則、分配法則、結合法則もこのアレイ図から説明することができる。

(2) 除法の定義

　除法は、数学的には乗法の逆の算法として定義される。すなわち、2つの整数a, b(b≠0)について、b×x=aでxを求める算法をx=a÷bとして「÷」という記号を用いて表すこととするのである。ただし、どのようなa, bについてもxが整数解を持つとは限らないので(例えば「4÷3」)、整数の範囲では整数解を持つ場合に限ることになる。

xが整数解を持たない場合にも、除法を適用するためには、整数の次のような性質に基づいて除法の適用範囲を広げていく。

> 任意の整数 a, b (b>0) に対して a=b×q+r (0≦r<b) となるような整数 q, r がただ１組定まる

このqおよびrを求めることを、除法 a÷b とするのである。整数解が得られる場合を、通常「割り切れる」というが、これはr=0の場合で、このときqを商という。また、r≠0のときは、aはbで「割り切れない」といい、この場合にもqは商といい、rを「aをbで割った余り」という。

こうした整数の性質を除法に適用してしまうと、乗法の逆の算法という除法の数学的な定義とは整合性を保たなくなる。しかし、伝統的に日本のみならず諸外国でも、上記のようなq, rを求める計算を除法としているので、それに従うこととしている。つまり、「余りのある割り算」は数学的には除法ではなく、あくまで習慣的に除法と見ているにすぎないのである。

2. 小学校での学習指導について

小学校では、具体的な事象と関連して乗法・除法の学習指導が進む。したがって、前述の数学の議論を背景にしながらも、子どもの実態に合わせた扱いが必要となる。なお、乗法・除法の学習指導については、式の意味と計算の方法の２点について考える必要がある。一般に乗法・除法というと、計算技能の習熟に関心が持たれる。しかし、乗法・除法の意味の理解は、子どもが計算方法を自ら作り出していくことや、乗法・除法を具体的な場面に正しく適用していくことにつながるので、しっかりと学習指導を行っていく必要がある。

（1）整数の乗法の意味

乗法の導入時、子どもの既習事項は加法である。したがって、乗法の意味は加法を基にした「同数累加の考え」で導入されることが多い。これは、「何を何回加えるか」を簡潔に表す方法として乗法を意味づけるものであ

り、例えばaのかたまりがb個あるときに「a×b」と表すものである。

　こうした意味づけでは、bは「aを何回加えるのか」という個数を表すものなので、正の整数のときにしか意味をなさない。そこで、長さ等の連続量の比較の場面において、いくつ分を表すbを「倍」と見て、同数累加の考えを基にa×bの意味を「aのb倍に当たる大きさ」という割合の見方も並行して扱っていく場合がある。このような扱いは、高学年でのbが小数や分数のときに必要となる乗法の意味の拡張を意識したものである。なお、乗法の意味の拡張に欠かせない見方として、倍の意味の拡張がある。そこでは2つの数量の関係を「一方を1と見たとき、他方はそのいくつに当たるか」という抽象的な見方をする。その素地として、いくつ分を測り取る「元の大きさ」をしっかりと意識させることが大切となる。これはいわゆる任意単位による測定といわれるものである。したがって、低学年で倍を扱うときは、こうした測定の活動をできるだけ多く取り入れ、この先の「1と見る」見方の素地としていくことが大切となる。

　上記のような意味づけをしたとき、「a×b」のaとbはそれぞれ異なる意味を持つこととなり、したがって「a×b」と「b×a」では、表している内容が異なることとなる。こうした扱いについては、乗法には交換法則が成り立つこと、中学生になれば「a×3」も「3×a」も共に「3a」となること、「a×b」の意味づけが万国共通ではないこと等の理由により、反対意見もある。しかし、小学校では具体的な場面に即して式の学習指導を行うこと、したがって後述する除法の意味では、商の解釈が2通りになること、高学年での困難教材といわれる割合や単位量当たりの大きさの学習では、aとbの意味づけが重要であること等を考えると、小学校段階ではaとbの意味づけを重視する必要性も否めない。したがって、テスト等で「a×b」と記すべきところを「b×a」とした解答について不正解とするかどうかは、それぞれの教師の判断に委ねざるを得ないが、授業の中ではaとbの意味づけを重視した学習指導がなされるべきであろう。

(2) 整数の除法の意味

　商の意味は、乗法において被乗数と乗数の意味が異なることに対応する。例えば「4人の子どもに1人3個ずつのあめを配るとあめは12個必要となる」という場面を「3×4＝12」という乗法の式に表したとすると、除法の場面は以下の2つが考えられる。1つは「12個のあめを4人で同じ数ずつ分けます。1人何個でしょう」という問題文になり、12÷4で求めるものである。これは等分除といわれるものである。もう1つは「12個あるあめを3個ずつ分けます。何人に分けられるでしょう」という問題文になり、12÷3で求めるものである。これは包含除といわれるものである。つまり、x×4＝12でxを求めるものが等分除、3×x＝12でxを求めるものが包含除ということになる。この等分除と包含除の2つの場面は、具体的な場面で考えると「分ける意図」が異なっている。しかし、どちらもあめが等分されていること、すなわち、どちらも同じ数ずつ取っていく同数累減の場面であること（等分除の場合も4個取って1人ずつに配ると見れば、4個ずつ取っていることとなる）から、操作として同一視でき、つまりは、どちらも除法としてよいこととなる。

　除法を指導する際には等分除と包含除の両方の場面を適宜扱っていくが、除法の導入に際し、等分除・包含除のどちらから導入するのかについては意見が分かれる。日常生活を考えると、上記のような包含除のような配り方はほとんど行われず、等分除のようないわゆるトランプ配りが圧倒的に多い。したがって子どもには等分除のほうが理解しやすい。その一方、同数累減による意味づけによって、同数累加で意味づけられた乗法の逆の算法であることを具体的な操作によって捉えるには、包含除による導入のほうがよい。さらに、包含除から導入すると、等分除によるトランプ配りも上述のように同数累減であるので同じ操作となり、等分除も包含除と同じ除法であることを操作によって捉えさせることができる。各々に長所・短所があるので、子どもの実態を把握したうえで導入素材を考えることが大切となろう。

第5章　数と計算

以上考察してきた乗法・除法の意味づけは整数の範囲でのことであって、有理数の範囲まで考えるときには、乗法・除法の意味を拡張することが必要となる。

　(3) 乗法・除法の計算について

　計算について考えるとき、筆算にその指導の重点が置かれがちとなる。この考え方では、答えを出す形式を教え習熟させることに指導が終始する。確かに乗除の計算について子どもが習熟していくことは、日常生活を営むうえから見ても大切なことである。しかし、これらの計算方法を生み出す過程では、乗法九九、乗除の決まり、十進位取り記数法などが巧みに活用されている。したがって計算の学習は、計算方法を子どもが作り出していく創造的な学習の機会、そして先人のすばらしいアイディアと工夫を知る貴重な学習の機会でもある。このように考えることは、電卓やパソコンといった計算の道具が身近になった今日だからこそ重要なことであろう。

　①乗法の計算

　乗法の計算の第一歩となるものが乗法九九である。乗法九九は、1位数どうしの自然数の乗法を語呂よく暗記する方法で、これを基にして、乗法の筆算だけではなく除法計算全般が行われる。このことからも、乗法九九を子どもが着実に暗記するべきものと考えることに議論の余地はない。ここで重要なことは、乗法九九を暗記させることとともに、九九の答えの見つけ方を子ども自身が考えていくようにすることである。これは、たとえある数についての九九を忘れても、子ども自身で答えを見つけ出していくことにつながり、さらに九九を超えた数の乗法計算を考え出していくことにつながっていく。例えば、7の段の九九の答えを求めるとき、「乗数が1大きくなれば積は被乗数分だけ大きくなる」ということを活用して7ずつ加えていったり、アレイ図を基に2の段と5の段を合わせると7の段になるということ（分配法則）を活用したり、これまでに覚えた九九の中から「×7」のものを探して（交換法則）求めたりと、さまざまな方法によって答えを見つけていくことが大切となる。このような活動を既習経験として、

被乗数・乗数が2位数以上になったとき、筆算につながる計算の仕方を子どもが自ら作り出していけるようにしたい。

②除法の計算

除法の筆算は、被除数の左の位から順に単位の小さいものへと、乗法九九を使って次々に処理をする。ここでは、例えば20や200を2と見る数の相対的な大きさの理解が有効に働く。また「除数、被除数に同じ数を掛けても同じ数で割っても、商は変わらない」などの除法についての計算の決まりを活用し、未習の数について除法計算の方法を考えたり、予測された結果や方法が妥当であることを確かめたりすることも大切である。

なお、乗法・除法ともに、乗除の関係や計算法則を活用して、計算結果を自分で確かめていく態度を子どもに育てていくことも忘れてはならない。また、筆算は自分が行った計算の跡を記録しておくものであり、誤った計算をしたときに、自分がどのような誤りをしやすいのかを把握することができるものであることも、子どもに理解させていくようにしたい。

第4節　小数・分数の加法・減法

1. 数学的視点から見た小数・分数

算数において、自然数の次に登場するのは、正の有理数の集合である。自然数の集合 N は、加法および乗法について閉じていたが、減法と除法については閉じていなかった。これを、除法について閉じるように拡張したものが有理数の集合であり、(正の) 分数の集合 (ここでは P と表す) である。P は、直積集合 S=N×N={(a, b) | a∈N, b∈N } (Nは自然数の集合) に同値関係 ~ を「(a, b) ~(c, d) ⇔ a×d=b×c」と定義し、同値関係 ~ で類別した集合 P=S/~ として構成する。P は、~ についての同値類 { (x, y) | (x, y) ~(a, b) } を要素とする集合である。このとき、(a, b) が属する同値類を、その代表元によって $\frac{a}{b}$ と表したものが分数である。したがって、Pでは「$\frac{a}{b} = \frac{c}{d}$

⇔ ad=bc」という相等関係が成立している。

また、Pにおいて大小関係と四則演算を次のように定義する。

$\frac{a}{b} \in P$, $\frac{c}{d} \in P$ に対して、

① 大小関係　　$\frac{a}{b} > \frac{c}{d} \Leftrightarrow ad > bc$

② 加法　　　　$\frac{a}{b} + \frac{c}{d} = \frac{(ad+bc)}{bd}$

③ 乗法　　　　$\frac{a}{b} \times \frac{c}{d} = \frac{ac}{bd}$

減法および除法はそれぞれ、加法および乗法の逆算として得られる。Pをこのように構成することにより、Pは順序構造と代数構造を持つ。Pは加法、乗法、除法について閉じた代数系である。そして、a∈Nをa/1∈Pと同一視すると、PはNを含むとみなすことができる。

小数は、自然数における表記法を、1に満たない端数を表現する際にも用いるようにしたものである。自然数は十進位取り記数法で表しているため、底として10を取り、任意の正の実数を、0, 1, 2, 3, …, 9の10個の数字を用いて、

$$a_n 10^n + a_{n-1} 10^{n-1} + \cdots + a_1 10 + a_0 + \frac{b_1}{10} + \frac{b_2}{10^2} + \cdots + \frac{b_m}{10^m} + \cdots$$

$$(0 \leq a_n, a_{n-1}, \cdots, a_1, a_0, b_1, \cdots, b_m, \cdots < 10)$$

の形の級数の極限として表す。自然数は10の累乗で区切って整理されていたが、その考えを、10の累乗を分母とする分数へと発展させている。これを、自然数のときと同様に位取りの原理を用いて、

$$a_n a_{n-1} \cdots a_1 a_0 . b_1 \cdots b_m \cdots$$

のように略記する。これが、我々が通常用いている小数である。なお、一般に、底として1より大きい自然数pをとると、任意の正の実数は、0, 1, 2, 3, …, p−1のp個の数字を用いて、

$$a_n p^n + a_{n-1} p^{n-1} + \cdots + a_1 p + a_0 + \frac{b_1}{p} + \frac{b_2}{p^2} + \cdots + \frac{b_m}{p^m} + \cdots$$

$$(0 \leq a_n, a_{n-1}, \cdots, a_1, a_0, b_1, \cdots, b_m, \cdots < p)$$

の形の級数の極限として表されることになり、これを略記すると、p進小数が得られる。

このように、自然数、整数、有理数などの数学的にまとめた数の概念と、分数、小数という概念には違いがある。つまり、分数、小数は、数の種類

を表すものではなく、十進数などと同様に、数の表記法を表す概念である。

2. 小数・分数の意味と表し方

　小数も分数も、端数を処理するうえで用いられる。したがって、小数・分数の導入に当たっては、そのような数を作ることの必要性とよさを知るとともに、今まで学習してきている整数との異同をはっきりさせることが大切である。小数は、整数の十進位取り記数法の原理を、1より小さい数に拡張して得られた、数の表し方である。つまり、10倍すると位が1つ上がり、1/10にすると位が1つ下がるという考えに基づいている。このように考えれば、いくら端下が出てきたとしても困る必要はなく、しかも整数と同じ十進構造が導入される。一方、分数は、10等分をしていって下の単位を作るのではなく、1つのものを任意個に等分していく。この点が、小数との違いである。

　また、数のモデルとして、数直線がある。数直線は、数の大きさを視覚化してくれるため、整数、小数、分数の全てが表されるだけでなく、大小関係や相等関係を視覚的に判断することができる。数直線上では、整数は離散的な点として表された。しかし、小数や分数では、10等分や任意個による等分を繰り返しながら、その間に挿入されていくことになる。このように、小数や分数は、数直線上では稠密性を持った点として示される。稠密性とは、どんな2つの有理数の間にも有理数が存在するということであり、有理数を特徴づける性質である。

　小数・分数はさまざまに用いられ、そのときに持つ意味は1通りではない。ここでは、分数について考えてみよう。

　1つのものを3等分した各々を、元のものの3分の1といい、$\frac{1}{3}$と書く。その2つ分を、元のものの3分の2といい、$\frac{2}{3}$と書く。このように用いられる分数を「分割分数」という。あるいは、3つに分けて2つ取るという操作が含まれているため、「操作分数」と呼ぶこともある。ここでは、「1つ」に当たるものが異なれば、その大きさも異なってくる。例えば、同じ

$\frac{2}{3}$ であっても、1 m を 3 等分した 2 つ分と、2 m を 3 等分した 2 つ分では、長さが異なる。したがって、何が「1」であるかを明確にしておかなければならない。

　1 m や 1 L といった単位量を分割し、1 m を 3 等分した 2 つ分を $\frac{2}{3}$ m と表すときにも分数が用いられる。このように、連続量の大きさ（測定値）を表す分数を「量分数」という。ここでは、一つの分数は確定した大きさを表している。2 m を 3 等分した 2 つ分は、もはや $\frac{2}{3}$ m ではない。量分数では、同種のものについて、大小の比較を行ったり、和や差を考えたりすることができるようになる。

　分数は、量の割合を表すのにも用いられる。2 m は 3 m の $\frac{2}{3}$ といった用い方である。このように、B を基準量 1 とするとき、比較量 A の大きさの割合を表す分数を「割合分数」という。割合分数は、分数の乗法・除法の意味を説明する際に用いられる。

　整数の範囲で除法を行うと、割り切れる場合は商が整数となり、1 つの数で表すことができるが、割り切れない場合は、商を 1 つの数で表そうとすると、分数が必要になる。このように、商を表す分数を「商分数」と呼ぶ。$\frac{2}{3}$ は、2÷3 の商を表している。これによって、整数の除法は、1 つの分数を求める演算として統合的に見ることができるようになる。

　このように、分数の用いられ方は多様である。児童は、これらの多様な用い方に接することによって、分数の概念を深めていく。その際、例えば、「分割分数」と「量分数」を混同するなど、児童における難しさも少なくない。したがって、分数を指導する場面では、そこでの分数がどんな用いられ方をしているのかを、しっかりと分析することが大切である。

3. 小数の加法・減法

　小数は整数と同じ十進構造となっているので、小数の計算は、0.1 や 0.01 を単位にして考えると、整数と同じ考え方で行うことができる。ここでは、2 つの考え方が重要になる。1 つは、小数における相対的な数の捉

え方，例えば，2.3を，0.1を単位として23とみなすことである。この考え方は，「整数であれば計算ができる」という既習内容の活用に基づいている。つまり，2.3や4.5を，0.1が何個あるかと考えることによって，小数の加法・減法を，整数の計算に帰着させることができ，そして，得られた結果を，小数の世界へと戻して考えることになる。

　もう1つは，位をそろえて書くことによって，整数の場合と同じように筆算で計算をするということである。この考え方も，「整数と同じように筆算でできないか」という既習内容の活用に基づいている。指導に当たっては，小数と整数の表現の類似性に着目して考えていくことが大切である。ここで，整数では右端の位がそろう形であったため，児童の中には，小数の筆算においても，単純に右端をそろえようとする者が出てくる。このような間違った反応を適宜取り上げながら，同単位にする（位をそろえる）という数学的な考え方に注目させていくことが大切である。

4．分数の加法・減法

　分数の加法・減法では，単位分数をそろえることが基本となる。例えば，$\frac{1}{5} + \frac{2}{5}$ の計算では，$\frac{1}{5}$ の大きさを単位として，その1個分と2個分を足していく。このように，単位分数を基にすることで，分数の加減の計算の仕方は，分子どうしの整数の加減の計算に帰着させることができる。この考え方は，小数の加法・減法が整数の計算に帰着されたのと同じ考え方である。

　同分母のときは，このようにして計算を行うことができるが，異分母のときは，そのままでは計算ができない。両方の分数に共通する単位を用いる必要性が生じる。つまり，2つの分数を，それぞれの大きさを変えずに，共通な分母の分数に直していくことになる。これが通分である。異分母分数の計算の仕方を考えるに当たっては，既習の内容である同分母の加法・減法の計算の仕方を活用していくことが大切である。

　通分は，$\frac{1}{3}$ という分数が，$\frac{2}{6}$，$\frac{3}{9}$，$\frac{4}{12}$ などの分数と大きさが等しい（同値分数）という理解に支えられている。このように，1つの分数から，形

の違う同値な分数を自由に作り出すことができるという点は、分数の特徴的な部分である。同値分数の指導に当たっては、分数を数直線に表現することで、児童が、以下のような分数のさまざまな性質を見つけていく活動を取入れることも大切である。

・分母が同じであれば、分子が大きいほうが大きい。分子が同じであれば、分母が小さいほうが大きい。
・同じ大きさだが、形の違う分数がある。
・分母と分子に同じ数を掛けても同じ数で割っても大きさは変わらない。

【課題5】 小数についても、分数と同じく、その用いられ方や、そのときに持つ意味は1通りではない。小数におけるさまざまな用いられ方を調べなさい。

【課題6】 小数と分数は数の表記の仕方の違いに関わるが、児童にとって、小数や分数が数量を表しているという理解が乏しくなりがちである。小数や分数の大きさについて実感を伴って理解するための算数的活動を考えなさい。

【課題7】 小数や分数の加法・減法の計算の指導について、次の問いに答えなさい。

問1 小数の加法・減法の計算では、以下のような誤答が見られる。それぞれについて原因を探りなさい。また、それを基にして、小数の加法・減法の指導に当たっての留意点を考察しなさい。

$$\begin{array}{r} 0.19 \\ +\ 3.1 \\ \hline 3.20 \end{array} \qquad \begin{array}{r} 3.4 \\ -\ 0.23 \\ \hline 0.11 \end{array} \qquad \begin{array}{r} 5 \\ -\ 2.1 \\ \hline 2.4 \end{array}$$

問2 同分母分数の加法の導入において、児童は、分母どうし、分子どうしを足し合わせる誤答を示すことがある。このような誤答に対する対処法を考察しなさい。

第5節　小数・分数の乗法・除法

1. 小数・分数の乗法

乗法は数学的に次のように定義されている。

　　整数の乗法は、2つの整数 a, b を結合する演算である。

有理数の乗法も同様に、有理数 $\frac{a}{1}, \frac{b}{1}$ を結合する演算と定義する。そこで、2つの有理数 $\frac{a}{b}$ と $\frac{c}{d}$ の積は、$\frac{a}{b} \times \frac{c}{d} = \frac{ac}{bd}$ となる。

学習指導では、整数の乗法は第2学年に導入され、その意味は加法を基にした「同数累加」である。例えば、2×3 は 2+2+2 と意味づけているため、乗数が整数のときしか使えない。したがって、乗数が小数や分数のとき、同数累加の考えで乗法を意味づけるのは困難であり、意味の拡張が必要になってくる。

第5学年で小数の乗法を学習する際、乗法を「割合」で意味づけることになる。これは、a×b を「a を 1 としたときに、b に当たる大きさを表す」と意味づけることである。b が割合を表すので、乗数が整数だけでなく、小数や分数においても通用し、一般化できる。これを乗法の意味の拡張といっている。

この割合の意味づけを統合するために数直線を用いる。整数の場合、図3のように表される。これは、被乗数を5としたとき、その2倍、3倍に当たる大きさを示している。5を基準量として数直線に目盛りを付け、その目盛り 2、3 に対応する値が 5×2、5×3 となる。整数の乗法がこのように数直線で表現できるのは、積と乗数が比例しているからである。

乗数が小数や分数のときも積と乗数が比例しているので、乗数に対応す

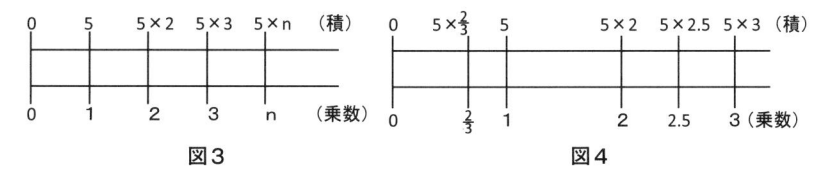

　　図3　　　　　　　　　　　　　図4

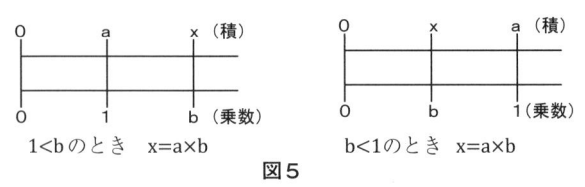

```
    0     a      x (積)              0      x      a (積)
    |─────|──────|                   |──────|──────|
    |─────|──────|                   |──────|──────|
    0     1      b (乗数)             0      b      1 (乗数)
      1<bのとき  x=a×b                    b<1のとき  x=a×b
```
図5

る値が5×2.5、5×$\frac{2}{3}$と乗法の式で表すことができる。数直線で表すと図4のようになる。5×2.5は、「5を1としたとき、2.5に当たる大きさを表す」となり、5×$\frac{2}{3}$は、「5を1としたとき、$\frac{2}{3}$に当たる大きさを表す」と数直線図から解釈することができる。

すなわち、乗数が小数や分数の場合も含めて、積が乗数に比例している場合、乗法 a×b=x の意味を「aを1としたとき、bに当たる大きさ(x)を求める」とし、意味の拡張を行うことになる。

乗法の意味を拡張すると、乗数が1より小さい場合、積は被乗数よりも小さくなり、そのことに戸惑う児童が出てくる。その場合も数直線によって、困難性を解消することができる。図5の数直線を見ると、b<1のとき、積xと被乗数aとはx<aの関係にあることが分かる。したがって、乗法でも積は被乗数よりも小さくなる場合があることを数直線から理解することができる。

2. 小数や分数の除法

除法は、数学的に次のように定義されている。

有理数$\frac{a}{b}$の有理数$\frac{c}{d} \neq \frac{0}{1}$による除法の商は、
$\frac{a}{b} \div \frac{c}{d} = \frac{a}{b} \times \frac{d}{c} = \frac{ad}{bc}$ である。

この定義から、除法は、乗法の逆演算である。
$\frac{a}{b} \times \frac{c}{d} = 1$ ($\frac{a}{b} \neq \frac{0}{1}$) のとき、有理数$\frac{c}{d}$は有理数$\frac{a}{b}$の乗法逆元といわれる。
学習指導において、乗法をa×b=c〔(基準量)×(割合)=(比較量)〕としたとき、除法の意味は2つの場合がある。

① c÷a=b：割合を求める。

② c÷b=a：基準量を求める。

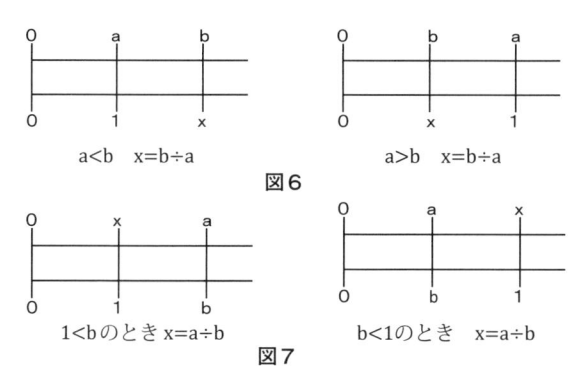

```
 0       a       b              0       b       a
 ├───────┼───────┤              ├───────┼───────┤
 0       1       x              0       x       1

    a<b   x=b÷a                    a>b   x=b÷a
```
図6

```
 0       x       a              0       a       x
 ├───────┼───────┤              ├───────┼───────┤
 0       1       b              0       b       1

  1<bのとき x=a÷b                 b<1のとき  x=a÷b
```
図7

　①は割合を求める場合で、整数の除法では「包含除」と呼ばれる。bが小数のとき、小数倍となる。例えば、「12mのリボンは5mのリボンの何倍か」というとき、12÷5＝2.4となる。そして、この商2.4について「5を1としたときの、2.4に当たる大きさ」と解釈する。これが小数倍の意味である。分数倍の2÷3＝$\frac{2}{3}$も小数倍と同様である。

　そこで、b÷a＝xの意味を「aを1としたとき、bとなる大きさ(x)を求める」とする。aやbが整数だけでなく、小数や分数の場合にも通用することになる。数直線に表すと図6のようになる。

　いずれの場合も乗法で立式して、その逆演算として除法に表すことができる。すなわち、a×x＝b より、b÷a＝x となる。

　②は基準量を求める場合で、小数や分数の除法の立式が困難な場合といわれている。bが整数の場合、「等分除」と呼ばれている。bが小数や分数の場合、「等分」をどのように解釈するかが問題になる。例えば、3等分とは、3つに等分したときの1つ分の大きさを求めることである。すなわち「1に当たる大きさ」を求めていることである。そこで、c÷b＝a は、「bをaと見たとき、1に当たる大きさ(x)を求める」となる。bやaが整数だけでなく、小数や分数の場合も適用することができる。この場合も数直線を活用することで捉えやすい（図7）。

　いずれの場合も乗法で立式して、その逆演算として除法に表すことができる。x×b＝a より、a÷b＝x となる。

　【課題8】　乗法では、乗数が小数や分数になると、整数の場合に用いた

累加の意味を拡張しなければならない。乗法の定義をどのように解釈し直すとよいか。「1mが80円のリボンを3.6m買います。代金はいくらになりますか」という文章題を基に、立式の根拠と乗法の意味を具体的に説明しなさい。

3. 小数の乗法・除法の計算

　小数は整数と同じ十進位取り記数法で表記されているので、小数に整数を掛けたり、小数を整数で割ったりするときには、計算の仕方も整数と同様に考えることができる。

　乗数が小数の場合、例えば、80×2.4は乗数を整数化して80×24にすれば既習なので計算ができる。その際、「乗法では、乗数が2倍、3倍…になれば、積も2倍、3倍…になる」という性質を用いる。すなわち、

　　　80×2.4=80×(2.4×10)÷10=80×24÷10

と考えることができる。または、「乗法では、被乗数を1/2、1/3…して、乗数を2倍、3倍…しても積は変わらない」という性質を用いて、

　　　80×2.4=(80÷10)×(2.4×10)=8×24

と考えることもできる（図8）。

　被乗数、乗数が共に小数の場合、これらの考えを用いれば、乗数だけを整数化して、(小数)×(整数)に帰着させることができる。しかし、一般的には、被乗数、乗数の両方を整数化する考えを用いる。これは、筆算形式との関連からである。(整数)×(整数)に帰着させて考えることで、筆算の仕方が分かりやすく、積の小数点の位置の間違いを防ぐことができるからである。

　除数が小数の場合も、乗法と同様に整数化すれば、(整数)÷(整数)の考

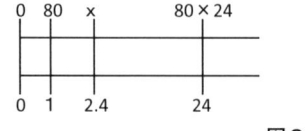

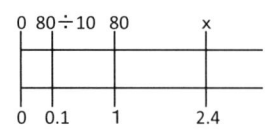

図8

え方に帰着することができる。例えば、42÷2.8は、除数を整数化することで商を求めることができる。その際、「除法では、被除数と除数に同じ数を掛けても、同じ数で割っても商は変わらない」という性質を用いる。すなわち、

$$42÷2.8=(42×10)÷(2.8×10)=420÷28$$

と考えることができる。除数が小数第1位のときは10倍、小数第2位のときは100倍として考える。

4. 分数の乗法・除法の計算

　分数の乗除法では、計算の仕方を形式的に覚えるのではなく、どうしてそのような計算になるかという計算の仕方の意味を意識させることが大事である。答は出せるが、どうしてその方法でよいのか分からないということが、分数の乗除法では多く見かけられるからである。

　分数に整数を掛ける場合は、整数を分子に掛けることの意味は同分母分数の加法を基に考えることができる。例えば、

$$\frac{2}{5}×3=\frac{2}{5}+\frac{2}{5}+\frac{2}{5}=\frac{2+2+2}{5}=\frac{2×3}{5}$$

と考えることができる。

　乗数が分数の場合は、小数の場合と同様に乗法の性質を用いて解決することになる。例えば、$\frac{4}{5}×\frac{2}{3}$という数値で示すと、2つの方法がある（図9）。

①乗数の$\frac{2}{3}$を3倍し、その積を3で割る方法である。

$$\frac{4}{5}×\frac{2}{3}=\frac{4}{5}×(\frac{2}{3}×3)÷3=\frac{4}{5}×2÷3=\frac{4×2}{5×3}$$

②被乗数を3で割り、乗数を3倍する方法である。

$$\frac{4}{5}×\frac{2}{3}=(\frac{4}{5}÷3)×(\frac{2}{3}×3)=\frac{4}{5}÷3×2=\frac{4×2}{5×3}$$

　これらの方法をまとめると、分母どうし、分子どうしを掛けるという計

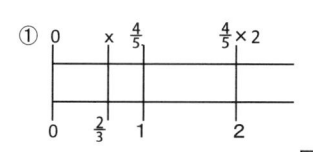

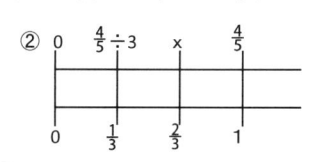

図9

算の仕方が導かれる。

　乗法の性質を活用して計算の仕方を考えるときは、既習事項として、(分数)×(整数)、(分数)÷(整数) が必要になる。そのため、指導の順序も分数に整数を掛ける計算や、整数で割る計算が先になる。

　分数の除法で分数を整数で割る計算の仕方は、整数を分母に掛けることになる。その意味は、同値分数の考えを基に導くことができる。例えば、$\frac{4}{5}÷2$ では、分数の乗法で分子に整数を掛けているので、分子を整数で割るという方法が考えられる。$\frac{4}{5}÷2=\frac{4÷2}{5}=\frac{2}{5}$ となる。

　しかし、$\frac{4}{5}÷3$ では、分子を除数で割り切ることができない。そこで、被除数 $\frac{4}{5}$ の同値分数の中から、分子が3で割り切れるものを見つけることになる。$\frac{4}{5}=\frac{8}{10}=\frac{12}{15}=\cdots$ の中では、$\frac{12}{15}$ が分子を3で割り切ることができる。そこで、$\frac{4}{5}÷3=\frac{12}{15}÷3=\frac{12÷3}{15}=\frac{4}{15}$ となる。この過程を丁寧に見ると、$\frac{4}{5}÷3=\frac{4×3}{5×3}÷3=\frac{4×3÷3}{5×3}=\frac{4}{5×3}=\frac{4}{15}$ となり、(分数)÷(整数) は、分母に整数を掛けることになる。

　除数が分数の場合、小数の除法と同様に除法の性質「除法では、被除数と除数に同じ数を掛けても、同じ数で割っても商は変わらない」という性質を用いる。被除数と除数の両方に整数を掛けて考える方法と被除数と除数に除数の逆数を掛ける方法がある。

　例えば、$\frac{2}{5}÷\frac{3}{4}$ の場合、除数を整数にするため、被除数と除数の両方に4を掛ける。
$$\frac{2}{5}÷\frac{3}{4}=(\frac{2}{5}×4)÷(\frac{3}{4}×4)=\frac{2×4}{5}÷3=\frac{2×4}{5×3}$$
また、除数を1にするために、除数と被除数の両方に $\frac{4}{3}$ を掛ける。
$$\frac{2}{5}÷\frac{3}{4}=(\frac{2}{5}×\frac{4}{3})÷(\frac{3}{4}×\frac{4}{3})=(\frac{2}{5}×\frac{4}{3})÷1=\frac{2}{5}×\frac{4}{3}$$
これらをまとめると、除数の逆数を掛けるという計算の仕方になる。

　さらに数直線での操作により、除数の逆数を掛けるという計算の仕方を導くこともできる。この数直線から次の2つの方法が考えられる（図10）。

　①$\frac{2}{5}$ を3で割って $\frac{1}{4}$ に当たる大きさを求めて、それを4倍して、1に当たる大きさを求める方法。
$$\frac{2}{5}÷\frac{3}{4}=(\frac{2}{5}÷3)×4=\frac{2}{5}×4÷3=\frac{2}{5}×\frac{4}{3}$$

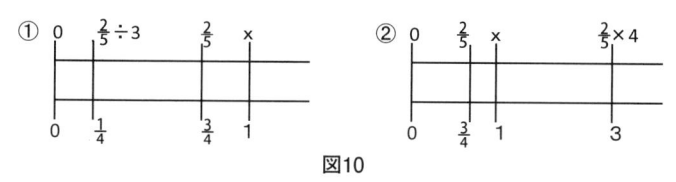

① 図 (数直線: 0, 2/5÷3, 2/5, x / 0, 1/4, 3/4, 1)
② 図 (数直線: 0, 2/5, x, 2/5×4 / 0, 3/4, 1, 3)

図10

② $\frac{2}{5}$ を4倍して3に当たる大きさを求めて、それを4で割って、1に当たる大きさを求める方法。

$$\frac{2}{5} \div \frac{3}{4} = (\frac{2}{5} \times 4) \div 3 = \frac{2}{5} \times 4 \div 3 = \frac{2}{5} \times \frac{4}{3}$$

いずれの方法も式変形の結果を整理すると、除数の逆数を掛けるという方法になる。このように、除法の性質や数直線を使って、既習事項から分数の除法の計算方法を導くことが大切である。

【課題9】（分数）÷（分数）の計算の仕方は、「被除数に除数の逆数を掛ければよい」ことを $\frac{3}{7} \div \frac{5}{6}$ を例にして、いろいろな方法で説明しなさい。

第6節 見積もりと概数・概算

　見積もりとは、およその数として数を捉えたり処理したりすることである。それは、単に間違いや曖昧さがないという正確さだけに目を奪われて数を捉えたり処理したりするのとは対照的である。見積もりは、数への大きさの感覚を持って目的に応じて判断や処理が迫られ行われるのであり、その適切さが問われる。

　見積もりでは、概数や概算を用いる。概数は、およその数のことであり、概算は、概数にしてから計算を行うことである。具体的に見ていこう。

1. 見積もりの意義

　問題を解決する際、正確な値を得ることができない、得るのが容易ではないことも多い。例えば、野球観戦に球場を訪れた人の数を調べたい場合に、正確にその値を得るのは困難である。また、駅を利用する人の数を乗

降で調べたい場合に、常に変動しているため正確にその値を得るのは困難である。だから、これらの場合には、およその数として把握するほうが適切である。また、正確な処理が容易ではなく、煩雑であることも多い。その場合には、およその数として処理するほうが適切である。例えば、買い物をする場合に、買おうとしているものの代金の合計が手持ちのお金で間に合うかを知りたいとき、代金を細かく足す必要はない。また、旅行計画を立てる場合に、往きの乗車と列車待ちとにかかる時間の合計を同行者に伝えたいとき、それぞれの時間をこまごまと足す必要はない。棒グラフを使って都市の人口比較を表したいときは、紙面の都合もあるので、人口のおよその数を棒の長さで表す。このような処理のほうが適切である。

このように、「日常生活で生じる問題には、見積りによってしか処理することができないものや、見積りで処理した方が適切なものが数多くある」［文部科学省1989］。見積もりを生かすことができれば、見通す力につながる［新算数教育研究会1992］。数への大きさの感覚を持つことができれば、物事の判断や処理が容易になるのである。

2．見積もりについての指導

見積もりについての指導がよりいっそう重視されたのは、1989年改訂の学習指導要領においてである。見積もりに関連する学習内容は、①概数が用いられる場合、②四捨五入、③四則計算の結果の見積もりの3つである。全て第4学年の学習内容である［文部科学省2008］。だが、見積もりについての指導は、低学年から場面を適切に設け、継続的に指導することが大切である。第1学年から「およその大きさをとらえ、適切に判断すること」や「計算の見通しや計算の結果の見積り」など、数への大きさの感覚を持って判断したり処理したりすることの意識的な指導が大切である。

ところで、子どもたちは見積もりをどう受け止めているのだろうか。算数では、計算の結果を正確に導くことが大事にされる。そのためか、見積もりに子どもたちは不安や戸惑いを感じているようである。指導では四捨

五入など概数の求め方を身につけるという、主として知識・理解や技能に関わる側面の伸長はもちろん大切である。併せて、目的に応じて概数を用いる力や、概数で与えられた資料から必要な情報を読み取り、適切な判断ができる力を身につけるという、主として子どもの数に対する感覚、感心・態度に関わる側面の伸長が大切である［正木1985］。

3. 概数を求める

概数は、およその数のことである。概数を求めるには一般的には四捨五入を用いる。四捨五入は、ある位までの概数を求めるとき、その下の位の数が5以上であれば切り上げる、5未満であれば切り捨てる方法である。ある位までの概数を求めるとき、切り上げはその位よりも下の数をある位の1とみなす方法である。切り捨ては、その位よりも下の数を0とみなす方法である。この切り上げや切り捨てで概数を求めることもある。概数を求める操作を、数を丸めるという。

図11は、2013年度全国学力・学習状況調査「算数A」②の問題である［国立教育政策研究所 2013（b）］。概数にしたり、ある概数になる数の範囲を明らかにするとき、数直線など、そのしくみを図に表して視覚的に捉えることができるようにすることが大切である。また、概数にする方法に指導が終始しないようにすることも大切である。指導の重点は、数の大きさへの感

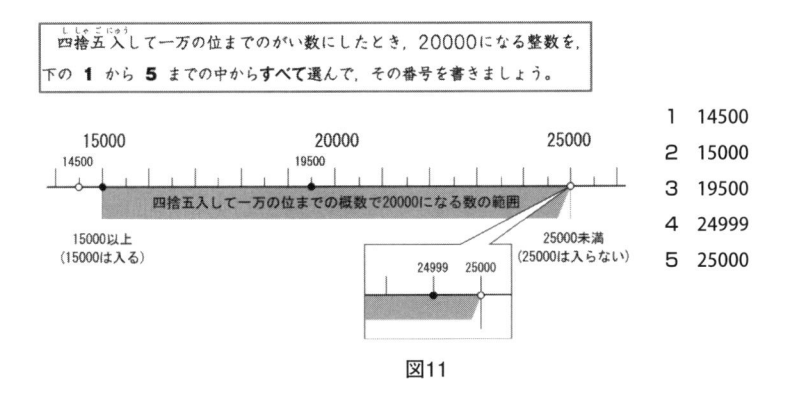

図11

覚を持って、目的に応じて判断したり処理したりする力の伸長にある。

4. 概算をする

　概算は、概数にしてから計算を行うことである。例えば、1000円で足りるかについて、買おうとするものの代金の合計の見当をつけるような場合である。買おうとしている3品は、それぞれ162円、280円、432円である。こまごま足す必要はない。大きめに見当をつけて、それぞれ200円、300円、500円と概数にしてから足すと、その結果は1000円で足りると判断できる。

　生活の場面に概算を生かすだけではない。学習の場面にも生かすことが大切である。計算を見通したり、結果を見積もったりすることができる。

　右は、2007年度全国学力・学習状況調査「算数A」①の問題である〔国立教育政策研究所2007〕。9.3×0.8の場合には93×8を744と計算し、74.4とする誤答（6.1%）、12÷0.6の場合には12÷6を2と計算し、2や0.2とする誤答（23.3%）がある。「数の大きさに対する感覚をもっていないというよりは、数の大きさを考えて判断しようという姿勢がかけているといった方がよいのかもしれない」〔杉山1990〕。「乗数0.8は1より小さいから、積は被乗数9.3より小さくなる」や「除数0.6は1より小さいから、商は被除数12より大きくなる」など数の大きさの感覚を持つことで、計算の方法や結果の妥当性を判断できるようにすることが大切である。

> 次の計算をしましょう。
> (3) 9.3×0.8　正答率84.7%
> (4) 12÷0.6　正答率72.7%

　【課題10】　見積もりについての指導の変遷を、『小学校指導書 算数編』等を手がかりに調べてみよう。まずは1989年の『小学校指導書 算数編』を手に取ってみて、自分の気づきや考えを整理してみよう。

　【課題11】　図11の概数についての問題の正答率は60.4%である。与えられた5つの数字のうちから当てはまるもの全てを回答する形式であるが、誤答である「2、3と解答」「1を含めて解答」の反応率はそれぞれ11.8%、

9.8％である。指導のポイントを自分なりに考えてみよう。まずは、誤答の背後にある子どもの考え方を想像して、自分の気づきや考えを整理してみよう。

【課題12】 数に関する感覚の育成は重要である。「数への感覚」には、「数の大きさに対する感覚」の他に、「数の構成に対する感覚」「計算の性質に対する感覚」「数の意味に対する感覚」「数の美しさに対する感覚」がある［筑大附小算研1990］。指導事例を調べてみよう。また、自分で考えてみよう。まずは、『数への感覚を育てる指導』［同上］を手に取ってみて、自分の気づきや考えを整理してみよう。

《課題のヒント・ポイント》

【課題１】 学年ごとに調べたら、さらに各学年内を詳細にみてみよう。まず、小学校第１学年の算数の教科書を丁寧に見てみよう。最初の単元で1、2、3、4、5まで扱い、さらに、6、7、8、9、10、そして0を扱っている。次に「10よりおおきいかず」という単元があり、そこでは20以下の数を扱っている。最後に単元「20よりおおきいかず」があり、120までの数を扱っている。なぜ、このような構成になっているのかを命数法との関連から考えてみよう。また、それぞれの数の範囲内で加法と減法がどのように扱われているかを調べてみよう。例えば、9+4などの繰り上がりのある加法、13−9などの繰り下がりのある減法はどこで導入されているだろうか。このように、拡張される数の範囲とその範囲内で扱われている計算を、教科書を用いて詳細に調べ整理してみよう。また、そのようになっている理由を考えてみよう。

【課題２】 算数で扱う数の表記は、整数と小数は十進位取り記数法であり、分数はこれと異なる表記である。いずれも人類の優れた文化遺産である。洗練された表記であるが故に、理解は容易ではない。だが、教師はすでに習得していて使いこなしているので、子どもにとっての難しさが分からない。

そこで、どこで子どもはつまずくのかを疑似体験してみることも重要である。例えば、数詞をなじみのないものに代えてみると、とたんに１桁どうし

の加減でもシドロモドロになってしまう。例えば、1、2、3…の代わりにア、イ、ウ…を数詞として採用したとしよう。ケからウを引いた答えがカであると直ちに分かるであろうか［渡辺1981］。もっとも、大人はすでに十進位取り記数法・分数表記を知っているので、それがじゃまをし、混乱を招くこともあろう。そういう意味では、そこでの困難点は子どもと全く同じではない。しかし、一方で、確かに同じところでつまずくのである。例えば、○が下記のようにあったとしよう。

　　　　○　○　○　○　○　○　○　○　○　○　○

　これらの個数を十進位取り記数法で表すと、10の束が1つとバラが1つなので、11と表せる。五進数なら21である。では、二進数ならどうか。2ずつ丸で囲むと、それが5つできる。すると51と表したくなる。学部学生の示す典型的な誤答である。そのことを学生に告げると、誤りであることは分かっても、次にどうしていいか分からないという。ここは、十進数に対応させて考えてみると、10の束を作ることは比較的容易だが、10の束を1と見て、さらに10の束を作ることが難しいことを示唆している。実際、学習指導要領では学年が1つ上がるのである。

　十の位から百の位にいくには10倍する。10倍しながら次の位に進むので十進数である。逆に、大きな位から戻るには10分の1倍することになる。当たり前のことである。だが、この10分の1倍が難しい。実際、0.4を数直線上に表記し、これを五進数で表そうとしたとき、全くどうしていいか分からない、という学生が出現するのである。五進数であるから、0から1の範囲を5等分し、その1つが0.1となることが見いだせないのである。小数の難しさがここにある。

　【課題3】　小学校1年の教科書の問題を調べてみると、加法の意味場面として「合併」「増加」「順序」、減法の意味場面として「求残」「求差」「順序」の問題が示されていることが分かる。

　【課題4】　式には、次のような働きがある。①事柄や関係を簡潔、明瞭、的確に、また一般的に表現する。②式から具体的な事柄や関係を読み取ったり、より正確に考察する。③自分の思考過程を表現することができ、それを互いに的確に伝え合うことができる。

　また、式の読み方としては、次のような場合がある。①式から、それに対応する具体的な場面を読む。②式の表す事柄や関係を一般化して読む。③式

から問題解決などにおける思考過程を読む。

【課題5】 前述した分数のさまざまな用いられ方を参考にしながら、小数についても調べていくものである。これらの用いられ方が、どの学年で扱われているかも調べるとよい。

【課題6】 3年生に位置づけられている算数的活動「小数や分数を具体物、図、数直線を用いて表し、大きさを比べる活動」を具体的に考えるものである。例えば、数直線の中に、幾つかの小数（あるいは分数）を書き入れ、その位置により大小を比較する活動が考えられる。また、以下の問題は、TIMSS調査の問題である。通分は未習であるが、さまざまな表現で表すことで、児童が自分の方法を説明する活動を考えることもできるであろう。
「次の分数のうち、$\frac{1}{2}$より大きいものは、どれですか。
① $\frac{3}{5}$　② $\frac{3}{6}$　③ $\frac{3}{8}$　④ $\frac{3}{10}$」[国立教育政策研究所編 2013 (a)]

【課題7】 児童の誤答の分析をすることを通して、小数や分数の加法・減法における指導上の留意点を見いだすものである。問1は、整数の筆算形式に表面的に従っていることから生じる誤答である。小数では、位をそろえるために、小数点が縦に並ぶように書くことを指導する必要がある。また「5−2.1」では、5を5.0と考えることで、位に数字がないという難しさを解消することができる。問2は、例えば「$\frac{4}{5}$Lと$\frac{3}{5}$Lを合わせると$\frac{7}{10}$Lになる」という誤答である。児童は、答において1に当たる大きさを2Lにしてしまっていると考えられる。図に表すことを通して間違いを顕在化させ、1に当たる大きさを1Lにそろえること、また、1Lを基にして単位分数（この場合は$\frac{1}{5}$L）のいくつ分であるかを考えることを、図を直したり、図に書き込んだりすることで指導していく必要がある。

【課題8】 乗数が小数になると、乗法は、整数のときに用いていた累加の意味では捉えることができない。意味の拡張をして、割合の意味づけを行うことになる。まず、比例する数量の関係を捉えることになる。「1mが80円のリボンを3.6m買います。代金はいくらになりますか」の問題では、まず比例する2つの数量を見出す。ここでは、リボンの長さと値段を比例関係と捉えて、「リボンの長さが3.6倍になれば、値段も3.6倍になる」と考える。そこで、3.6mの値段を求める式は、1mの値段の3.6倍なので、80×3.6となる。また、数直線図と対応させて「80を1としたとき、3.6に当たる大きさ」と意味づけることができる。

【課題9】$\frac{3}{7}\div\frac{5}{6}$の計算が$\frac{3}{7}\times\frac{6}{5}$になることを説明するためには、除法の性質を用いる方法と数直線図を用いる方法がある。除法の性質「被除数と除数に同じ数を掛けても商は変わらない」を用いる方法では、$\frac{3}{7}$と$\frac{5}{6}$に除数の分母の数である6を掛けて、$(\frac{3}{7}\times 6)\div(\frac{5}{6}\times 6)=\frac{3}{7}\times 6\div 5=\frac{3}{7}\times\frac{6}{5}$と行う。除数の逆数である$\frac{6}{5}$を掛けて、$(\frac{3}{7}\times\frac{6}{5})\div(\frac{5}{6}\times\frac{6}{5})=\frac{3}{7}\times\frac{6}{5}$がある。数直線図では、$\frac{3}{7}$を5で割って$\frac{1}{6}$に当たる大きさを求めて、それを6倍して、1に当たる大きさを求める。また、$\frac{3}{7}$を6倍して、5に当たる大きさを求めて、それを5で割って1に当たる大きさを求めるやり方がある。

【課題10】「見積もりと概数・概算」に着目して、まずは『小学校指導書 算数編』(1989年)の「第1章　概説」の「1．算数科改訂の趣旨」および「2．改訂の要点」を読んでみよう。その上で、算数科の目標や内容において、「見積もり」や「概数・概算」が具体的にどのように位置づけられているか、自分の気づきや考えをメモしてみよう。

【課題11】1万の位までの概数にする際、一つ下の位である千の位の数を四捨五入して処理する方法の理解を問う問題である。24999を選ばないのは、百の位の数を四捨五入して25000、そして千の位の数を四捨五入して30000とするなどの子どもの考えが考えられよう。14500を選ぶ子どもの考え方を想像してみよう。その上で指導のポイントについて自分の気づきや考えをメモしてみよう。

【課題12】「数の大きさに対する感覚」の指導事例の一つに、「3けたの数に3けたの数を掛けると積は何けたの数になるでしょう？」という問題状況を扱っているものがある。数の桁数に対する感覚を育むことに指導のねらいがある。指導事例について調べ、指導のねらいや扱っている問題状況、教師は何を教え、子どもはどのように学ぶかなど、自分の気づきや考えをメモしてみよう。

引用・参考文献

国立教育政策研究所編『TIMSS2011算数・数学教育の国際比較』明石書店、2013年(a)

国立教育政策研究所「平成25年度全国学力・学習状況調査報告書小学校算数」2013年(b)

国立教育政策研究所「平成19年度全国学力・学習状況調査小学校報告書」2007年

新算数教育研究会『見積りや見通しの力を生かす指導』東洋館出版社、1992年

杉山吉茂『初等科数学科教育学序説』東洋館出版社、2008年

杉山吉茂「数への感覚を育てる意味」筑波大学附属小学校算数科教育研究部編著『数への感覚を育てる指導』東洋館出版社、1990年、pp.1-10

筑波大学附属小学校算数科教育研究部編著『数への感覚を育てる指導』東洋館出版社、1990年

正木孝昌「概数、概算の指導で大切にしたいこと」『新しい算数研究』第170号、東洋館出版社、1985年、pp.6-9

松原元一『算数教材の考え方教え方』国土社、1983年

文部科学省『小学校指導書 算数編』東洋館出版社、1989年

文部科学省『小学校学習指導要領解説 算数編』東洋館出版社、2008年

渡辺正八「算数にみられる技法性」『日本数学教育学会誌』第63巻第8号、1981年、pp.144-147

第6章

量と測定

第1節 量の概念と性質

1. 量とは

　日常生活では「長い」「短い」「高い」「低い」「広い」「狭い」「重い」「軽い」など、ものの大きさを表す形容詞を用いる。さらに、「速い」「明るい」などの形容詞や、「少し」や「たいへん」などの副詞をそれらと併せて用いることで、ものの大きさの程度・状態を表す場面もある。このようなものの大きさやその程度・状態を抽象化し、名詞として表されたものを量という。例えば、「長い（形容詞）」には「長さ（名詞）」、「広い（形容詞）」には「広さ（名詞）」という量が対応する。また、量はものの持つ属性の一つとも言える。学校数学では、算数科の「量と測定」領域を中心に、長さ、かさ、重さ、時間、角の大きさ、面積、体積、速さ、濃度についての理解を深める。したがって、その指導に当たっては、計器を用いて測定すること

や、単位換算の学習を中心にするのではなく、比較や測定を通して、量そのものの概念を形成することを意識する必要がある。

2. 量の基本的な性質

同種の任意の2量A、Bがある場合、それらの相当関係は同値律を満たす。すなわち、「A=A（反射律）、A=BならばB=A（対称律）、A=BかつB=CならばA=C（推移律）」を満たす。また、大小関係も推移律を満たす。すなわち、「A<BかつB<CならばA<C」である。

このように、量の基本的な性質として、大小を比較できることがある。この性質を「比較可能性」という。すなわち、「比較可能性」とは、「同種の任意の2量A、Bが与えられると、A>B、A=B、A<Bのいずれか1つが成立する」を満たしていることである。ものの性質や状態を表す形容詞は多く存在するが、その中でも「比較可能性」を持ち、数で表すことができるものが量である。

このほか、量が持つ基本的な性質として、保存性、加法性、測定性（数値化可能性）、等分可能性（連続性）などが挙げられる。以下、それらの性質について述べる。

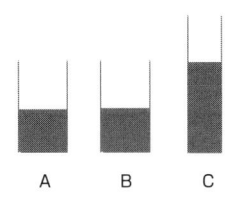

初めに、保存性とは、形や位置を変える、あるいは分割しても量の大きさに変化がないことである。量の保存性の獲得については、ピアジェ（Jean Piaget 1896～1980）の実験が有名である。例えば、同じ形のコップA、Bに同じ量の水を入れて、どちらのコップの水が多いかを尋ねた後、形が異なるコップCにBの水を移し替え、再びAとCのどちらの水が多いかを尋

図1 ピアジェの実験
出所：[ピアジェ＆インヘルダー1992]

ねるという実験である（図1）。大人にとってはその答えは自明であるが、実験の結果、8歳前後で「Cのほうが多い」から「AとCの水の量は変わらない」と回答が変化することが明らかにされている。保存性の認識を獲得すると、視覚等に引きずられることなく、元の量の大きさと比較することができる。したがって、特に小学校低学年の量と測定の指導においては直感的な誤った捉え方をしてしまわないよう、留意する必要がある。また、保存性については、「長さ」「面積」「体積」に比べ、「重さ」は視覚にとらわれやすく、認識の獲得に困難を示す場合があるため、指導に当たっては意識する必要がある。

　また、加法性とは、同種の量どうしを合わせると、その量がそのまま増えることである。学校数学で扱われる量には、加法性が成り立つ量（長さ、かさ、重さ、時間、角の大きさ、面積、体積）と成り立たない量（速さ、濃度）がある。前者を「外延量」、後者を「内包量」という。

　次に、測定性（数値化可能性）とは、数を用いて測定値を表すことである。ある量Aの大きさ（測定値）をm(A)とすると、m(A)≧0となる。

　最後に、等分可能性（連続性）とは、量は切れ目なくつながっていることである。すなわち、どこまでも小さく分割することが可能であるため、人為的に単位を定め、その単位を用いて数値化することができる。このような量を「連続量」と呼び、算数科で扱う基本的な一次元の量（速度や濃度を除く）は連続量である。これに対し、数えるために自然に存在する単位（例えば、個数や人数など）を用いて、自然数と対応づけて数値化する量を「分離量（または離散量）」という。前者の連続量は、測定の際に単位を定めることで初めてその大きさを表すことができる。したがって連続量の指導においては、量の数値化における単位の役割やその有用性を大切にすることが重要である。

3. 算数科における「量と測定」領域の指導内容

　算数科の「量と測定」領域のねらいは、以下のとおりである。

表1 「量と測定」領域の主な指導内容

学年	量の単位	量の比較や測定など
第1学年		・長さ、面積、体積の直接比較など ・時刻の読み
第2学年	・長さの単位（mm, cm, m） ・体積の単位（mL, dL, L） ・時間の単位（日、時、分）	・長さと体積の測定
第3学年	・長さの単位（km） ・重さの単位（g, kg）、〔t〕 ・時間の単位（秒）	・長さと重さの測定 ・単位や計器を適切に選んでの測定など ・時刻や時間の計算
第4学年	・面積の単位（cm^2, m^2, km^2） 〔a, ha〕 ・角の大きさの単位（度（°））	・面積の求め方（正方形、長方形） ・角の大きさの測定
第5学年	・体積の単位（cm^3, m^3）	・面積の求め方（三角形、平行四辺形、ひし形、台形） ・体積の求め方（立方体、直方体） ・測定値の平均 ・単位量当たりの大きさの求め方
第6学年		・概形とおよその面積 ・面積の求め方（円） ・体積の求め方（角柱、円柱） ・速さの求め方 ・メートル法の単位のしくみ

出所：[文部科学省、2008：34-35] を基に作成

・日常生活で関わる量について、それぞれの意味を理解する
・測定の意味を理解し、適切な単位や計器を用いて正しく測定する
・比較や測定を通して、量感を獲得する

　算数科の「量と測定」領域の主な指導内容を表1に示す。この領域の内容は、算数科の他の領域と深く関連がある。なお、表中の〔　〕の単位は、学習指導要領各学年の「内容の取扱い」において、簡単に取り扱う単位として示されているものである。

　第1学年では、日常生活において身近でかつ視覚的に把握しやすい「長さ」の比較を学習する。長さの単位（cm, mm, mなど）は第2学年以降で扱うため、第1学年の段階では、長さの比較の活動を通して長さという概念そのものについて理解を深めることが大切である。そのほか、第1学年では生活上必須の時刻の読み方についても触れる。

　第2学年以降は、それぞれの量の比較や測定を通して単位を用いて数値

化できることを学習する。また、「図形」領域で扱われるさまざまな図形の構成要素の大きさを測定したり、「数量関係」領域で扱われる割合の考えを用いて速さや濃度、密度など、異種の２つの量の割合で表される「内包量」について学習する。

4. 量の測定

「量と測定」領域のねらいの一つに、「測定の意味を理解すること」がある。測定の意味を理解するとは、単に測定の技能を獲得することではなく、適切な単位や計器を用いて数値化する測定の活動を通して、量についての概念を深めることを意味する。すなわち、測定とは、基準にとる量（単位）を人為的に定め、「ある量がその基準にとる量の何倍であるか」という考えに基づいて数値化し、ある量の大きさを表すことである。また、測定の結果得られた数値を測定値という。

したがって「量と測定」領域の学習においては、計器や単位を用いて測定する前提として、測定の意味（測定対象とする量で単位を定め、それがいくつ分あるかを数え、測定対象の大きさを表すこと）や、その必然性（なぜ測る必要があるのか）の体験的な理解に重点を置くことが大切である。このような理解は、量の概念や性質の理解を深めることや、概測能力や量感を育成することにもつながる。

5. 量の測定の指導

「量と測定」領域に関する基本的な一次元の量（速度や濃度を除く）の指導においては、一般に、以下のような「測定指導の４段階」を経ることが望ましいとされている。

（1）第１段階「直接比較」

「量と測定」領域のねらいにある、測定の意味を理解するためには、測

定の対象物に属するどの大きさや状態を測ろうとしているのかを把握することが前提となる。そのために、測定の対象（大きさ等）を動かすことができる場合には、端をそろえて並べ、目で見て大小関係を比べる。このような段階を「直接比較」という。

（2）第２段階「間接比較」

「直接比較」の段階のように、測定の対象を動かし、大きさを比較できない場合、第三者である任意の同種の量を媒介としながら大小比較をする工夫が必要となる。例えば、机の縦と横の長さを比べる場合、テープ等を媒介に縦と横の長短を判断できる。このような段階を「間接比較」と呼ぶ。これは、量の基本的な性質である推移律や保存性を利用したものである。「直接比較」と「間接比較」は、量が数値化されていない段階である。

（3）第３段階「任意単位による測定」

直接比較や間接比較により大小関係の把握は可能であるが、どれだけ大小の差があるかを知ることはできない。また、間接比較においては、媒介とする第三者の量が、比べたい２つの量よりも小さい場合、第三者の量のいくつ分であるかを調べることで、より詳細に大小関係を知ることができる。すなわち、その第三者の量を基準に数値化し、測定値を比べる必要性が生じる。これが「任意単位による測定」である。例えば、長さの測定において、机の縦の長さは、ある鉛筆Ａの長さの５本分、横の長さは８本分であった場合、「机の横の長さは縦の長さより鉛筆Ａ３本分長い」となる。この段階で初めて、量が数値化される。

（4）第４段階「普遍単位による測定」

任意単位による測定値は選んだ単位に応じて異なるため、情報の伝達の際、不便が生じる場合がある。そこで、世界共通の普遍的な単位（例えば、メートルを基準にキログラムやリットルを定めるメートル法など）を用い、数値化された測定結果を比較する。これを「普遍単位による測定」と呼ぶ。

「量と測定」領域の指導においては、上記のような測定指導の4段階を経ることで量の概念を深めるとともに、測ることの意味を理解できるようにすることが大切である。

第2節　図形の計量 —— 長さ・面積・体積

　古代より、文明の発展を支える実用性の高い数学が作り出され、現代の学問としての数学へとつながっている。その一つが測量術に関わるものであり、長さ、面積、体積などの量という概念や、それを求める方法は、何千年も前に経験的に見いだされ、人々の生活の中で活用されてきた。現代では、これらを数学的に抽象化し、「測度」という解析学などの分野において重要な役割を果たす概念にまで発展してきている。

　また「測る」という行為は、生活における必要性とともに、「比べる」ということに対する人の自然な心の動きに伴って必要となるものでもある。特に図形は、幼児期の遊びや児童期の子どもの生活の中にあふれており、その大きさに興味を持つ機会も多い。

　ここでは、長さや面積、体積など図形の計量について、数学的と教育的、双方の立場から考察する。

1. 図形の大きさとその性質

　長さ、面積、体積は、一般的には異なる種類の量であり、小学校算数科においては、それぞれある種の図形に対応して定められる大きさである。例えば長さは、線分、曲線などについて定められ、面積は、平面図形や空間内のある種の面について定められる。そして体積は、立体図形について定められる。しかし、これらの量の間には共通の性質を認めることができる。これについて長さを例にして述べると、次のようになる。

　図形Fの長さが定められる線分であるとき、その長さは以下の性質を有

する関数 μ(F) と見ることができる。
(1) 長さは負でない実数である。
   $0 \leq \mu(F)$、$\mu(\varphi)=0$
(2) 合同な2つの線分の長さは等しい。
   $F_1 \equiv F_2$ → $\mu(F_1)=\mu(F_2)$
(3) 単位とする線分の長さを1とする。
   $\mu(E)=1$
(4) 1つの線分を2つの線分に分割することができれば、元の線分の長さは、分割された2つの線分の長さの和になる。
   $F=F_1 \cup F_2$、$F_1 \cap F_2 = \varphi$ → $\mu(F)=\mu(F_1)+\mu(F_2)$

これと同じことが面積や体積についてもいうことができる。すなわち、図形Fが定められる面積あるいは体積であるとき、μ(F)をその面積あるいは体積として表しても、上述の性質は成り立つ。ただし、長さ、面積、体積を混同して述べることはできない。

2. 長さ

長さを定めるためには、まず1つの線分Eを決め、その長さを1、すなわち単位とする。これを用いて、その他の任意の線分については、Eと比べて何倍であるかを求め、得られた値を長さとする。折れ線の場合、各点の間の線分の長さを求め、その総和を長さとする。曲線の場合、図2のように曲線を分割する点で内接する折れ線の長さを求める操作を、理論上可能な限り元の曲線に近づくように行われた結果として得られた値が上に有界であるとき、それを求める長さとする。

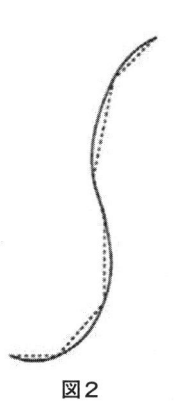

図2

3． 面積・体積

　面積を定めるためには、1辺が線分Eと合同な正方形の広さを1、すなわち単位とする。任意の線分を1辺とする正方形や長方形は、この単位となる正方形を用いてその何倍になるかを求め、得られた値を面積とする。

　図3のような単一閉曲線で囲まれた平面図形については、(ア)内測度と(イ)外測度を考え、それらが一致するとき、その値を求める面積とする。

　内測度とは、図3(ア)にあるように、平面図形の内部に長方形を重ならないように敷き詰めて、その面積の和を求める操作を、理論上可能な限り元の図形に近づくように行われた結果得られる集合の上限とする。これに対し外測度とは、図3(イ)にあるように、平面図形を覆うように長方形を敷き詰め、その面積の和を求める操作を、内測度と同じように行われた結果得られる集合の下限とする。これにより多角形や円など既知の図形にも面積を定めることができる。

　体積を定めるためには、1辺が線分Eと同じ立方体のかさを1、すなわち単位とし、先の面積と類似の方法で定めることができる。面積・体積はこのように、1cm^{2}または1m^{3}などのように長さからその単位が作り出されることから、長さの累乗という次元の単位系になっていると捉えることができる。

　また立体図形の体積は、1000cm^{3}を1Lとし、1dLなどメートル法に基づいて大きさを表す単位がある。

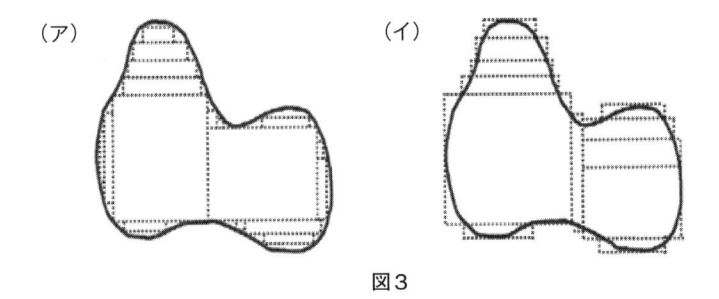

(ア)　　　　　　　　　(イ)

図3

4. 図形の計量に関する教育的な考察

　小学校算数科において、長さ、面積、体積は、第1学年で、鉛筆や箱など身の回りにある具体的な対象を取り上げて、その大きさを比べる活動を行うことから導入される。これらの活動は、量の大きさについての感覚を豊かにするものであり、この後の量概念と測定の指導において重要な意味を持つ。

　長さは、面積・体積の単位との関係からも最も基本的な量として扱われており、第2学年で「mm、cm、m」の、第3学年で「km」の単位と測定を指導する。面積は、第1学年での量の直接比較、第2学年での図形としての正方形や長方形の指導の後、第4学年で「cm^2、m^2、km^2」の単位と正方形・長方形の面積の求め方を指導する。その後、平行四辺形や三角形などその他の図形の指導に応じて、その面積の求め方を指導する。体積は第2学年で、「mL、dL、L」の単位と測定について指導する。次に、第5学年で「cm^3、m^3」の単位と立方体や直方体の体積の求め方を指導する。その後、面積と同様にその他の立体図形（柱体）の指導と関連づけて進める。

　長さが、基本的な量として低学年から扱われる理由は、面積・体積との関係だけではない。長さは、身の回りにある比較可能な具体物が多いことなどから、児童がより目的意識を持って学習に取り組むことが容易であり、比較的スムーズに量概念へと導くことができる。しかし広さは、それに対する感覚が量的な面積とずれを生じることが、発達段階に応じてままある。例えば、児童が活動しようとする2つの場AとBについて、その面積を$\mu(A)$と$\mu(B)$とし、今、$\mu(A)>\mu(B)$とする。このとき、Aの床に物が置いてあったり、その形が細長かったりすると、たとえ$\mu(A)>\mu(B)$であったとしても、児童はAのほうが狭いと感じる場合がある。また、紙に描かれた2つの図形の広さを比較しようと重ねても、はみ出したり不足したりして、児童にとっては比べることが難しいことがある。これを切ったりつないだりすると、量の性質の一つである保存性が獲得されておらず、面積が変わったと思ってしまう児童がいる。体積に対応する「かさの感覚」につい

ても、これと同じような傾向が見られる。

　このような傾向の原因には、広さやかさに対して、長さとはまた別の性格のものであるという印象を持っていることが考えられる。広さやかさについても、大小を比較する対象となること、分割したり合成したりでき、一つの図形に対してこのような操作を加えた場合、元の大きさは変わらないこと、単位を決めれば大きさを数値で示すことができることなど、長さと共通の性質を持つものであることに気づかせ、量概念へと導くことが重要である。例えば、長さを数値化する際の考え方を、広さを数値化する際に適用できないかと考え、単位となる長さを一辺に持つ正方形を用い、帯状にすることを考え出すことや、液体のかさを求める際にメスシリンダーなどの道具を使用することが、同じ考え方によるものであることを知ることは、共通な性質を持つものであることを認識する機会として考えられる。

　考え方の工夫は、面積や体積など、図形の求積の指導においても重要である。求積公式の適用練習や正確に計算できるようになることも大切であるが、計算によって求積を可能にする公式を作り出そうとする考え方や、その過程でなされるさまざまな工夫は、児童の数学的な考え方を育成する機会として大切にしたいものである。

　長方形の面積の求め方については、数の乗法の概念に関連させて考えることができる。これを基にして三角形や平行四辺形などのその他の図形の求積について工夫することが考えられる。これらの求積公式を導き出す過程では、分解・合成や変形、位置を変えるなどの多様な活動が行われ、図形の多面的な見方をする場ともなる。多様な考え方や工夫を整理した結果、共通な方法として最終的に抽出されるものが求積公式である、というような指導が求められる。

　また、図形の求積公式を作り出すことは、児童にとって行動の目標として捉えやすいことから、その解決を目指して図形の性質の探究や、既習の性質を用いようとする学習活動の場としても適切なものとなる。実際の図形の計量に関する内容の配列が図形領域での学習との関わりでなされているのはこの点からであり、実際の指導においても検討することが求められ

る部分である。

　求積公式を適用して計算する場面でやや複雑な問題を解決する場合は、より簡単な計算方法に帰着させる工夫や、いろいろな考え方を経験させることも重要である。例えば、複雑な図形の面積を求める場合に、どのように変形すると、長方形や正方形などの求めやすい形になるかと考えることや、形を分割する際に、同じ形を見つけ、その個数だけ倍にしたりするなどの手続きの効率化を図るなどが考えられる。また高さが変わっていくと面積はどのように変わるかなど、部分を変数として捉えたときの量の変化に注目することも重要な活動である。

【課題1】　面積・体積の指導の系統がどのようになっているか、また他の領域との関わりはどのようになっているか、これを学習指導要領および教科書の記述などから具体的に調べなさい。

【課題2】　曲線で囲まれた図形の代表としての円の面積の求め方には、主に次の2通りの考え方がある。
(1)　方眼紙に例えば半径10cmの四分円を描いて、方眼の目を数える。
(2)　扇形に細かく分割したものを、長方形に近い形に並べ替えて考える。
これに関して次の問に従って研究しよう。
問題1　これらの方法のそれぞれにはどんな考え方が用いられているか。
問題2　これらの方法について円周率の扱いにどのような相違があるか。
問題3　第6学年の円柱の学習との関連について調べ、円柱の体積の求め方についての指導上の工夫について考えなさい。

第3節　異種の2量の割合

1. 割合の数学的意味

　割合という言葉は、比例を前提ないし仮定して、2つの数量の関係を捉えたり、比較したりするときに用いられる。割合の意味を明らかにするた

めに、まず、その前提となる比例ととともに割合の数学的意味について考えてみよう。

2種類の量A、Bの間に正比例の関係があって、一方の量Aがa_1からa_2になるとき、それに対応して他の量Bがb_1からb_2になったとする。このとき次のことが言える。

(1) 一般に $a_2/a_1=b_2/b_1(=p)$ となる。

a_2がa_1のp倍になると、b_2がb_1のp倍になる。このとき、a_2/a_1、b_2/b_1はそれぞれの量の単位に無関係な数pとなる。

(2) 一般に $b_1/a_1=b_2/a_2(=k)$ となる。

bのaに対する割合が一定値kである。このときb_1/a_1は、それぞれの量に関係する数kとなる。

比例関係y=kxは、k=b_1/a_1 によって一意に定まるが、このとき、a、bが同種の量の場合、これを同種の量の割合といい、a、bが異種の量の場合、異種の量の割合と呼んでいる。

同種の量の割合の場合、数学的に定式化すると比または率となり、数学的に表現する場合には、比例式やパーセント（％）や歩合（割、分、厘）が用いられる。

一方、異種の量の割合の場合、数学的に定式化すると混みぐあいや速さ等を数値化するアイデアであり、定義となる。この場合、b_1/a_1は一方の量Aを単位量1にとったときのBの大きさを表すとも見られるので、「単位量当たりの大きさ」ということもある。

2．算数教育における倍の見方と割合

小学校算数で割合は、同種の量の割合と異種の量の割合があり、両者は密接に関係しているため、不可分の点も多い。したがって以下では、同種の量の割合と異種の量の割合の両方について考えてみよう。

（1）2つの数量の関係を把握する際の倍の見方と割合

　ものの見方として考えると、割合（ここでは同種）は倍の見方と同義である。このことは、多くの算数の教科書が「一方の数量を基にして他方の数量がその何倍かに当たる数を表した数を割合という」と定義していることからも明らかである。

　2つの数量を見比べた結果を、我々は差で表現する場合と倍で表現する場合とがある。例えば634mの高さの東京スカイツリーと333mの東京タワーでは、「東京スカイツリーは東京タワーより約300m高い」とも「東京スカイツリーの高さは東京タワーの約2倍である」とも言う。一般的には、差が小さいときはそのまま差で、差が基にする量よりも大きくなると倍でその数量の関係を表現することが多い。

　2つの数量があるとき、いつでも差でも倍でも表現するかというと、そうではない。気温が1度から3度に上がったとき、「2度上がった」とは言っても「3倍になった」とは言わない。これは、気温が3倍になったからといって、伴って変化する他の量、例えば暖かさが3倍になったとは言えないからであろう。

（2）2組の数量の関係どうしを比較する際の倍の見方と割合

　すでに述べたように同種の量の割合は、数学的に定式化すると比や率となる。率として定式化する段階での割合は、倍の見方と全く同じではない。

　例えば、バスケットのシュートの場面でこれを考えてみよう。10回投げて7回成功したただしさんがいたとする。投げた回数と成功した回数の差を求めると、3回失敗したことが分かる。この場合は、投げた回数の0.7倍の割合で成功した、と倍の見方で表現することも可能である。では、このとき、差や倍で投げた回数と成功した回数の関係を把握する目的はどこにあるだろうか。

　それは、もう1人、例えば8回投げて6回成功したあきらさんがいたときである。そして、2人のどちらがシュートがうまいかを比較しようとし

たとき、それぞれの投げた回数と成功した回数の関係を考慮（つまりは2組の数量の関係どうしを比較）する必要性が生じてくる。というのは、2人の投げた回数が違うので、成功した回数の7回と6回とを単純に比べただけではそのうまさを比較できないと考えるからである。

投げた回数と成功した回数の差に着目すると、ただしさんは3回失敗し、あきらさんは2回失敗したことになるが、だからといって、あきらさんのほうがシュートがうまいと簡単には結論づけられない。投げた回数の全てが成功した人以外では、投げた回数が多くなれば失敗した回数が増えるのは当然だからである。

差で比べられないからといって直ちに倍の見方で、ただしさんは投げた回数の7/10＝0.7倍成功し、あきらさんは投げた回数の6/8＝0.75倍成功したと考え、あきらさんのほうがシュートがうまいと結論づけてよいだろうか。これが割合を導入する際の中心課題であり、2組の数量関係を比較する方法としての割合が顕在化する場面である。

ものを比較する際には、基準をそろえて行う。いま基にしているのは、投げた回数である。投げた回数を基に、成功した回数がその何倍かと考えている（数学的には測定している）という意味においては基準をそろえていることになるが、投げた回数が異なる（10回と8回）のに、それぞれの投げた回数を1と見て、成功した回数がその何倍かを考え、その結果で比較してよいのだろうか。実はこのように比較できるところに割合のよさがある。しかしながら、割合（倍の見方）で比べられると教えられたとしても、そうしてよい理由は大人でもすぐには分からないだろう。

例えば、10歳のまこと君と12歳のそのお兄さんの兄弟と、12歳のたかし君と15歳のそのお兄さんの兄弟がいたときを考えてみるとよい。2組の兄弟の年齢差を比較して2歳差と3歳差と表現することはあっても、それぞれの兄弟の年齢を倍で比較することはない。

すでに述べたように、割合とは比例を前提にした数量関係の把握の仕方である。したがってシュートの場合、10回投げて7回成功したただしさんは、この後20回投げたら14回…、40回投げたら28回成功することを前提に

している。もちろん、8回投げて6回成功したあきらさんも、40回投げたら30回成功することを前提としている。すなわち、2人のデータは一過性のものではなく、普遍的意味を持つものと仮定している。数学的には、ただしさんの比例定数28/40=…=7/10=0.7 と、あきらさんの比例定数30/40=…=6/8=0.75を比較しているのであり、2人のシュートの成功率を比較していることになる。逆にこのことを仮定しない限り、投げた回数の異なる2人を割合（倍）で比較することはできない。

このように、投げた回数と成功した回数が比例関係にあるとして、我々は2つの数量関係を割合（倍）の見方で把握し、2組の数量関係を割合で比較している。つまりは、2つの数量の比例関係を前提にした倍の見方が割合なのである。2組の兄弟の場合では、それぞれの年齢にこの前提が認められないために割合では比較しないのである。

（3）異種の量の割合（単位量当たりの大きさ）

異種の量の割合では、2つの数量の関係を差や倍で表現することはない。例えば、3時間に120km移動した車Aがあったとする。この場合、示された2つの数量である3時間と120kmを差で関係把握することはない。また、時間を基に道のりがその何倍かと関係把握することもない。

では、異種の量の割合に着目する必然性がある場面とは、どんなときか。実は、同種の量の割合を考えたときと全く同様である。すなわち、もう1台、2時間で100km移動した車Bがあったとき、AとBの車のどちらが速く移動したと言えるかを比較する場合に、移動に要した時間とその道のりの割合（単位量当たりの大きさ）に着目し、速さを定式化する必要性がある。

3時間で120km移動した車Aは6時間で240km移動すると予想する。2時間で100km移動した車Bは4時間で200km、6時間で300km移動したと予想する。一方で、3時間で120km移動した車Aは1時間で40km移動し、2時間で100km移動した車Bは1時間で50km移動したはずと考える。

このように、異なる2つの数量で決まる速さを比較する際にも、時間と道のりの間に比例関係を前提としているところに割合の本質がある。

(4) 割合の本質

　同種の量の割合にしても異種の量の割合にしても、割合で数量の関係を把握するとは、2つの数量に比例関係を仮定ないし前提にしている場合である。この前提が認められる2組の数量関係を比較する場合に、それぞれの割合を求めてその関係を比較しているのである。異なる点は、同種の量の割合が一方を基に他方の量がその何倍となっているかを求めているのに対して、異種の量の割合では一方の量の1に対応する値を求めているところである。整数の除法においては、前者が包含除、後者が等分除と呼ばれているものである。シュートのうまさでいえば、投げた回数に対する成功した割合を比較しているのであり、車の速さでいえば、時間に対する移動した道のりの割合を比較しているのである。算数的解釈（割ることの意味）は異なるが、2つの数量の関係を商で表現し（数字的意味では比例定数を求めている）比較している点が同じなのである。

3. 割合の指導のポイント

(1) 割合の導入場面で配慮すべきこと

　実際の指導の際には、同じ割合を意識させることによって、前提とする比例関係に気づかせることがポイントである。ここでは同種の量の割合の場合で述べてみよう。
　さきほどのただしさんとあきらさんのシュートの場面で考えてみよう。
　子どもには、「10回投げて7回成功したただしさんは、次の10回では何回入ると予想できるだろうか」と問う。これらのやり取りによって以下の表を完成させることが大切である。

成功した回数	7	14	21	28	…
投げた回数	10	20	30	40	…

　　　　　　　　　　　　　　　　　　　　　　　　　0.7倍成功する

子どもの中には、「ただしさんが次に10回投げたときに7回成功するかどうかは分からない」と考える場合があろう。このときは、「では、ただしさんと同じうまさの人は10回投げたとき何回成功する人か、また20回投げたときには何回成功する人か」等の問いかけをすることによって、上の表が最も妥当性が高いことに気づかせたい。この前提を認めないことには、割合で比較することができない。

　同様にして、あきらさんと同じうまさの人を考えてみる。

成功した回数	6	12	18	24	30	…
投げた回数	8	16	24	32	40	…

) 0.75倍成功する

　8回投げて6回成功した人は、次の8回投げても6回成功するはずである。ただしさんとあきらさんの投げた回数がそれぞれ40回にそろうところまでこれらの操作を繰り返す。投げた回数がそろったので成功した回数で比べることができる。つまりは、28回成功したただしさんより30回成功したあきらさんのほうがうまいと予想できる。

　しかし、いつもこのように公倍数でそろえるのは大変である。そこで、いま整理した表から規則性を探す活動を取り入れる。いずれも表を横に見ると、投げた回数が2倍、3倍、…となっているとき、成功した回数も2倍、3倍、…となっている。どちらも同じうまさの人は、投げた回数と成功した回数に比例関係があることが分かる。次に表を縦に見ることにより、ただしさんと同じうまさの人は、投げた回数のいつも0.7倍成功する人であり、あきらさんと同じうまさの人は、投げた回数のいつも0.75倍成功する人である。この場面では、倍が表す数はそれぞれのシュートのうまさを表す数であるが、これを「割合」ということを指導する。言い換えれば、シュートのうまさは、投げた回数と成功した回数で決まることを確認し、(比べる量)÷(基にする量)の値が割合を表すとまとめたい。

（2）単位量当たりの大きさ（異種の量の割合）の表し方とその指導

　長さ、重さ、時間、角度などは、基準の単位量がそれ自身と同じ量から

定められ、その何倍であるかで数値化（＝測定）することができる。面積や体積などは、ある特定の大きさを単位量としてその何倍かで数値化されている。メートル法では、面積、体積の単位は、長さの誘導単位として定められている。これは、基準となる特定の大きさを表すのに、できるだけ他の量と関連づけることによって、新しいものを使わないですむように工夫されているためである。

　速さの場合も、基準となる単位の速さを道のりや時間に関係なく決めることが困難であるので、道のりと時間という異種の量からの誘導単位が用いられている。速さと同様に、異種の量の割合として表される量に濃度や人口密度等があるが、これらも2つの異なる量からの誘導単位によって表されるものである。

　同種の量であっても異種の量であっても、これらの割合として捉えられるシュートのうまさや混みぐあいや速さ等は、初めは感覚的に漠然と捉えられているものである。初期の段階ではまだ一つの量として捉えられてはいない。この感覚的なものを客観的な数値の表現に形式化するプロセスに指導の重点があり、これらを単に与えられた公式によって計算するだけでは、本来のねらいは達成されないと言ってよい。

　異種の量の割合（単位量当たりの大きさ）を考えることは、この指導における基本的な取り組みの一つと考えたい。このとき、2つの数量のうちどちらを単位量にとるかによって、2通りの方法がある。例えば速さの場合、
　①単位時間に進む道のりで表す方法
　②単位道のりを進むに要する時間で表す方法
の2つがある。②では、速さが速くなれば、測定値がそれに伴って小さくなる。一般の測定では、量が大きくなるとそれに伴って測定値も大きくなるようにしているので、速さは一般的には①の方法で定義している。

　速さ等の指導では、まず、量としての直観的な把握から学習を始めたい。次に、速さが時間と道のりの2つの量に関わっていること、比べるときには一方の量をそろえればよいこと、さらに単位量当たりの大きさを比べる方法が最も便利であることなどに目を向けさせていき、公式を作り上げ

ことを通して、数学的考え方を育てることを大切にしたい。

　(3) これまでの量と測定との違い

　これまでの量と測定領域では、直接比較、間接比較、任意単位による測定、普遍単位による測定の4段階が基本的指導段階である。ところが速さの指導では、道のりと時間で決まる量として測定の指導段階が形成されている。この際、一方の数量が同じならば他方で比較できるが、2つの数量が異なる場合にはどのようにして比較すればよいかと段階を追って考えていくところが大きく異なる。これは混みぐあい等の指導でも、シュートのうまさでも同様である。

【課題3】『学習指導要領解説書』並びに教科書等を参考に、長さ・重さ・かさのような測定と、混みぐあいや速さを測定する指導過程を対比し、それぞれの指導段階の違いと各段階での指導の留意点を考察せよ。

《課題のヒント・ポイント》

【課題1】学習指導要領や教科書において、広さやかさの感覚を量概念へと導くために、どのような配慮がなされているかを調べるとよい。また、ピアジェらの研究などを参考にして、量の意味や性質の理解に、発達段階に応じたどのような問題があるかについても同時に調べるとよい。

　さらに、他の領域での学習活動が、平面図形や立体図形の広さの数値化や、求積公式を作り出す過程に深く関わっていることがある。例えば、正方形の小さな色板の1枚を1として10の大きさを帯状の形にすることや、100枚の板で正方形に形作る活動は、単位を元にした10や100と数値化される広さを経験していることになる。先の広さ・かさの数値化を長さと異なるものとして見る傾向にある児童には、同じ枚数の正方形でさまざまな形を作ってみる活動も有効かもしれない。広さ・かさの数値化や求積公式を作り出す過程において、これらの経験を生かすとともに、図形の計量の領域で留意すべき点について考察することが必要である。

【課題2】　円の中に単位面積である正方形がいくつ入るか数えることは、面積の数値化の基本である。曲線で囲まれた図形では、周囲の線はどこも正方形を内と外とに分割しているため、これらをどう数えるかが課題である。多角形の求積で図形の分割・合成を工夫して既習の図形に帰着させることを考えるが、円の場合もその性質を利用した工夫について考えることが大切である。扇形に分割して、長方形に近い形に並べ変えることがこれに当たる。この場合、直観的ではあるが、極限の見方に触れさせることになり、この様子を児童が感得できる教具の工夫が求められる。これについて調べてみるとよい。

　第5学年で、正六角形の外周の長さで円周の長さを近似したり、実際に長さを測ったりして、直径と円周の長さの間の関係が一定であることを見つけ、円周率が約3.14であることを児童は知る。扇形に分割する方法からは、円周の2分の1と半径の積で円の面積が得られることを見つけ出し、円の求積公式を導くことができる。

　これに対して方眼の目を数える方法では、半径の長さを一辺とする正方形の面積と円の面積との比が問題となる。円周の長さは面積に関係してこないことに注意して指導を考える必要がある。

　問題3については、長さから面積、体積の概念的なつながりだけでなく、これまでの学習の中で生み出してきた考え方が、異なる種類の量の学習に取り組む際に適用できることのよさを、自身でも感得してほしいものである。これは、算数を小学校で学ぶことの意義の一つであり、中学校・高等学校数学科での学びにつながる児童にとって、重要な経験だからである。求積公式の適用は、繰り返し練習に取り組むことでいつかはパターン化されるだろう。また正しく結果を求めることは、数と計算の領域においても取り組んでいることである。図形概念の理解が深まっていくこととも関わり、図形の計量の学習活動を通して得られるこのような経験をどのように指導に取り入れるかを考えることが必要である。

　【課題3】　長さ、重さ、かさ（体積）の測定では、直接比較、間接比較、任意単位による測定、普遍単位による測定の4段階が基本となる。これに対して混みぐあいや速さ等の測定では、2つの数量の誘導単位で決まる量であることの理解の上に、それらの一方の数量がそろっていれば他方の数量で比較できる。2つの数量がそろっていない場合には、公倍数の考え等を用いて

一方の数量をそろえるようにする。次に、一方の数量をそろえる際に用いた考えの前提には比例の考えがあり、それを用いて一方の1に対応する大きさ（単位量当たりの大きさ）で比較すればよいことに気づかせる。

引用・参考文献

佐藤良一郎『小学算術教育概論』培風館、1934年

算数科教育研究会『小学校算数科教育』学芸図書、2001年

田端輝彦「割合の本質にせまる」『算数授業論究Ⅲ』（『算数授業研究』第83巻）、東洋館出版社、2012年

ピアジェ,J. & インヘルダー, B.（滝沢武久・銀林浩訳）『量の発達心理学〔新装版〕』国土社、1992年

文部科学省『小学校学習指導要領解説 算数編』東洋館出版社、2008年

和田義信『算数科指導の科学』東洋館出版社、1959年

第7章 図形

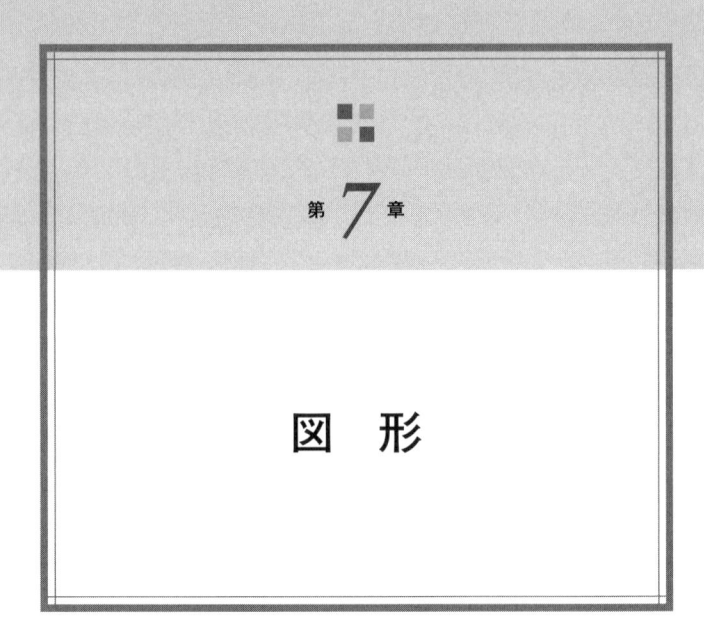

第1節 図形の概念と操作

1. 幾何学における図形の位置

「図形」、それは数学という学問において「数」とともに紀元前より探究され続けてきた数学的対象であり、今日でも位相幾何学、微分幾何学、代数幾何学などの諸分野において多くの数学者をひきつけてやまない。身の回りを見ても、視覚に入るもので形を有しないものはなく、ドアや窓から全地球測位網GPSに至るまで、我々は図形のさまざまな特徴を機能として利用し、暮らしやすさを手に入れている。心の中を振り返ってみても、雑然とした物事や人間関係を捉え直したり、自らの思考を整理したりするとき、三角形や円など図形の特徴を暗に手がかりにしていることがある。このように、誰もが知らぬ間に「図形」という数学的対象の恩恵にあずかり、自らの実生活を実り豊かにすることができているのである。

幾何学の歴史において、「図形」という数学的対象は、人類にとって単に実用性が高いものから学問的な価値をも有するものへと昇華してきた。実際、学問として整理される以前から、図形の性質や関係は測量や建築等の方法として利用されていた。例えば、古代エジプトで測地術では、直角を作るために一定の長さのひもを12等分し、両端を結んで辺の比が3:4:5となる三角形を作ればよいことが広く用いられていたという。こうした方法自体について探究が進むにつれ、身の回りの世界における図形の性質・関係を厳密に捉えるために、公理・公準を据え、これらの上に図形の演繹的な体系を構築した。この体系は、紀元前3世紀頃にユークリッドが編纂した数学書『原論』(ストイケイア)として後世に残されている。この体系はヨーロッパの中世まで、当時の宗教的基盤の影響もあり、学問の理想的な姿として崇敬され、スピノザ（Baruch De Spinoza, 1632～1677）が『原論』の方法を基に、倫理学の研究として『エチカ』を著したことが知られている。19世紀後半には、『原論』とは異なる公理に基づいて非ユークリッド幾何学が確立され、20世紀には物理学界等で、その有用性が認知されるようになった。これにより、幾何学は身の回りの世界を厳密に記述するという役割から解き放たれ、諸要件（独立性、無矛盾性、完全性）を満たす公理系を据えることにより、多様な空間を新たな世界として自由に創造できるようになった。

2. 算数科教育における図形の概念と操作

　小学校算数科の図形領域では、次のことが主に意図されている［文部科学省 2008］。

- ・基本的な平面図形や立体図形の意味や性質・関係について理解すること
- ・図形についての感覚を豊かにすること
- ・図形の性質について探究する過程で数学的に考える力や表現する力を育てること

こうした意図の実現によって、子どもが図形についての知識・技能、表現および感覚などを用いてさまざまな事象について考察や探究を進めることができるようになるとともに、これらを実生活で生かそうとする関心・意欲・態度を持つようになることが期待される。これらは中学校数学科の学習を支えるだけでなく、生涯にわたり自律的に生きるために欠かせないものである。

（1）図形の概念の特徴

　概念は、物事の本質や特徴をつかむための思考の形式である。概念には内包と外延という側面がある。内包とはその概念の共通性質の集まりであり、外延とはその概念が適用される物事の集まりである［近藤・好並1979］。例えば、三角形の概念については、内包は{3つの線分で囲まれている、3つの内角がある}であり、外延は{正三角形、二等辺三角形、不等辺三角形、鋭角三角形、直角三角形、鈍角三角形}である。

　特に、図形は抽象的な存在であり、直接目で見たり触ったりできないため、図形の概念を形成する際には、図や具体物が図形の媒体として主要な役割を果たす。図や具体物には、その図形に固有な属性のほかに、色や面の凹凸・厚さのように図形に固有ではない属性が伴う。そのため、図形の概念形成に当たっては、図や具体物を媒体として、図形に固有な属性と固有ではない属性を峻別し、前者を概念の内包として把握し、後者を捨て去り、外延に属する図形を見いだしていくことが必要である。

　図形の概念は、物事の本質や特徴をつかもうとする思考の作用が向けられるものによって、対象概念と関係概念に大別される。図形の対象概念は、いろいろな図形そのものについての概念であり、例えば、①点（頂点）、②直線、辺、③面（平面）、角、三角形（正三角形、二等辺三角形、直角三角形）、四角形（正方形、長方形、ひし形、平行四辺形、台形）、円、④立体、多面体（立方体、直方体）、柱体（角柱、円柱）、錐体（角錐、円錐）などがある。

　一方、図形の関係概念は、図形と図形の間の関係、および図形に関する量（大きさ、長さ、面積、体積）の間の関係についての概念であり、例えば、

平行、垂直、合同、相似、対称（線対称、点対称）、図形に関する量（大きさ、長さ、面積、体積）の間の相等・大小がある。

（2）図形の操作の特徴

　図形の操作は、図形を合成・分解したり移動したりすることである。だが、図形は数学的対象であり、それ自体を物理的に分解したり移動したりするのは不可能であるため、図形を意味する図や色板などへの物理的な操作を媒体として図形を概念的に操作することになる。

　図形の操作には、ずらす、回す、裏返す、広げる・縮める、の4つの基本操作がある。操作「ずらす」は平行移動に該当し、図形上の全ての点を同一の方向に一定の距離だけ動かすことである（**図1**）。操作「回す」は回転移動に該当し、図形上の全ての点を、ある点を中心として一定の角度だけ回転させることである（**図2**）。操作「裏返す」は線対称移動に該当し、図形上の全ての点をある直線を軸に対して折り返すことである（**図3**）。操作「広げる・縮める」は図形の拡大・縮小に当たり、図形の形を変えずに大きさを変えることである。

　図形の基本操作は、①二等辺三角形を作る、②垂直な直線や平行な直線

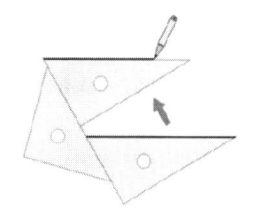

図1　4年：平行な直線のかき方（ずらす）
出典：啓林館『わくわく算数4下』2011年、p.27

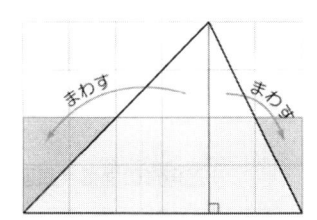

図2　5年：三角形の面積の求め方（回す）
出典：啓林館『わくわく算数5下』2011年、p.5

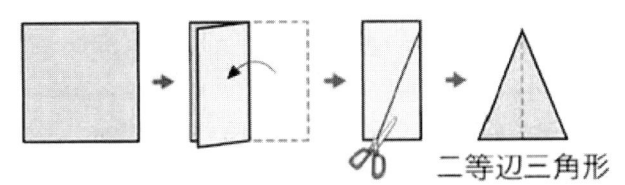

図3　3年：二等辺三角形の作り方（裏返す）
出典：東京書籍『新編新しい算数3下』2011年、p.34

を書く、③三角形、平行四辺形、台形の面積の求め方を工夫する、④合同な図形や対称な図形について調べる、などの場面で用いられる。特に、操作「広げる・縮める」による複数の図形を比べてみると、対応する辺の比がそれぞれ等しく、対応する角の大きさがそれぞれ等しい。このことを用いると、木の高さをその影の長さから求めることなどができる。同じしくみは、コピー機やプロジェクターで用いられている。

（3）図形の概念と操作の学習

①対象概念から関係概念へ

算数科教育において図形の学習は、主に、対象概念の学習と関係概念の学習から成る。

対象概念の学習では、身の回りにあるものの形について観察・構成するなどの活動を通して、主に図形の構成要素に着目していろいろな図形についての理解を深め、図形についてのさまざまな感覚を豊かにしていく。例えば第2学年では、四角形の頂点（点）、直線（辺）、直角、面という対象概念に基づいて、「四角形は4本の直線で囲まれている形である」と"約束"し、これに基づいて格子状に並んだ点を結んでいろいろな四角形を作ったり、いろいろな形の中から四角形に当たるものを選んだりする。

一方、関係概念の学習では、平行や垂直という図形の構成要素の関係、合同、拡大・縮小という図形間の関係などに着目することによって、図形についての理解と感覚をいっそう深め豊かにしていく。例えば第4学年では、平行や垂直という関係概念に基づいて図形を分類・整理することを通して、既習の正方形、長方形について学び直すとともに、平行四辺形、ひし形、台形の性質について理解を深めていく。

②概念の学習における操作の役割

対象概念および関係概念の学習を通じて、図形の操作は重要な役割を果たす。実際、図形の操作によって、いろいろな形を構成したり、正方形や長方形の紙を折って辺の長さについて調べたり、三角形の角を重ねることによって大きさの等しい角を見つけたりなどすることが可能になる。また、

合同な三角形や四角形を敷き詰めて、平面の広がりを理解したり図形の美しさを実感したりすることができる。特に、4つの基本操作は、中学校における図形の移動および相似の学習の素地となるものであり、これらの操作に着目して図形の対称性や縮図・拡大図を学習することが重要である。

③図形の性質・関係を見いだし説明する

図形の概念と操作を用いることによって、図形の新たな性質・関係を見いだし説明することが可能となる。これにより、数学的に考える力として論理的に考える力（帰納・類推・演繹）を育むことが大切である。

例えば第3学年では、二等辺三角形の性質「2つの角の大きさが等しい」を見いだす際には、二等辺三角形の底角が重なるように紙を折り、角の大きさが等しいことを確かめる。このとき、頂角の二等分線を軸として操作「裏返す」が行われている。また第5学年では、三角形の性質「3つの角の大きさの和が180°である」を、いろいろな三角形の角の大きさを分度器で測る、それらの三角形を写し取って3つの角を切り取り、集めて並べてみるなどして帰納的に見いだす。この際、**図4**のように三角形を敷き詰めてみると、三角形の3つの角が一直線上に並ぶことが一目瞭然となる。

その上で、四角形の4つの角の大きさの和について、三角形と同様にいろいろな四角形について調べ帰納的に考えたり、正方形や長方形の角の和が360°であることから、一般の四角形も同様であると類推的に考えたり、三角形の性質「3つの角の大きさの和が180°である」に基づいて演繹的に考えたりするとともに、それぞれの考えに即して四角形の性質「4つの角の大きさの和が360°である」の理由を、筋道を立てて説明することが大切である。

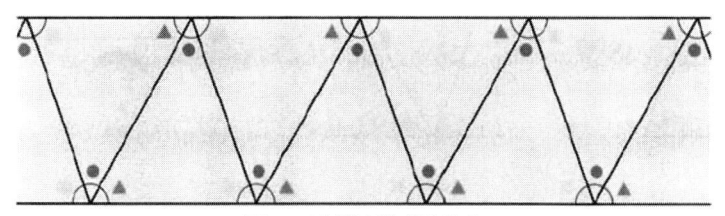

図4　三角形を敷き詰める
出典：啓林館『算数5年上』2011年、p.73

演繹的な説明の代表的なものには、次の２つがある。一つは、四角形を１本の対角線で２つの三角形に分け、180°の２倍であると考えるものである。他の一つは、四角形の内部に点を取り、この点と各頂点を結んだ線分で四角形を４つの三角形に分け、180°の４倍から初めに取った点の周りにできる角360°を引けばよいと考えるものである。中学校数学科において、前者の説明はn角形の内角和を求める式180(n−2)のアイデアにつながり、後者の説明は、式180n−360のアイデアにつながる大切なものである。四角形の性質を説明するに当たり、根拠として、三角形の性質「３つの角の大きさの和が180°である」のほかに何が用いられているか、どのような順番で説明していくと分かりやすくなるかに焦点を当て、説明を評価したり改善したりするとよい。その際、説明の仕方が五角形、六角形などの多角形にも適用できるか、適用できるようにするためにどのような工夫が必要になるかを探っていくようにするとよい。さらに、式180+180(n−3)がどのようなアイデアによるものかを考えてみると、四角形、五角形、六角形などについて前述の２つの説明とは異なるものを見いだせるであろう。

【課題１】　三角形の性質「３つの角の大きさの和が180°である」について、①いろいろな三角形の角の大きさを分度器で測る、②それらの三角形を写し取って３つの角を切り取り集めて並べてみる、などして帰納的に考え見いだしたとする。続いて、三角形の性質を根拠として四角形の性質「４つの角の大きさの和が360°である」を演繹的に説明する活動を授業でどのように展開すればよいか考えてみなさい。

④図形の概念や操作を活用する

　図形の概念と操作のよさを子どもが実感するようになるためには、これらを生かすことによって実生活の課題を解決することが大切である。

　例えば、ドッジボール大会の横断幕を作るために、子どもたちは下絵をプロジェクターでスクリーンにゆがみなく映そうとした。実際に映してみると、上に広がる台形の形状になってしまい、下絵がそのまま拡大されない。そこで、プロジェクターとスクリーンの間で何が起きているのかを調べるために、教室の内窓を何枚も外して持ち寄り、プロジェクターとスク

相似な形を窓ガラスに映し出す実験

リーンの間に置き、スモークをたいて、試しに三角形の図を映してみた。すると、プロジェクターとスクリーンの間に大きな三角錐台が現れ、プロジェクターに対し垂直に置かれた窓ガラスには同じ形の三角形が映し出され、垂直に置かれていない窓にはゆがんだ形が映し出された。特に、垂直に置かれた窓ガラスに映る同じ形の三角形では、角の大きさは全て等しく、プロジェクターから離れるほど辺は長く、形は大きくなっていく。

そこで子どもたちは、プロジェクターとスクリーンの距離を50cm、100cm、…500cmと変え、それに伴ってスクリーンに映し出される三角形の底辺と高さを測り、表に整理した。その結果、プロジェクターからスク

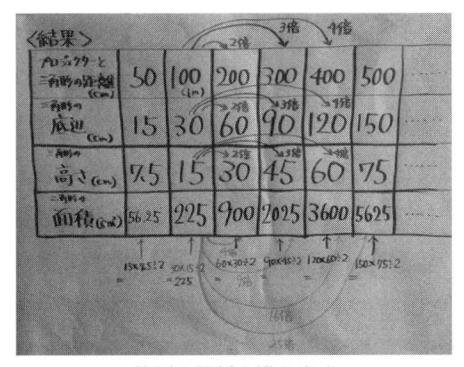

比例の関係を導き出す

第7章 図形 133

リーンまでの距離と三角形の底辺や高さとの間に比例の関係が成り立つこと、さらに底辺と高さから三角形の面積を求めてみると、比例とは言えない関係があることも見いだしていった。

　子どもたちは、比例の関係を基にして、表にはない三角形の底辺や高さを求めたり、その距離に窓ガラスを実際に置き、映し出された形を実測して底辺や高さの長さを確かめたりしていた。こうして子どもたちは、操作「広げる・縮める」を用いて相似な形を窓ガラスに"切り出し"、横断幕として必要な大きさの形を映し出すにはプロジェクターとスクリーンの距離をうまく調整すればよいことを見いだしていった［宮下・堀内 2014］。

第2節　空間観念と図形的直観

　幾何学は土地を測ることから起こったといわれるように、空間のしくみを調べることは、古典的な幾何学の主眼であった。空間という言葉は、数学ではある構造を持った集合という意味で使われているのをはじめ、さまざまな意味で用いられている。この節で空間と言っているものは、我々の住んでいる左右、前後、上下という3方向への広がりを持っている経験的世界から、抽象化・理想化によって得られた三次元ユークリッド空間のことを意味している。三次元ユークリッド空間とは、単に3つの方向への広がりを持った空間というだけでなく、分割できる、連続である、無限である、等質的である、等向的であるといった性質を持ったものである。

1. 空間観念

　空間観念を育成することは、図形指導の重要なねらいの一つである。
　ここでいう空間観念とはどのようなものであり、空間概念とどのような関係にあるものであろうか。空間概念に限らず、一般に、概念とは筋道を立てて論理的な考察をする場合に基になるもので、いくつかの概念を基に

してなんらかの判断をしたり、推論によって新しい事柄を導いたりする際に用いられる。このように、概念とはどちらかといえば論理的な面からのアプローチで引き合いに出されることが多い。これに対して空間観念は、空間概念という論理的な面に加えて、空間やそこにおける図形を想像し念頭で操作するといった直観を用いた面からのアプローチも行う際に引き合いに出されることが多い。このため、空間観念には、三次元ユークリッド空間について論理的に捉えることと、空間における図形やその位置関係を想像し、把握することの2つが含まれる。

2. 図形的直観

　空間観念を前述のように捉えると、空間観念を育成するためには、空間や図形に関する概念に加えて、図形的直観が大切となる。

　直観という言葉は、見ることに発し、論理的な分析を介さず、比較的短時間に対象の全体や本質を直接把握すること、およびそのようにして把握されたものを意味する。単に素早く感じ取ればよいというわけではなく、何を直観するかが重要となる。では、図形的直観とは何かというと、空間やそこにおける図形を頭の中に思い浮かべること、それを分解、合成したり移動したりする操作を念頭ですること、操作した結果を想像することなどを通して、その性質、関係や本質を把握することである。

　指導に当たっては、直観と直感的を区別することが大切となる。立体図形の性質について、模型などの具体物を用いることで直感的に考えたり説

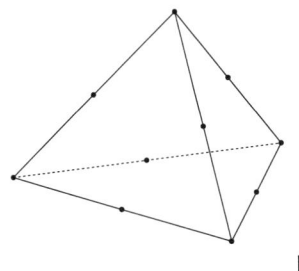

図5

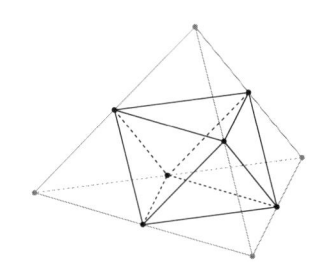

明したりすることがある。しかし、直感的に指導したからといって直観力が伸びるわけではないことに注意が必要である。例えば、一辺の長さが1の正四面体だけで一辺の長さが2の正四面体を構成することはできない（図5）。このことは、模型を用いて構成できないことを直感的に説明することができる。それに対して、正四面体だけで構成しようとすると内部に正八面体ができるために構成できないことを、念頭で正四面体を操作して見取ることが直観である。

3．空間観念の素地

　空間観念の育成を図ることを考えるために、まずは、その基礎としてどのようなことを意識する必要があるか、つまり、空間観念の素地となるものについて見ていく。

（1）空間についての広がりの意識を持たせる

　空間は、直線や平面と同じように、どこまでもずっと延び広がっていることや、その中で図形を自由に動かすことができるような場所になっているということに気づかせることが大切である。

　小学校算数科で学習する立体図形と中学校数学科で学習する空間図形の違いの一つとして、この無限性が挙げられる。小学校では有限な立体を学習の対象とするのに対して、中学校では立体を考察しつつも、それらを無限の広がりを持つ直線や平面の一部を組み合わせたものとして扱う。このような違いがあるからといって、小学校で空間の広がりを意識する必要がないわけではない。空間観念を育成するためには、立体が置かれている空間について理解していることが必要となる。

　指導に当たっては、タイルや基本的な平面図形による敷き詰め、積み木や基本的な立体図形による空間の積み上げといった活動と関連づけて、平面や空間の広がりを意識させることが有効である。

（2）直線、平面、空間の広がり方の違いを意識させる

　直線、平面、空間はそれぞれ無限に延びたり広がったりしているけれども、直線は1方向に、平面は2方向に、空間は3方向にというように、それらの広がり方には違いがあることに気づかせることが大切である。

　指導に当たっては、囲み方や分割の仕方の違いに着目することが効果的である。例えば、平面の一部を囲むには適当な三角形や円で囲むことができるのに対し、空間の一部を囲むにはそれらでは不十分で、直方体や球のような立体が必要となる。また、直線は点で分割されるのに対し、平面や空間を分割するには、点では無理で、それぞれ直線や平面が必要となる。これらのことは当然理解していると思われがちであるが、例えば、立体は空間の一部を囲んでいるゆえに、体積を持つことなどは、子どもが本当に意識できているかに留意する必要があろう。

【課題2】　空間観念の素地を、どの学年のどの内容で扱うことができるかについて調べ、検討せよ。

4. 立体図形の学習を通した空間観念と図形的直観の育成

　立体図形の指導では、空間観念のうち、立体図形の構成要素、性質など論理的な側面が重視されており、空間やそこにおける図形を想像し念頭で操作するといった直観を用いる側面は見落とされがちである。しかし、立体図形の性質を覚えるなどして論理的な側面をいくら鍛えても、空間を想像することや念頭操作することなどの直観的な側面がなければ、論理を先導する直観が働かず、立体図形を考察することはできない。

　空間観念、特に図形的直観を育成するためには、立体図形の概念や性質を理解する指導において、立体図形を頭の中に思い浮かべたり、それを念頭で操作したりする活動を取り入れることで、念頭での操作に熟達し、立体図形やそれが置かれた空間に関するイメージを豊かにしていくことが必要となる。そのための方法としては、次に示すように、具体物、二次元の

図表現、平面図形と関連づけることが考えられる。

（1）身の回りの具体物を立体図形と関連づける

　身の回りの具体物を抽象化・理想化して立体図形を捉えたり、逆に、立体図形や用語から具体物を想像したりするなど、具体と抽象を行き来することが大切である。

　模型や積み木といった具体物では、立体図形を外部から見ることが多いため、教室や体育館のような具体物を立体図形とみなすことで、内部から見る活動も取り入れたい。例えば、教室の天井の広さを調べる際に、教室を直方体とみなし、天井の広さと床の広さが等しくなることから、床の面積を求める活動が考えられる。このように具体物と関連づけていけば、立体図形や空間に対するイメージを豊かにできる。

（2）模型などを用いた操作を見取図や展開図と関連づける

　模型などを用いて実際に展開や合成、分解といった操作を行う際には、その操作が見取図、展開図ではどのように表現されるかを想像、確認することが大切である。そうすることで、二次元の図表現を基に立体図形を想像し、念頭で操作する能力を育成することができる。

　例えば、展開図を組み立てることを想像させた後で、実際に組み立てて想像どおりかを確認したり、組み立てると重なる点や辺を展開図で予想したうえで組み立てて、予想が正しいかを確かめたりすることが考えられる。また、模型で辺の垂直や平行を見つけた場合、それが見取図ではどのように表現されているかを確認することも行いたい。このように、模型や枠組みといった三次元の表現と、見取図や展開図といった二次元の表現を行き来することが大切である。

（3）平面図形を基に空間図形について類推する

　小学校での図形指導は、空間図形と平面図形の往復と捉えることができる。例えば箱の形を考察する中で、その構成要素の面について調べる必要

図6

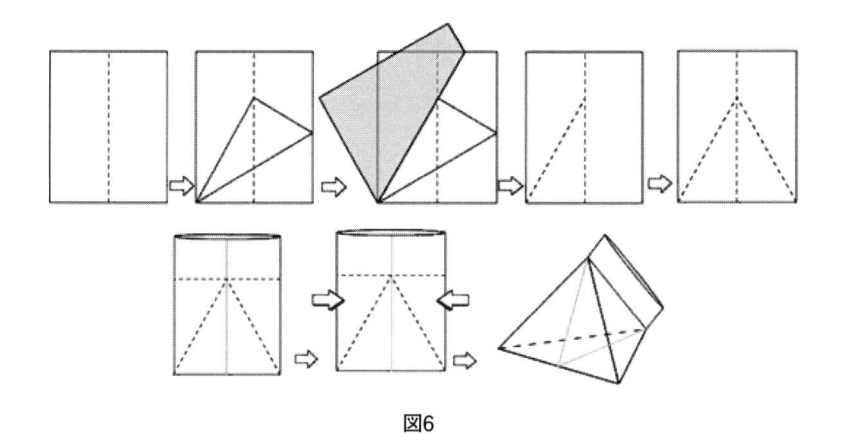

　が生じ、正方形や長方形を学習し、正方形や長方形の性質を基に今度は立方体や直方体について調べる流れで学習が進む。そのため、平面図形から空間図形について類推できることが多い。例えば、第3学年では円から球を、第4学年では平行、垂直について、平面から空間の場合を類推できる。

　さらに、第6学年で対称な図形を学習する際に、平面図形と立体図形を関連させることも行いたい。例えば、長方形の紙を縦半分に折り、折り目上に右下の頂点が来るように折る。そのままだと斜線が残らないので、もう1回折り込み、反対側も同様に折ると正三角形ができる。この折り方を対称性から捉える際に、長方形の封筒で同じ折り方をすると正四面体ができることを扱えば、第6学年でも立体図形を指導できる（図6）。

　また、類推する中で、平面と空間の違いも意識させたい。例えば、交わらない2直線が平行であることは、平面上では成り立つけれども、空間では成り立たないといったように、図形の性質が、図形の置かれている場所（平面か空間か）に依存することを扱うことが考えられる。

　このように、想像や理解のしやすい平面図形と関連づけて扱えば、立体図形や空間の想像や理解がしやすくなる。

【課題3】　小学校の学習内容が平面図形と立体図形をどのように行き来しているかを調べ、類推できる場面や内容を検討せよ。

図形は形として実生活に現れているため、図形の学習は知覚や操作による直観と、概念や推論による論理に基づいて展開されていく。こうした学びを通じて、子どもたちは平面図形や立体図形への理解を深め、実生活における図形のよさを実感していく。また図形の学習を通じて、子どもたちは直観と論理の重要性とともに、両者が互いを補い高め合う関係にあることを知ることができる。もちろん、直観と論理の相補性は図形の考察に限られるものではなく、子どもたちが今後出会うさまざまな対象についての考察で必要とされる。それゆえ、直観と論理の相補性という陶冶的価値に目を向けつつ図形の学習指導を工夫することが大切となる。

《課題のヒント・ポイント》

【課題1】　学習問題「4つの角の大きさの和は何度ですか。そのわけを説明しよう」について、見通し「三角形の角の和180°が使えるように四角形を三角形に分ければよい」を立てさせ、解決後、全体で、対角線で三角形2つに分けるなどの説明を取り上げ、三角形の角の和の用い方や余分な角の除き方を確認する。その上で、他の形でも同様に説明できることから四角形の角の大きさの和がいつも360°であることを確認する。

【課題2】　左右、前後、上下などの言葉を使うことは第1学年で、平面と空間にあるものの位置の表し方は第4学年で学習する。その他でも、正方形や長方形に関する学習の中で平面的な広がりを、立方体や直方体に関する学習の中で空間的な広がりを意識させることができる。そうしておけば、面積や体積の学習の素地ともなり、そのような観点から見直せば、長さの学習が一次元的な広がりに関するものであったことも、あとから意識できるであろう。

【課題3】　図形領域では学年ごとに着眼点があり、第2学年は直角、第3学年は線分の相等、第4学年は平行、垂直、第5学年は合同、第6学年は対称、拡大・縮小などである。円と球はある点から等距離の点の集合という「線分の相等」という着眼点から似ていると言える。直方体と似た平面図形は長方形だが、向かい合う構成要素（辺、面）が平行という点では平行四辺形とも似ていると言え、着眼点を持って類推する場面を探すことが大切である。

引用・参考文献

近藤洋逸・好並英司『論理学入門』岩波書店、1979年

宮下聡・堀内慶治「プロジェクターを使った拡大・縮小の学習から、子どもたちが見いだした数量関係について——体を通してわかる算数学習を目指して」『新しい算数研究』第518号、2014年3月号、pp.196-198

文部科学省『小学校学習指導要領解説 算数編』東洋館出版社、2008年

第8章 関　数

第1節　関数の考え

1. 科学的探究の精神と関数の考え

　「ブラジルでチョウチョが羽ばたけば、テキサスでトルネードが起こる」という言い方がある。これは、力学系を考える物理学において、微小の初期作用が波及して大きな効果を引き起こすことを解明するカオス理論の象徴的な表現である。わが国でも、「風が吹けば桶屋が儲かる」ということわざが知られ、それは、物事の因果関係が巡り巡って意外な結果を生むことがあるという意味で用いられる。

　一見関係がないように見える複数の事象があるとき、その間に実は因果関係や依存関係があって、2つの事象は結びついているのではないか。このように考えて、一つの出来事の説明を、他の事象に求めようとする傾向が我々にはある。また、自然界に潜む法則を見いだそうとしてきた科学の

進歩に顕著に見られるように、科学的探究の営みとそれによる発見は、因果関係を探ろうとする科学者の努力に支えられてきた。

本節で詳しく見ていくように、「関数の考え」とは、そのような過程に見られるアイディアや着想であり、より広い立場から見れば、問題解決の方法とそれを支える基本的な姿勢である。わが国の数学教育では、児童生徒がこのような考えを身につけること、そして彼らがこの考えを生かして教科内容をよりよく学ぶことに価値を認め、「関数の考え」が非常に重視されてきた（例えば［文部省1973］）。

本節では、この関数の考えについて、算数科の学習における活用のねらいとその教育的意義、および関数の考えを重視した学習指導のあり方とそのポイントを考える。以下では、まず関数の数学的意味を確認したうえで、関数の考えとは何か、その学習指導はいかにあるべきかを考える。

2. 関数の意味と関数の考え

いうまでもなく、「関数」は、2つの集合間の一意対応の意味で使われる数学の用語である。これに対し「関数の考え」は、上述のように、狭くは算数・数学科の学習において有効に働き、また広くはさまざまな問題解決に役立つアイディアや着想を指す。

一般に、「関数」(function)とは、ある集合から数の集合への一意対応である。2つの集合XとYがあり、Xの任意の要素xに対し、Yの要素yがただ1つに決まるとき、この対応を集合Xから集合Yへの「写像」という。特に、集合Xから集合Yへの写像において、集合Yが数の集合のときに、この写像を「関数」という。

2つの集合A、Bがそれぞれ自然数や実数のような数の集合で、集合Aから集合Bへの関数fが与えられているとき、Aを「定義域」、f(A)を「値域」という。そして、直積集合A×Bの部分集合 $\{(x, y) \mid x \in A, y=f(x) \in B\}$ をfのグラフという。

このように、「関数」は、2つの集合間の一意対応の意味で使われる数

学用語であり、その定義はシンプルである。

これに対し「関数の考え」は、いわば関数の目で事象を捉え、問題解決に生かそうとするアイディアや着想の全体を指す。つまり「関数の考え」は、算数科の学習において有効に働き、また問題解決において役立つアイディアや着想を指し、科学的な探究の精神や態度にも関わる教育の文脈での用語である。

算数科における数量関係領域の指導内容には、他の領域における教科内容を考察したり処理したりする際に有効に働く考えや方法が含まれている。「関数の考え」は、その代表的かつ最も重要なものであり、この考えを活用できるようにすること自体が、算数科全体における学習指導の重要なねらいの一つである。

3. 関数の考えの意味

関数の考えは、問題解決において、ある数量を調べるために、それと関係のある他の数量を見いだし、それらの間に成り立つ関係を把握してその問題を解決する際に顕著に見られ、次のような過程を経る。

(a) まず、ある数量について、他のどんな数量と関係づけられるのかを明らかにする。つまり、ある数量を決めたときに他の数量が決まるか、その数量に伴って一定の規則に従って変化するか、といった見方に立って考察する。このように、2つの数量や事象の間の依存関係に着目することが、第一歩である。

(b) 次に、伴って変わる2つの数量について、対応や変化の特徴を明らかにすることへ進む。その際、対応や変化の特徴を捉えるために、数量の間の関係を表・グラフ・式で表したり、逆に式で表された関係から元の数量や変化の関係を読み取ったりすることもある。こうした考察を通して、数量の変わり方や変化の範囲に着目するなど、2つの集合やその要素間の対応に着目する。

(c) こうして、伴って変わる2つの数量の間の関係や変化の特徴が明ら

かになったら、その特徴を生かして問題解決に利用する。また、このことによって、関数の考えのよさを知ることになる。

上の過程を大きくまとめれば、(a)依存関係に着目すること、(b)関数関係を見いだしたり表現したりすること、そして(c)関数関係を問題解決に利用すること、の3つの段階に整理できる。

この過程を通して働く関数の考えのよさは、2つの数量間の対応関係に気づき、それを用いることによって、複雑な問題場面をより単純な数量関係に置き換えて考察し、より効率的かつ経済的に作業を行えるという点にある。また、身の回りの事象を理想化・単純化して、数学的に処理したり、問題場面の構造をより簡潔・明瞭・的確に捉えて問題を発展的に考察したりすることを可能にするよさもある。

4. 問題解決における関数の考えの役割

問題解決の過程において、関数の考えはさまざまに活用される。教科書にもしばしば見られる具体的な問題に即して、問題場面において関数の考えがいかに働くかを考えてみよう。

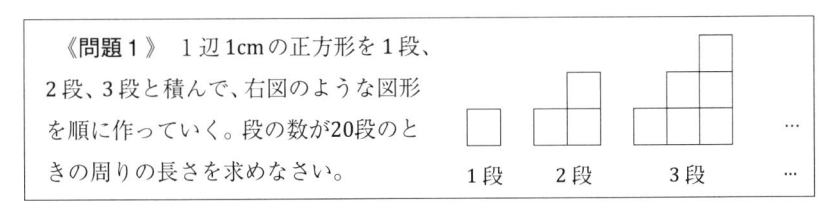

《問題1》 1辺1cmの正方形を1段、2段、3段と積んで、右図のような図形を順に作っていく。段の数が20段のときの周りの長さを求めなさい。

関数の考えが発揮される場面では、考察対象となっている事象に対し、どの要因が場面の変化に影響するかを特定することが重要である。上の場面では、まず、4段、5段の図を描いてみて、1段、2段、3段、4段、5段と段数が変わっていくとき何が変わるかを観察することが大切である。段数の変化に伴って、面積、高さ、周りの長さ、直角の個数、辺の個数、正方形の数、底辺の長さ、内角の和、頂点の数等、さまざまな数量が変化していくことに気づく。このうち、例えば、段数と周りの長さとの関係を

調べて表を作ってみれば、y=4xという比例関係が見えてくる。

このように、関数の考えを生かして問題解決を行う場合には、問題解決の目的に応じて、問題場面における変化について、いくつかの変数に着目し、どの変数を「動かす」と問題場面が変わるかを調べ、利用できる関数関係を見いだすことになる。標語的に表現すれば、2つの数量の関係について、数量が「変われば変わる」、変数を「決めれば決まる」という観点から着目して調べることになる。

【課題1】 右の図の中にある全ての三角形の個数を求めなさい。

《問題2》右の図1は、円に3本の直線が交わった様子を示している。円は10本の直線によって最大いくつの領域に分けられるか。

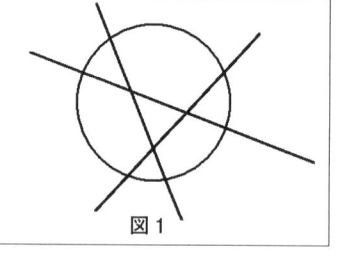

図1

この《問題2》のような場面では、直線の本数とそれによって分割される領域の数との関係を、帰納的に考えていくことになり、いくつかの場合を順に調べると表1のようになる。

しかし、直線の本数が多い場合には、図を描いて領域の個数を求めるのが難しい。表1からは、領域の数の増え方について「階差」をとれば、その増え方の規則が見えてくる。しかし、ここで大切なのは、単に解答を求めることにとどめず、直線の本数と領域の数の間にはどのような関係があるのか、そのしくみを理解することである。

直線が1本増えたときに、どのようなことが起こるのか。新しい直線が

表1　直線の本数と領域の数

直線の本数	0	1	2	3	4	5	6	7	8	9	10
領域の数	1	2	4	7	11						

図2　　　　　　　　　　　図3

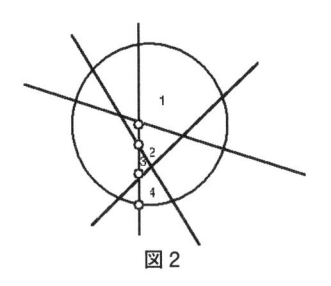

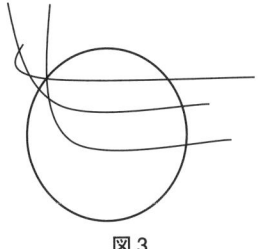

直線と交わるごとに新しい領域ができ、それはその直線が円周と交わるまで続く。つまり、新しい領域の数は、直線の交点の個数に対応させて考えることができ、領域の個数を数える代わりに、直線と直線の交点の個数に着目するのである（図2）。

その結果、直線どうしの交わり方だけが問題において本質的であるとみなせば、直線の代用として曲線を用いてこの考えをさらに推し進めることができることも分かる（図3）。

こうして、n番目の直線によって新たに増える領域の数は、それ以前の直線の本数(n−1)に1を加えたnになり、その総和は、

$$n+(n-1)+(n-2)+\cdots+2+1+1=\frac{n^2+n+2}{2}$$

ということになる。

上の2つの例のように、問題解決の過程では、さまざまなアイディアが用いられる。一方の数量が変わると、他方で何が変わるのか（あるいは、何が変わらないのか）を考察するとともに、問題場面の変化において本質的なものを見極め、より考察の容易な要素に着目することが大切である。このように、問題場面の2つの数量間に対応関係を見いだし、その関係を利用して問題を解決する際に有効に働くのが関数の考えである。

【課題2】　数と計算、量と測定、図形領域における関数の考えの指導場面の例を挙げて、そこでの関数の考えの働きとその意義を述べなさい。

5．関数の考えの指導

もともと算数科では、関数についての知識・技能を指導することをねら

いとしているのではない。関数の考えが有効に働く場面での学習経験を通して、児童が各領域の内容をよりよく理解するとともに、関数の考えを活用できるようになることを主たるねらいとしている。それゆえ、指導者は、関数の考えを活用するさまざまな学習場面を意図的・継続的に準備する必要があるし、関数の考えの役割と意義について、各領域の具体的な学習場面に即して注意深く検討しておく必要がある。

　授業を設計するためには、関数の考えが働く過程（144ページの(a)～(c)）のそれぞれに応じて、指導の手だてを考えておく必要がある。例えば、問題場面の提示では、児童が2つの数量の依存関係に気づくまでの過程を大切にする必要がある。また、ある数量について、それに当てはまる数値の範囲を広げて考えたり、目的に応じて数量を積極的に変化させてみたりする経験を豊かに準備するよう配慮する必要がある。

　また、比例の学習場面に見られるように、関数の考えは、数量の関係を考察する場面において有効に働く。しかしその一方で、関数の考えが広く算数の学習場面で大切な役割を果たすことにも着目し、他領域の内容を考察する際の役割を検討しておくことが必要である。

　例えば、円周率について学習する場面では、さまざまな大きさの円について直径と円周の長さを測る際に、円周が直径（半径）によって決まることを理解することが大切であり、そのためには、「決めれば決まる」という見方をすることが欠かせない。同様に、実測しにくい曲線図形の面積を求めるために、図形の面積と重さの関係に着目して、重さから面積を求める工夫をするなど、測定の場面でも関数の考えは有効に働く。

　このような考察を、各領域の内容について十分に行い、児童が内容をよりよく理解し、その過程で問題解決における基本的なアイディア・着想を学ぶとともに、関数の考えのよさを知るよう配慮する必要がある。

　さらに、低学年の指導でも、関数の考えの基礎となる経験を豊かにする場面が数多くあり、指導の際に十分配慮する必要がある。例えば、第1学年の学習で、ものの個数を数えたり、比べたりするときには、ものと数詞や、ものとものを1対1に対応させている。また、第2学年で乗法九九を

構成する場面でも、乗数が1ずつ増えたときの積の増え方に気づいて九九表を構成することが行われる。

　このような学習場面でも、2つの数量の対応関係に目を向ける過程を大切に扱い、問題場面において変わるものと変わらないものを意図的に取り上げる等、指導者の側で意図的に関数の考えを活用する必要がある。

第2節　式・記号化の考え

1. 記号と式について

　事象や考えを数学的に処理するために、子どもたちは、しばしば数学の記号と式とで、事象や考えを表現するだろう。第2節では、最初に、数学で用いる記号と式について取り上げる。

　数学で用いる記号には、対象を表す記号、演算記号、関係記号、および括弧の4種類がある。対象を表す記号とは、0, 1, 2, 3などの数字、a, b, x, yなどの文字、あるいは直線AB、△ABCなどの図形を表す記号である。

　演算記号とは、+, −, ×, ÷などの2項演算を表す記号、指数、$\sqrt{}$, sin, cos, tanなどの単項演算を表す記号、∪, ∩などの集合に関する演算を表す記号である。

　関係記号とは、相等関係を表す等号 =、大小関係を表す不等号 >, <、集合の包含関係を表す ⊃, ⊆、図形の関係を表す ⊥, ≡ などの対象間の関係を表す記号である。

　括弧とは、計算の優先順位を表す ( )、{ } などである。

　対象を表す記号のうち文字には、円周率π、自然対数の底eなどの特定の定数を表す文字、yがxに比例する場合のy=axにおける比例定数aなどの任意定数を表す文字、yがxに比例する場合のy=axにおけるx, yなどの変数を表す文字、方程式3x−1=8におけるxなどの未知数を表す文字、法則や公式を表す際に用いる一般数を表す文字などがある。

数量に関する式には、2×3、2a、3x+1 のように関係記号を用いないフレーズ型の式、および 2×3=6、2a>3、y=5x+1 のように関係記号を用いたセンテンス型の式がある。センテンス型の式としては、代数的な関係を表す等式や不等式などがある。等式は、式の両辺を相当関係を表す等号で結んだ恒等式や方程式を含む。恒等式とは $(x+y)^2=x^2+2xy+y^2$ のように、文字で表された変数がどのような値をとっても右辺と左辺とが等しい式のことをいい、方程式とは、$x^2-2x+1=0$ のように、文字で表された未知数を持つ等式である。方程式には代数的なものだけでなく、微分方程式などの関数方程式がある。不等式は、2x−3>1 のように、両辺を数量の大小関係を表す不等号を用いて結んだ式である。

2. 絵図と式化・記号化

　数量関係の内容を、2008年度発行の『小学校学習指導要領解説算数編』では、「関数の考え」「式の表現と読み」および「資料の整理と読み」に分類している。「式の表現と読み」において、第1学年では、加法および減法の式の表現とその読み、第2学年では、加法と減法の相互関係、乗法の式の表現とその読み、（　）や□などを用いた式、第3学年では、除法の式の表現とその読み、数量の関係を式に表して式と図を関連づけること、□などを用いた式、第4学年では、四則の混合した式や（　）を用いた式、公式についての考え方と公式の活用、□、△などを用いた式、四則に関して成り立つ性質のまとめ、第5学年では、数量の関係を表す式、第6学年では、文字 a、x などを用いた式を指導する。「式の表現と読み」の内容は、今後も小学校学習指導要領の改訂によって変更されようが、いちおうこれらの内容を指導するとしてよいであろう。

　ところで、加法、減法、乗法、除法とも、最初は具体物を用い、その後に絵図、その次に記号や式を用いて指導することがある。具体物、絵図、記号や式は、人間の認知発達の順番に従った教材の表現である。算数の授業で用いる具体物の教具を、第1学年で子どもたちに配布するのも、認知

発達を考慮するからである。他方で、指導に当たっては、日常的場面を設定するなど、子どもにとって身近な題材を扱うことによって、興味・関心を高め、学習を促進させることができる。

算数・数学における記号化や式化は、事象や算数・数学的考えを記号や式で表す過程やその結果である。例えば、加法を式で表す場合、カエルが2匹とカエルが3匹の合併の場面を用意し、具体物であるブロック、あるいはカエルの絵などを用意して、子どもに操作活動をさせる。その後に、2+3=5と式化させることになる。

こうした加法の式化においては、数の順序と集合とを、対象を表す記号である数字で表記すること、合併や増加を＋という演算記号で表記すること、合併や増加の結果を＝という関係記号で表記し、＝が式の右辺と左辺の相等関係を表すことを指導しなければならない。減法、乗法、除法においても同様に、新たな記号を扱う際には、それらの記号の意味を指導する必要がある。

記号化や式化において、日常的場面の具体物や絵図による表現と、それを式化することの中間的位置にある表現として、テープ図や数直線がある。例えば、逆思考の文章題、「あめをもっていました。あとから8こもらったので、20こになりました。はじめは何こもっていましたか」を未知数を□として式で表すと、□+8=20となる。このとき□=20-8と解決の過程をたどっていくが、この式変形は子どもにとっては簡単ではない。そこで、**図4**のようなテープ図を用いるとよい。このテープ図によって、文章題で扱われる数の関係が視覚化され、その関係を式で表しやすくなる。

数の関係を式で表したり、式によって解決する補助とするために、低学年ではテープ図を用いることが多いものの、中学年以降では数直線がしばしば用いられる。例えば、帯分数の入った計算では、「$1\frac{2}{5}$ m と $\frac{4}{5}$ m の長

図4

図5

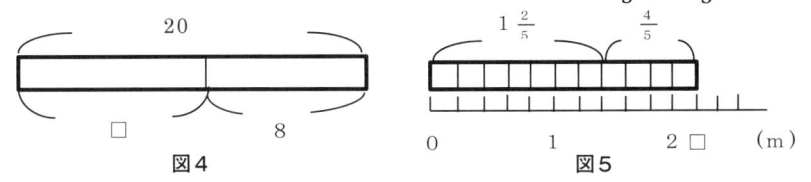

さのテープを合わせると、何mになりますか」という問題を解決するための立式の補助として、figure 5のような数直線とテープ図を用いることがある。数と数の演算を図的に表すことは、数直線に限らずとも、式での表現と解決のために有用である。

3．□、○や文字、言葉を用いた式について

式化以前に、第1学年で、例えば7という自然数を1と6、2と5、3と4、4と3、5と2、6と1に分解して扱う場面がある。数の合成と分解によって、数の概念の形成をねらうのだが、他方で加法や減法のための素地的概念の形成をねらう。このとき、分解される2つの数のうち一方を空欄にして扱うことがある。空欄を記号と見ることにより、自然数を変数として見ることができる。数学的な記号や式を用いれば、7の合成と分解は、$x+y=7$（x、yは1から6までの自然数）と表すことができ、xとyとを変数と見ることができる。

このような「数と計算」の領域の教材を関数的に見るものにはいくつかある。例えば、九九において被乗数が定数で乗数が1ずつ増減したときの積の変化は、比例の素地的な概念となる。九九でなくとも乗法であれば被乗数を一定として乗数を変化させることにより、比例あるいは反比例の概念の素地を扱うことはできるだろう。

例えば被乗数が6のとき、6の段を、figure 6のように表せば、被乗数が1から9までの自然数の独立変数で、□が従属変数であると見ることができる。また$6×○=□$と表記し、これを比例と見なせば、○は1から9までの自然数である独立変数、□は従属変数を表す記号となる。

変数としての文字が扱われるのは、6学年の比例と反比例においてである。比例については、「ともなって変わる二つの量x、yがあって、xの値が2倍、3倍、…になると、yの値も2倍、3倍、…になるとき、yはxに比例するといいます」と教科書に記載され、さらに比例の関係を表す

$6×1=□$
$6×2=□$
$6×3=□$
⋮

図6

式として「y=&boxed;きまった数&boxed;×x」と表現されている。反比例の場合も同様である。教科書では比例定数には言葉を用いているものの、独立変数をx、従属変数をyとして文字を用いている。算数で文字を指導することは、これまでもなされてきた時代があるものの、文字を使う以前にx、yなどの代わりに□、○などを用いた指導を十分に行い、子どもが文字を受け入れるための準備をすることが必要であろう。

また、計算の規則を表す式や公式にも、文字が用いられることがある。分数の計算の仕方などで教科書に掲載されている $\frac{b}{a} \times \frac{d}{c} = \frac{b \times d}{a \times c}$ などは、計算の規則に準ずるものとして扱ってよいが、このとき、a, b, c, dは一般数であり、算数では通常、正の整数である。

文字に代わる表し方として言葉があり、くらべる量＝もとにする量×割合 などは、言葉の式とも呼ばれる。言葉の式は、公式を表す際に用いることが多いものの、教材によっては柔軟に用いられる。例えば、「$\frac{7}{8}$m² のかべを2dLでぬれるペンキがあります。このペンキ1dLで何m²ぬれますか」などの問題で、（分数）÷（分数）の立式の補助のために、ぬれる面積 ÷ ペンキの量＝1dLでぬれる面積 という言葉の式を提示する場合がある。

関数の考えである、伴って変わる2変量を扱う単元では、マッチ棒で平面上に三角形を作っていく場合（図7）、例えば、

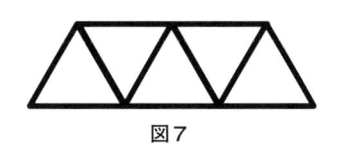

マッチ棒の数＝2×三角形の数＋1

図7

と、独立変数と従属変数とを言葉で表すことがある。式で表す際には文字を使うことが望ましいものの、子どもの実態に応じて、□、○や言葉を柔軟に用いることが必要である。伴って変わる2変量を扱う単元では、記号化や式化のために、日常的な現象を数学的に整理する際に表を用いる場合も多い。子どもたちが表を作成し、表から数量の変化や数量間の関係を読み取り、□、○や言葉、文字を用いた式で表すことも大事な活動の一つである。

【課題3】　算数教科書で、どのような記号や式がどの学年のどの単元で指導されるかを調べなさい。

【課題4】 伴って変わる2変量を日常的な事象から見つけ、それらを子どもたちが記号化・式化するときの複数の思考過程を想定し記述しなさい。

第3節　統計の考え

1. 統計の基本的な考え方

（1）統計的推論

　実験データに基づいてモデルを構成し、それから帰納的に結論を引き出す過程が統計問題に適用される場合、この推論は「統計的推論」といわれる。試行結果は通常不確実なものであるが、もしある種の試行が多数回繰り返し行われるならば、この実験に対する確率的モデルを作ることができ、それを用いて実験過程に関する決定を下すことができると考えられる。繰り返し操作に対して統計家が選ぶ数学的モデルは、その操作を多数回繰り返したとき、ある結果がどのくらいの頻度で起こると期待されるのかという、この頻度に対する予測を可能にするモデルである。

（2）記述統計

　小学校算数科で子どもたちが最初に触れるのは、収集したデータをどのように整理するかという、いわゆる「記述的な統計」という考え方である。これまでの学校教育では、資料データをいかに整理するかという記述統計の学習に力点が置かれていたが、統計学というのは、資料をいかに収集整理するかということではなく、本来は、収集整理したデータからなんらかの推測や推論を行うことに主眼があり、そのようなデータの源泉から結論を引き出すような統計学の分野を、通常私たちは「推測統計」と呼んでいる。

　統計学の目的が推論や推測を行うことにあるならば、統計学における記述的な方法の学習は、いわば主たる仕事への準備段階と見なしてよい。統

計という概念を数学的立場から論述するとき、記述統計と推測統計との相互関係をこのように理解しておくことは、統計を指導する教師にとって重要な視点である。

(3) 無作為抽出

母集団を構成するどの個体も標本に選ばれる確率が同じになるような抽出方法を「無作為抽出」という。無作為抽出の望ましい性質の一つとして、無作為抽出は、取られた元の母集団の縮図を与えるという性質がある。

例えば、工場で生産される不良品の割合を調べる場合、生産された製品の中から一つの製品を無作為に選ぶという実験を繰り返し、実験ごとにその回までに得られた全ての標本から不良品の割合を求めるとすると、この割合は、この工場で生産される不良品の真の割合にしだいに近づくと考えられる。こうした考え方は、大数法則を前提とする統計的な確率の考え方に基づいている。

ここで用いた「標本」という概念は、観測値の源泉に関する情報を得る目的で、そこから取られた観測値の集まりのことである。また、採取された標本に対して、観測値の源泉そのものは「母集団」と呼ばれる。

2. 統計指導の留意点

(1) 第1学年の指導

数の学習をはじめ、足し算や引き算、あるいは、掛け算や割り算においても、数え上げるという基本的な技能なくしては、算数の学習は成立しない。その意味で、数えやすいように物を並べ替える、あるいは、10個ずつの固まりに集めるなどという、数え上げを行うときに用いるさまざまな知識と技能の習得が、統計教育の始まりであると考えることができる。

ある現象を数という世界の中で整理するという考え方の習得が、統計教育の基礎的な段階である。それゆえ、表やグラフにまとめるという段階か

ら統計教育が始まるのではなく、小学校算数の基礎として学習される数え上げの学習の段階から始まっていると考える必要がある。第1学年では、さまざまな要素が盛り込まれている絵の中から、例えば、帽子をかぶっている子どもは何人だろうかなどと、自分自身で決めたカテゴリーに従って、いろいろな物の数を数えるという学習を行うが、自分で選択した個体を数え上げるという行為は、すでに記述統計の学習そのものであると言える。

なお、2008年度に告示された学習指導要領では、これまで3学年以上に設定されていた「数量関係」という領域が1・2学年にも設定された。このことによって、「数と計算」の領域で行われてきた「数え上げ」の学習が、統計教育の素地的な学習という意味合いからも見直される必要がある。

(2) 第2学年の指導

第2学年では、4月生まれの友達は自分のクラスに何人いるかという、自分の選択した個体を数え上げた結果を表やグラフにまとめるという学習が行われる。そこでは、単に数え上げるだけではなく、生まれた人がいちばん多い月は何月だろうかという問いとともに、生まれ月という視点から見た自分のクラスの傾向性を捉えることができるようになる。さらに、第2学年で行われる長さや4位数までの数に関する学習は、第3学年以降の統計的な学習をさらに深く発展させる基礎的な学習となっている。

(3) 第3学年の指導

第3学年では、表と棒グラフの学習が行われる。例えば、「20分間に自宅の前の道を走る車の種類を調べよう」という学習などが展開される。パトカー、救急車、バス、乗用車などという区分けは、子どもたちの語彙の発達レベルに依存している。車というカテゴリーの中で、どんな車もいっしょに見えていたものが、階層的な名称分類ができるようになるということは、単に表や棒グラフを書くという学習に終わらせない指導上の留意点として重要である。つまり、車の種類調べという学習は、与えられた表の中に数値を記入するという方法ではなく、どのような項目で表を作ればよ

いのか、あるいは、表や棒グラフの項目をどのような順序に並べたら見やすくなるのかという問いとともに、学習を進めていく必要がある。

(4) 第4学年の指導

　第4学年では、折れ線グラフの学習が行われる。例えば、「9月1日の気温を1時間ごとに調べたデータを折れ線グラフで表してみよう」という学習では、折れ線グラフという表記法の便利さについて学習が行われる。気温という連続的に変化する量を線で結ぶことによって、全体的な変化の様子を分かりやすく表すという折れ線グラフの特徴を、子どもたちは学習する。表やグラフにまとめることに主眼が置かれていた第3学年までの統計学習に対して、第4学年では、表やグラフから特徴的な事項を読み取らせるという資料の読解が中心的な学習課題となる。さらに第4学年の表の学習では、2つの要素をクロスした二次元表の学習も行われる。

《問題》 表2は、ある小学校の昼休みの様子を、「教室に明かりがついている、消えている」、また、「人がいる、いない」という観点から記録したものである。この結果を2次元表にまとめ、その際の指導上の留意点について考察せよ。

表2　ある小学校の昼休みの様子

5-1 明・人	5-2 暗・人	5-3 明・人	6-1 暗・人	6-2 暗・無	6-3 暗・無
3-1 明・無	3-2 明・人	3-3 暗・人	4-1 明・人	4-2 暗・人	4-3 明・人
1-1 暗・無	1-2 明・無	1-3 明・無	2-1 暗・人	2-2 明・人	2-3 暗・無

（注）「1-1」：1年1組のこと。
　　「明」：明かりがついている。「暗」：明かりが消えている。
　　「人」：人がいる。「無」：人がいない。

　二次元表を学習する際に必要なことは、まず第1段階として、言葉で資料を整理する段階をきちんと踏むということである。例えば、「この小学校には全部で18のクラスがあって、1年1組は、明かりが消えていて、人がいない、1年2組は、明かりがついていて、人がいない」などの事実を言葉として表出させる段階を踏んで、次に、「明かりがついているクラスは9クラスある」、また、「明かりが消えているクラスも9クラスある」などという数え上げの段階をきちんと踏ませることが重要である。そして、

表3　ある小学校の昼休みの様子（教室の数）

	明かりがついている	明かりが消えている	合計
人がいる	6	5	11
人がいない	3	4	7
合計	9	9	18

こうした単純な数え上げから、「明かりがついていて、人がいるクラスは、6クラスある」という2つの要素（明かりと人）を掛け合わせた条件の下で数え上げるという学習に移行する。統計の学習に対して、十分な学習時間の確保が困難な状況においても、表3のようにまとめる前の言語的な活動の重要性を教師は十分に認識しておく必要がある。

(5) 第5学年の指導

第5学年では、百分率とグラフ（円グラフや帯グラフ）の学習が行われる。第5学年では、これまで主に「何が何個」という数え上げとその整理に重点が置かれていた学習から円グラフや帯グラフを用いることによって、資料間の関係性を見いだしやすくする百分率という考え方と、円グラフや帯グラフの利便性について学習する。例えば、日本から海外への修学旅行者数を行き先別に整理し、行き先別の旅行者数の全体に対する割合を百分率で表し、円グラフや帯グラフなどに表す学習が展開される。

【課題5】　表4は2011年度海外修学旅行者（高校生）の行き先別生徒数を示したものである。行き先別の生徒数の割合を円グラフや帯グラフに表しなさい。

表4　2011年度海外修学旅行者数（単位：人）

アメリカ	オーストラリア	韓国	シンガポール	その他	計（延べ数）
26,576	21,557	20,833	18,977	63,476	151,419

出所：文部科学省初等中等教育局国際教育課「平成23年度高等学校等における国際交流等の状況について」
(http://www.mext.go.jp/component/a_menu/education/detail/__icsFiles/afieldfile/2013/10/09/1323948_02_1.pdf)

(6) 第6学年の指導

第6学年では、平均についての学習が行われる。中間値を表す「平均」として、一般には、相加平均、相乗平均、調和平均などが知られているが、教師は、これら3種類の平均の意味を十分に理解しておく必要がある。そのうえで、小学校算数科として、6年生にいわゆる「相加平均」の指導を行う必要がある。

平均という数学的な考え方に対して陥りやすい誤りは、例えば、国語70点、算数60点、理科80点というテストが返却されたとき、返却された順番に、そのつど平均を求め、新たに返されたテストとそれまでの平均点を足して2で割るという方法である。

(70+60+80)/3=70

(70+60)/2=65　　(65+80)/2=72.5

理科→算数→国語だと、この方法の誤りが表面化しない。

(80+60)/2=70　　(70+70)/2=70

誤答例などをうまく紹介しながら、平均の意味をしっかりと身につけさせたいものである。

そのほか、第6学年では、散らばり、度数分布、起こり得る場合の学習が行われる。これらの学習では、小学1年生の時から築き上げてきた「数え上げる」という考え方を十分に意識した指導が必要である。

【課題6】 並べ方を調べる問題「1、2、3、4の数字が書かれた4枚のカードがあります。このカードから3枚を使って、3けたの整数をつくります。全部で何通りあるでしょう」を用いた授業を具体的に計画し、この授業の最も大切な指導上のポイントについて、グループ等で議論しなさい。

《課題のヒント・ポイント》

　【課題１】　図には大小さまざまな大きさの三角形があり、さらに上下の向きで見ると違った三角形も見えてくる。このような三角形全ての個数をもれなく求めるためには、三角形自体ではなく、三角形を構成している頂点や辺に着目し、三角形の個数を頂点や辺の個数に置き換えて考えることが有効である。ここに関数の考えの働きが見られる。

　【課題２】　第４学年の「変わり方調べ」や第６学年の「比例の利用」の単元等では、具体的な問題解決の過程において関数の考えが有効に用いられる機会がある。一方で、関数の考えは、他のさまざまな場面でも有効に活用することのできる重要なアイディアを含んでいるので、計算の構成や図形の性質の探求等、他領域の学習指導においてもその活用を考える必要がある。

　【課題３】　小学校学習指導要領算数には各学年において、指導のための目標や内容、用いる用語・記号が記載されている。それらの記載と教科書を照合し、どの学年のどの単元で、どのような記号や式が扱われるか調べるとよい。その際、複数の出版社の教科書を調べ、比較することが望ましい。

　【課題４】　伴って変わる２変量を捉えることができる日常的な事象としては、教科書に掲載されているものを参考とするほか、実生活で常に探し出すように心がけるとよい。日常的な事象から記号化・式化する際には、表から規則性を見つけ出すことも多いものの、事象から直接的に記号化・式化することもできる。例えば153ページの図7で表されるマッチ棒の数などは、事象から直接にマッチ棒の増え方のパターンをいくつか見つけることができる。

　【課題５】　円グラフや帯グラフに整理する学習では、行き先別の修学旅行生の数を、百分率を用いた割合で示し直す意味をしっかりと捉えさせたい。表4のような表が持つよさと、円グラフや帯グラフという数学的表現の持つよさをそれぞれに明らかにすることが重要である。

　【課題６】　この問題は、通常、樹形図という数学的表現の導入問題として用いられる。ここでは、樹形図という方法だけを教えるのではなく、私たちの祖先が、この問題を考える際に見いだした樹形図に表すという考え方のよさを十分に感得させる必要がある。

引用・参考文献

算数科教育学研究会編『新編算数科教育研究』学芸図書、2006年

杉山吉茂『初等科数学科教育学序説——杉山吉茂講義筆記』東洋館出版社、2008年

文部科学省『小学校学習指導要領解説 算数編』東洋館出版社、2008年

文部省『小学校算数指導資料 関数の考えの指導』東京書籍、1973年

第3部

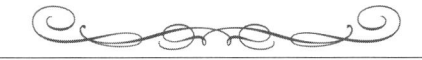

数学科教育の理論と実際

第9章

数学的活動と課題学習

第1節 数学的活動の数学的考察

1. 数学的活動とそのモデル

「数学的活動」(Mathematical Activity)を数学教育に取り入れたのはハンス・フロイデンタール（Hans Freudenthal 1905～1990）である。数学といった場合、通常は完成した理論体系を意味する。これに対してフロイデンタールは、数学を人間の活動であると見なす。彼は、数学的活動の本質は「数学化」(mathematizing)であるという。数学化には2つの側面があり、1つは現実の数学化、そしてもう1つは数学自身の数学化である。また「数学の数学化」には、さらに2つの側面がある。1つは、数学の命題の集合の論理的なつながりを再組織化すること、もう1つは、理論をより一般化することである。こうした2種類の数学化は、数学的活動を理想化・簡単化し、その本質的側面を示すモデルである。

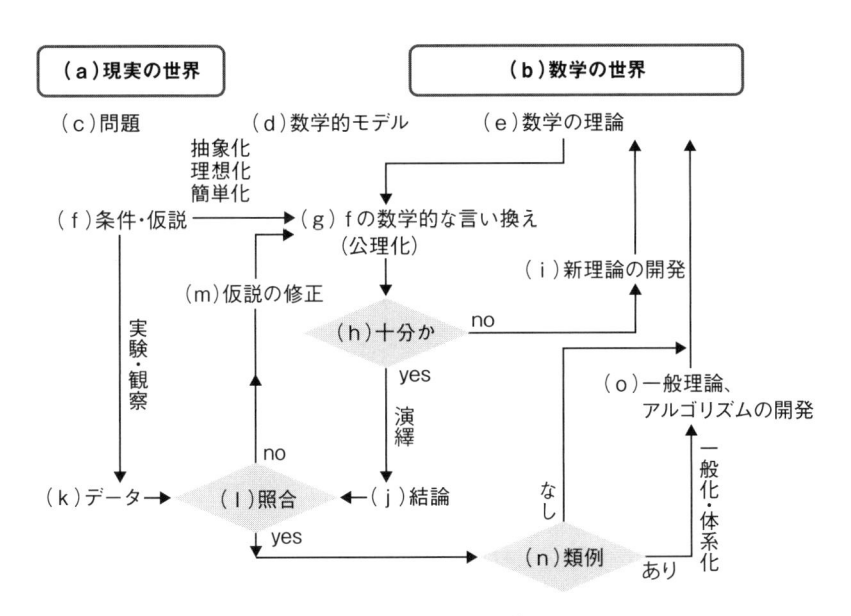

```
┌─(a)現実の世界─┐         ┌──(b)数学の世界──┐
 (c)問題     (d)数学的モデル   (e)数学の理論
         抽象化
         理想化
         簡単化
 (f)条件・仮説 ─→ (g)fの数学的な言い換え
                (公理化)
                              (i)新理論の開発
           (m)仮説の修正
                    ↓
                 (h)十分か ──no──→
   実験                            (o)一般理論、
   ・                    yes        アルゴリズムの開発
   観察                   演繹
                                  一
                                  般
                    no            化
                                  ・
 (k)データ→(l)照合←(j)結論  なし   体
            ↓                     系
            yes     (n)類例       化
                    あり →
```

図1　数学的活動のモデル

出所：[島田 1995：15] を基に作成

　島田茂は、数学的活動のさらに洗練されたモデルを図1のような模式図で示している。このモデルは、数学的活動を現実の世界と数学の世界の相互関係で捉え、現実の世界の問題において、解決のための必要かつ十分な条件を検討し、適当な条件や仮説を設定し、理想化・抽象化・簡単化して、問題を数学的に定式化・公理化する。この過程は、前記の「現実の数学化」に対応する。その後、数学の世界の中で無定義用語と公理を出発点とする演繹論理により、数学的結論が得られる。結論を実験や観察等で得られたデータと照合し、当初の問題の解決として受け入れる際には、類例を考えつつ、問題解決で用いたアイデアや解法を一般化・体系化する。この活動は、前記の「数学の数学化」の一つの側面である。また、数学の世界は内部の統一を求めて「現実の世界」となる場合が「数学の数学化」のもう一つの側面である。

第9章　数学的活動と課題学習　165

2. モデルの視点から見た数学的活動

　数学的活動の重要な側面として「数学化」を挙げたが、ヤン・デ・ランゲ (Jan de Lange) は、「数学化」を「概念的数学化」(Conceptual Mathematization) と「応用的数学化」(Applied Mathematization) の2つに区別する。概念的数学化は、現実の意味ある場面を通して数学的理論を開発するもので、応用的数学化は、現実世界の問題に既知の数学理論を応用するものである［Lange 1987］。この2つの数学化は、モデルの視点から特徴づけられる。数学的活動において、「モデル」という用語は2つの意味を持つ。1つは、現実世界の問題に関して設定した条件や仮説を数学の命題に翻訳したものであり、もう1つは、抽象的な理論を一段下の具体的な次元で表現したものである［島田 1995］。「概念的数学化」では、数学理論が現実世界の問題のモデルであり、「応用的数学化」では、現実が数学のモデルとなる。

第2節　数学的活動と課題学習の教育的考察

1. 数学的活動から見た数学教育の類型

　アドリ・トレファース (Adri Treffers) は、教育的観点から「数学化」を「水平的 (horizontal) 数学化」と「垂直的 (vertical) 数学化」に区別し、種々の数学教育論を比較・検討している。「水平的数学化」は、「経験的方法・観察・実験・帰納的推論を通して、問題を厳密な数学的な手段によってアプローチできるように変形すること」を意味する。他方、「垂直的数学化」は、「水平的な数学化に続く数学的処理、問題の解決、解決の一般化、形式化に関連する活動」を意味する［Treffers 1987］。島田のモデルに照らした場合、「水平的数学化」は、現実の世界から数学の世界へ変換する「公理化」の過程、「垂直的数学化」は「数学の世界」内部における一連の過程に対応している。

表1　数学化に基づく数学教育の類型化

	水平的数学化	垂直的数学化
現実的	+	+
構造主義的	−	+
経験主義的	+	−
機械論的	−	−

出所：[Treffers 1987：251] を基に作成

　トレファースは、2種類の数学化を視点として、**表1**のように数学教育論を4つのタイプに分類する。この表で、記号＋(−)は、数学化の成分が強調される（されない）ことを意味する。

　現実的数学教育は、2つの数学化を含んでいる。ここでは、現実の状況は、数学的概念が生まれる源泉であり、かつ応用される領域でもある。構造主義的数学教育は数学教育現代化期に強調されたもので、数学の構造・体系を志向し、数学の理論体系の構築や形式化が数学的活動の主目的となる。現実の場面は、すでに形式化・体系化された理論を応用する際に現れ、理論体系に具体的意味を与えるモデルとして機能する。正反対に、経験主義的数学教育は、経験主義的・生活単元的な数学教育で、水平的数学化を強調するが、数学内部での体系化・構造化を重視しない。機械論的数学教育は、いずれの数学化も強調しない。それは、数的事実や手続きの盲目的な記憶や自動化に注意を払い、個々の断片化されたステップを累積的に習得することに主眼が置かれる。

2．数学的活動に基づく学習課題のタイプ

　アブラム・ストリャール（А. А. Столяр）は、数学的活動のモデルに基づく学習課題の主要なタイプを提言する。ストリャールは、数学的活動のモデルを比較・検討し、学校数学での学習指導に適用可能なものとして、3つの側面から成るモデルを採用する［Столяр, 1987］。それは、「経験的素材の数学化」「数学的題材の論理的組織化」そして「数学的理論の応用」である。このモデルは、「概念的数学化」「垂直的数学化」そして「応用的数学化」に

表2　問題解決論に基づく数学的活動の側面

数学的活動の 基本的側面	問題状況の基本的タイプ			
	目的	既知	未知	結果
経験的素材の 数学化	新しい概念の導入、理論的知識の拡張	数学的記述に該当する経験的素材	経験的素材の記述に必要な数学的言語と道具	新しい数学的知識
数学的素材の 論理的組織化	知識の体系化	数学的素材	数学的素材の論理的組織化やモデル探究の方法	数学的知識の体系
数学的理論の 応用	新しい場面における知識の応用	経験的素材、数学的理論	新しい経験的素材への数学的理論の応用方法	数学的知識の転移

出所：[Столяр, 1987：63] を基に作成

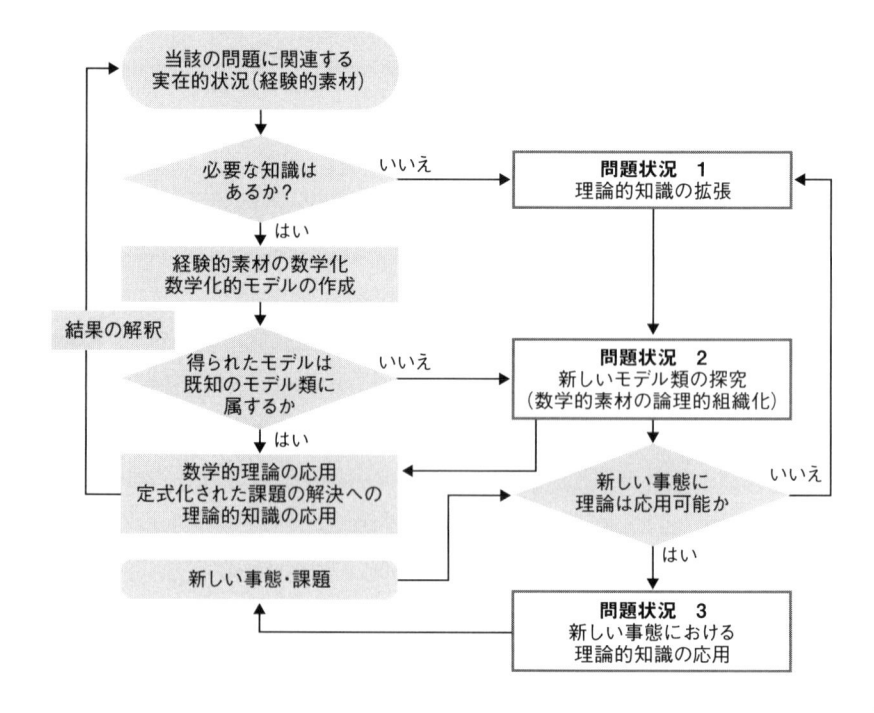

図2　数学的活動の問題解決的学習指導の一般的図式

出所：[Столяр, 1987：62] を基に作成

対応する。さらに、ストリャールは、この数学的活動のモデルを、「学習目的」「既知の事柄と未知の関係」「解決結果」から成るロシアでの問題解決論から特徴づける（**表2**）。

また、問題解決論に基づく数学的活動の学習指導の流れを**図2**のような模式図で示している。これは、島田による模式図を単純化・簡略化し、3つの側面（経験的素材の数学化、数学的素材の論理的組織化、数学的理論の応用）を際立たせ、また模式図における「判断ボックス」を、問題解決論で位置づけていると見ることができる。

3. 学習指導要領における数学的活動と課題学習

2008年改訂の学習指導要領では、基礎的・基本的な知識・技能を確実に身につけるとともに、数学的な思考力・表現力を高めたり、数学を学ぶことの楽しさや意義を実感したりするために、数学的活動をいっそう充実させることとされている。また、生徒の数学的活動への取り組みを促し、思考力・表現力等の育成を図るため、各領域の内容を総合したり日常の事象や他教科等での学習に関連づけたりするなどして見いだした課題を解決する課題学習を指導計画に適切に位置づけている［文部科学省2008］。このように、課題学習は数学的活動の教育的な実現の一形態であると言える。

従来の学習指導要領では、数学的活動の役割は、主として学習指導の手段としてのものであったと考えられる。改訂された学習指導要領では、各学年の内容において数学的活動を具体的に示すようにしている。内容としての数学的活動としては、次の3つの活動を明記し、学年段階により違いを設けて取り組むこととなっている（カッコ内は2〜3学年の活動を表す）。

ア　既習の数学を基にして、数や図形の性質を見いだす（見いだし発展させる）活動。

イ　日常生活（や社会）で数学を利用する活動。

ウ　数学的な表現を用いて、自分なりに（根拠を明らかにし筋道を立てて）説明し伝え合う活動。

学習指導要領における数学的活動を、第1節で説明した数学的活動のモデルや第2節で取り上げた数学教育論と比較して、その特徴を3点挙げることができる。

　第1に、第1節の1で述べてきた数学的活動のモデルでは、既習の数学を基にして新しい性質を見いだしたり、発展させたりするような活動それ自体は明示的に取り上げられていない。

　第2に、学習指導要領においては、学年や生徒の発達段階において数学的活動のレベルを設けていることである。第2節の2で検討してきた数学の学習指導における数学的活動では、このような発達的側面は加味されてはいなかった。ただし、小学校の算数科や高等学校数学科では、発達段階は明確に考慮されておらず、中学校での特色と言える。

　第3に、言語の充実との関わりで、数学の言語としての側面が強調されている。これまで取り上げてきた数学的活動のモデルや学習指導への具体化においては、言語的な側面は明確には含まれていない。さらに、各領域の内容を総合したり数学外の学習に関連づけたりして見いだした課題を解決することも、従来の数学的活動では明示的ではない。

引用・参考文献

島田茂編著『算数・数学科のオープンエンドアプローチ〔新訂版〕』東洋館出版社、1995年

文部科学省『中学校学習指導要領解説　数学編』教育出版、2008年

Freudenthal, H. *Mathematics as an educational task*. D. Reidel, 1973

Lange, J. de. *Mathematics insight and meaning*. Rijkuniversiteit, 1987

Столяр, А. А. *Педагогика математики*. Вышэйш. Школа, 1987

Treffers, A. *Three dimensions: A model of goal and theory description in mathematics instruction*. D. Reidel. 1987

第10章 数と式

第1節 数とその拡張

1. 数の拡張と正負の数

(1) 演算について閉じている集合と数の拡張

　自然数の集合は、加法と乗法について閉じている。「集合Aがある演算について閉じている」とは、集合Aの任意の要素に、その演算を施した結果が、必ず集合Aの要素になることを指す。例えば2−3の結果も2÷3の結果も自然数では表せないから、自然数は減法と除法について閉じていない。減法や除法について閉じるようにするために、言い換えれば減法や除法がいつでもできるようにするために、自然数を拡張することを考える。

　減法について閉じるようにするためには、自然数を我々がすでに知っている整数の集合に拡張すればよい。除法について閉じるようにするために

は正の有理数に拡張すればよい。

　ストリャール（А.А.Столяр 1919〜1993）は、ある数の集合Aが数の集合Bへと拡張する際は、次のa）からd）の4つを満たさなければならないとしている［ストリャール1976］。

「a）　AはBの真部分集合である（A⊂B）。
　b）　集合Aで実行可能なすべての演算は、集合Bでも定義される。そのさい、Bで定義した演算をAの元にほどこすと、Aに導入されている規則に従って演算をほどこした場合と同じ結果がえられる。なお、Aで成り立っている演算の性質は、Bでも成り立つ。
　c）　集合Bでは、集合Aで実行不可能な演算が実行可能になる。（中略）
　d）　拡大集合Bは、条件a）〜c）をみたす集合Aのあらゆる拡大集合のうちで、《最小》のものでなければならない。（後略）」

（2）負の数の導入と演算

　小学校算数科では、数としてまず自然数と0を学習する。小学校では、自然数と0を合わせて整数と呼ぶ。その後、負でない分数や小数まで学習する。中学校に入り、負の数を学習することによって四則演算がいつでもできるようになり、数は有理数体へと拡張される。

　「新しい数」を導入したら、「今までの数」ができた大小比較はどうするか、四則演算はどうするか、を考えるようにさせたい。このとき、数のモデルとしての数直線に表示して、これまでと同じ数であることや拡張された意味などの理解に役立てたい。

　【課題1】　正負の数の加法・減法を考えさせるとき、教科書等ではどのように扱っているか、いくつかの教科書等を調べなさい。またそれぞれの長所・短所について考えなさい。

　続いて、負の数を含む乗法を考えてみる。乗数が正の数のときは、同数累加として捉えることができるため、生徒にとっての抵抗は少ない。ここでは、乗数が負の数の場合を考えてみよう。すなわち、正の数の乗法で成り立っていた性質、具体的には「乗数が1小さくなれば積は被乗数だけ小

さくなること」が拡張した後も成り立つように、負の数を含む乗法をつくっていく。この立場で、九九表の2の段について乗数を負の数まで広げると図1のようになる。

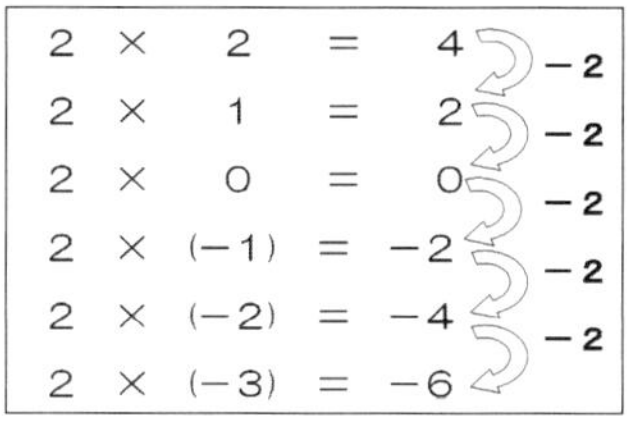

```
2 ×  2   =  4  ⎫-2
2 ×  1   =  2  ⎬-2
2 ×  0   =  0  ⎬-2
2 × (-1) = -2  ⎬-2
2 × (-2) = -4  ⎬-2
2 × (-3) = -6
```
図1

では、負の数を掛けるとはどのような意味だろうか。小学校では乗法を数直線上の操作として意味づけている。それをもとに、2×(-3)を例にして負の数を掛けることの意味を考えると、2を1と見たとき-3に当たる大きさを求める演算が2×(-3)で、その積が-6になることは図2のように説明できる。

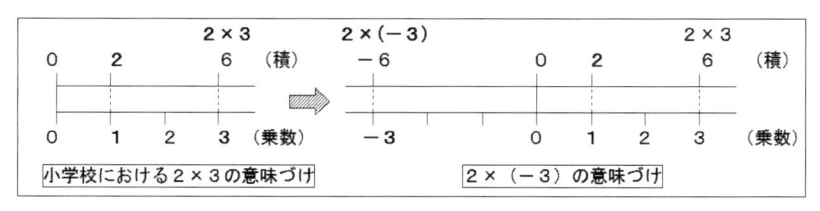

図2

正負の数の演算を考えたら、生徒にそのよさが分かるようにしたい。では、どのようなよさがあるだろうか。一例として、下のような2点AB間の距離を、正の数のみの演算で求めた場合と、負の数を含めた数の演算で求めた場合とを比較しながら考えてみよう。正の数のみの演算で処理しようとすると、場合分けが必要であるが、負の数の演算を導入すれば、いつでもA-Bで形式的に2点間の距離が求められる（図3）。

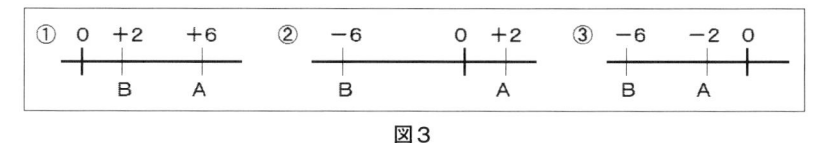

図3

2. 実数への拡張

分数で表すことができる数を有理数、分数で表すことができない数を無理数という。有理数は有限小数、または循環小数としても表すことができ

る。無理数は、循環しない無限小数として表すことができる。有理数と無理数を合わせて実数という。

（1）有理数でない数の存在

$\sqrt{2}$ が有理数でないことは、次のような2つの方法で証明することができる。1つめは、背理法を用いて代数的に証明する方法、2つめはユークリッドの互除法を用いて幾何的に証明する方法である。

ユークリッドの互除法を用いる方法では、正方形の一辺の長さと対角線の長さの最大公約量を求める操作を無限に繰り返しても決定できないことをもって、公約量がないこと、つまり一辺と対角線の長さの比を自然数で表すことができないことから、有理数でないことを証明している。

有理数を、英語でrational numberという。一方、無理数はirrational numberという。irは否定を表す接頭語であるので、比（ratio）で表すことができない数と読むことができる。

（2）切断による実数の構成

デデキント（J. W. R. Dedekind 1831～1916）は、有理数の切断により実数を構成した。有理数の切断とはどのようなものだろうか。

> 全ての有理数の集合を R とする。R を次の 2 つの条件①②を満たすように、2つの部分集合 A_1、A_2 に分割することを、有理数の切断という。
> ① $A_1 \cup A_2 = R$, $A_1 \cap A_2 = \varphi$, $A_1 \neq \varphi$, $A_2 \neq \varphi$
> ② $a_1 \in A_1$, $a_2 \in A_2$ ⇒ $a_1 < a_2$

$\sqrt{2}$ を切断によって構成してみよう。

$B_1 = \{x \mid x \leq 0,\ x は有理数,\ または x^2 < 2,\ x は正の有理数\}$

$B_2 = \{x \mid x^2 > 2,\ x は正の有理数\}$

として有理数の切断を考えよう。

もし $x^2 = 2$ となる正の有理数があるとすると、その数自身を B_1 に含めておけば、全ての有理数が B_1 と B_2 のどちらかに分割されたことになり、その数自身が分割の境界点となる。しかし、$x^2 = 2$ となる正の有理数は存在し

ない。

　実際、全ての有理数は B_1 と B_2 のどちらかに含まれていて、B_1 の中に最大数がなく、かつ B_2 の中に最小数もない。境界は隙になっている。2乗して2になる正の数 $\sqrt{2}$ はその境界にあり、B_1, B_2 のどちらにも含まれない。この切断 (B_1, B_2) が有理数でない数 $\sqrt{2}$ を表す。

　これがデデキントの切断の考えに基づいた $\sqrt{2}$ の構成である。

(3) 実数の稠密性と連続性

　有理数は稠密であった。実数も稠密である。では、実数は有理数と比べてどのような特徴の違いがあるのだろうか。連続性に着目してみよう。

　実数の連続性：実数の切断 (A_1, A_2) については、次のうちどちらか1つが必ず起こる。

① A_1 に最大数があり、A_2 に最小数がない。
② A_1 に最大数がなく、A_2 に最小数がある。

　つまり実数の切断では、隙がない。言い換えれば、境界を表す数が必ず存在する。これをもって（デデキントの意味での）連続という。

(4) 代数的数と超越数

　一般的に、整係数の代数方程式 $a_n x^n + a_{n-1} x^{n-1} + \ldots + a_1 x + a_0 = 0$ （$a_n \neq 0$）の解となる数を「代数的数」という。$\sqrt{3}$ や $\sqrt{2} + \sqrt{3}$ も、代数的数である。

　有理数全体の集合は、代数的数の全体集合の真部分集合である。代数的数の全体集合は可付番であり、実数全体の集合は非可付番（このことは、「対角線論法」と呼ばれる背理法によって証明できる）である。つまり実数の中には、代数的数でない数が多数存在している。「代数的数」でない実数を「超越数」という。

　超越数の例として、円周率 π や自然対数の底 e がある。π は1882年にドイツのリンデマン（F. v. Lindeman 1852〜1939）により、自然対数の底 e は1873年にフランスのエルミート（Ch. Hermite 1822〜1901）により、それぞれ超越数であることが証明された。

(5) 実数への拡張をどう図るか

　加減乗除について閉じている数の集合、つまり有理数を作ることができたということは、四則演算の可能性という点からは、これ以上新しい数が必要ないことを意味している。では、どのような点からさらなる数の拡張が考えられるのだろうか。

　有理数が四則について閉じているということは、すなわち1次方程式がいつでも解けるということでもある。だとすると、2次方程式はいつでも解けるのかが気にかかる。そこで、$x^2=2$ や $x^2=3$ を考えると、そのような有理数xは存在せず、2乗して2や3になる新しい数を考えることが課題となる。

　実際の学習指導では、2乗して2になる数の存在を確かめるため、図のように一辺が1の方眼を使って面積が2の正方形を作らせ、その一辺の長さを考えさせる。この長さが分数で表せないことから新しい数を作る必要性を理解させ、平方根 $\sqrt{2}$ を教えるようにしたい。

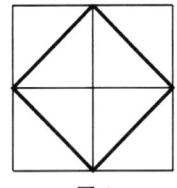

図4

【**課題2**】　有理数の集合に $\sqrt{2}$ を要素として加えた集合は、四則演算について閉じていないことを示しなさい。また、閉じるようにするためには、どのような数を要素として加えればよいか考えなさい。

　平方根を含む数の加法について学習する際、$\sqrt{2}+\sqrt{3}=\sqrt{5}$ のように、$\sqrt{a}+\sqrt{b}=\sqrt{a+b}$ と考える生徒がいる。これは、生徒にとっての根号の付いた数の理解の難しさを表している。

　図5のようにすると、数直線に $0, \sqrt{1}, \sqrt{2}, \sqrt{3}, \sqrt{4}, \sqrt{5}$ の目盛りを打つことができる。実際に大きめの図を正確に描いてみて、目盛りの間隔を比べてみると、等間隔で並んでいないことが分かる。近似値を用いて差をとり、確かめてみるのもよい。

　さらに、$\sqrt{2}+\sqrt{3}$ の長さを作って、$\sqrt{2}+\sqrt{3}$

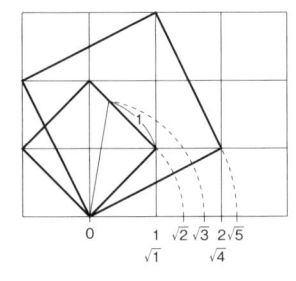

図5

の目盛りを振ろう。これにより、$\sqrt{2}+\sqrt{3}\neq\sqrt{5}$ であることも分かる。値が一致しないという事実にとどまらず、なぜ一致しないかを考えてみる。もし $\sqrt{a}+\sqrt{b}=\sqrt{a+b}$ となるのだとしたら、少なくとも 0、$\sqrt{1}$、$\sqrt{2}$、$\sqrt{3}$、$\sqrt{4}$、$\sqrt{5}$ の目盛りはどのように並んでいなければならないだろうか。これにより、$\sqrt{a}+\sqrt{b}=\sqrt{a+b}$ とならない理由も分かるだろう。

　数直線に $\sqrt{2}+\sqrt{3}$ の目盛りを振ることを通して、$\sqrt{2}+\sqrt{3}$ が一つの数を表していることの理解の一助としたい。$\sqrt{2}+\sqrt{3}$ が $\sqrt{5}$ でないことは認めても、$\sqrt{Q}$（Q：有理数）のように表せるのではないかと考える生徒もいる。このように表せないことは背理法で証明できる。自身でやってみてほしい。

3．複素数への拡張

(1) 2乗して−1になる数を作る

　実数まで拡張を図ってもなお、$x^2=-1$ は解くことができない。これまでの数の常識からすれば、「解がない」と考えることは自然と思われる。しかし先人は、解を表すために、2乗すると−1になる数を作り出した。その数を「i」と表し、虚数単位と呼ぶ。ではなぜ、「i」と表すのだろうか。

　2乗して−1となる数の1つを $\sqrt{-1}$ と表現したとすると、何か不都合があるだろうか。根号を含む乗法の計算の決まりにのっとれば、$\sqrt{-1}\times\sqrt{-1}=\sqrt{(-1)\times(-1)}=\sqrt{+1}=1$ となり、初めの定義に矛盾してしまう。ここにその数を「i」で表したことの工夫がある。

(2) 複素数

　2つの実数 a、b と虚数単位 i を用いて a+bi と表される数を複素数という。複素数は、有理数や実数と同様に四則について閉じていて、結合・分配・交換法則が成り立つ。一方で複素数の集合は、順序集合であるが大小関係が定義できない。数直線に表すこともできない。複素数は、有理数や実数でこれまで成り立ってきたことの一部を捨てて拡張した数であると言える。

　では、なぜ複素数には大小関係が定義できないのか考えてみよう。仮に、

実部の大小で複素数の大小を決めたとしよう。そのときどんな不都合が起こるだろうか。上のようにして大小を決め、2つの不等式ア）イ）を作る。

　　ア）2+5i<4+3i　　　イ）2−5i<4−3i

　2つの不等式のそれぞれの両辺に i>0 を掛けたときの不等号の向きがどうなるか、調べてみよう。ア）の不等式では、不等号の向きは変わらないが、イ）の不等式では、不等号の向きが変わってしまう。これでは、大小関係を決めたとしてもそれを用いて仕事ができないのである。

（3）複素数のモデル

　実数は直線に対応させることができた。四則演算を数直線上の操作と対応させることができた。ガウス（C. F. Gauss 1777〜1855）は複素数を平面に対応させることを考えた。これが複素平面である。

　【課題3】複素数を平面上の点に対応させたとき、加減乗除の四則演算は、その平面上でのどのような操作に対応させられるのだろうか。

　【課題4】上の課題を基にして、(−1)×(−1)=(+1) を示しなさい。

第2節　文字式とその利用

1. 文字式の指導における基本的な態度

　文字式を言語として捉えた場合、文字式以上に、世界各国の人々とコミュニケーションを図れる言語はない。文字式が、共通性のある表記を持ち、そして論理的な数学的処理を行うことができるという特徴を持っているからである。だが、こうした表記や性質は、一朝一夕に形成されたものではなく、極めて長い年月をかけて醸成されてきた結晶である。

　ドイツの数学史家ネッセルマン（G. H. F. Nesselmann 1811〜1881）は、長い年月にわたる代数学の発展を「言語的代数」「省略的代数」「記号的代数」という3つの段階として捉えることができると指摘した。「言語的代数」の

段階とは、記号がなく、計算の過程を全て言葉で述べている段階であり、「省略的代数」の段階とは、繰り返して用いられる概念や演算に対して省略記号を用いながら、過程を言葉で述べている段階である。3世紀頃に活躍したディオファントス (Diophantus) の代数学は、「省略的代数」の段階に位置づくとされる。一方、ヴィエタ (F. Vieta 1540～1603) の代数学は、全ての式や演算が記号で表現され、「記号的代数」の段階に位置づけられるという。ネッセルマンによる3つの分類によって、文字式がどのくらいの年月をかけ、どのような変遷を経て生まれてきたのかを概略的に把握することができるであろう。

　生徒は、長い年月をかけて生み出されてきた文字式を極めて短時間で学習することになる。そのため、文字式の理解にとっての困難点を把握し、その困難点の解消に向けての指導を行う必要がある。ただしその際、文字式に触れる多くの機会を、比較的長い期間にわたって設定し、丁寧にそして辛抱強く指導していくという指導者側の態度が重要となる。

2. 文字式の価値

　文字式には、さまざまな価値がある。生徒には、以下に示す文字式の価値を認識させながら、指導を行っていくことが重要である。

（1）文字式は数量やその関係を簡潔・明瞭に表現することができる

　台形の面積の求め方を言葉で表すと、「上底の長さに下底の長さを加え、その和に高さを掛け、その結果を2で割る」と表現されることになる。一方、文字式では、$S=\frac{(a+b)h}{2}$ と表現できる。この表現を見ても、文字式が持つ簡潔性という価値が実感できる。また、三角形の面積を先の文字を用いて表現すると、$S'=\frac{bh}{2}$ となるが、これら2つの文字式を並べてみると、台形の面積において、上底 (a) を0にすれば、三角形の面積が得られることが見えてくる。さらに、S を $\frac{(a+b)}{2}$ と h との乗法と見れば、S は、上底と下底の長さの平均に当たる「中間の線」を持ち、幅 h となる図形の面積

を表していると見ることもできる。文字式が持つ明瞭性という価値が、数量の関係を関連づけたり、対象を広げたりすることを可能にしている。

(2) 文字式は数量の関係を統合するのに貢献することができる

ブレーキをかけ始めたときの速度を表す制動初速度と、ブレーキをかけて、利き始めてから止まるまでに進む距離を表す制動距離との関係は、

(制動距離) = $\dfrac{1}{2 \times (重力加速度) \times (平均摩擦係数)} \times (制動初速度)^2$

として表現できる。また、球の表面積と半径との関係は、

球の表面積 = $4 \times (円周率) \times (半径)^2$

と表現できる。一方、図6に示す図形では、段数が増加すると最小の三角形の個数も増加していくが、それらの関係は、

三角形の個数 = $(段数)^2$

と表現できる。

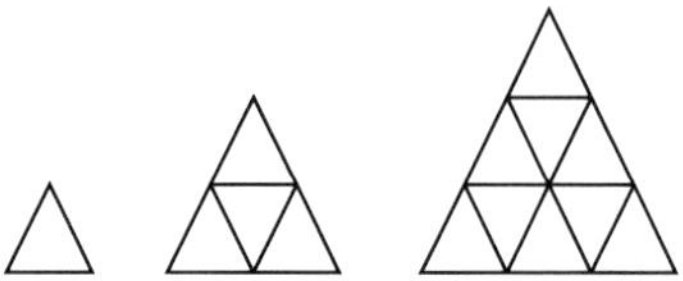

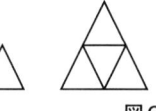

図6

3つの事象は、全く異なる。だが、上記の関係式を文字式で表現してみると、どれも $y = a \times x^2$（aは定数）と表現できる。文字式を用いることによって、事象の構造が明確にされるとともに、数量の関係を統合することができるようになるのである。

(3) 文字式は思考の量を軽減することができる

「1個80円のりんごと1個60円のみかんを合わせて9個買った。代金は、600円であった。りんごとみかんを何個ずつ買ったか」という問題を例に上記の価値を考察する。文字式を用いずに考えていく場合、りんごを9個買ったと仮定して代金を求め、その後、りんごの個数を減少させながら、代金が600円になるところを探すことになる。リンゴが1個減少するごとに、20円ずつ減少することになるので、720と600の差である120を20で割って6を求め、9から6を引き、りんごの個数である3個を求める。一方、文字式を用いる場合、りんごの個数をxとすると、80x+60(9−x)=600

という方程式が得られるので、その後は、xを求めるための数学的処理を施し、x=3を得る。文字式に表すことによって、数学の世界の中で成り立つ性質を用いることができ、思考の量を軽減することができるのである。

（4）文字式は事象の解明に貢献することができる

①一の位の数字と百の位の数字が異なる3桁の数字を思い浮かべよ。
②思い浮かべた数字の順序を逆にした数字を考えよ。
③2つの数に対して、大きい数字から小さい数字を引きなさい。また、計算した数字の順序を逆にした数字を考え、これら2つの数字を足しなさい。
④その数字は、1089である。

上記を読むと、「いつでも1089になるのか」「1089になるならば、それはなぜか」という疑問が生じる。この疑問を解明する際、文字式が威力を発揮する。

一の位の数字と百の位の数字が異なる3桁の数字を$100x+10y+z$（x、y、zは自然数）とすると、数字の順序を逆にした数字は、$100z+10y+x$と表される。2つの数の差は$100(x-z)+(z-x)$となるが、x>zと考えた際、z-xは負になるので、それを解消するために、$100(x-z-1)+90+(10+z-x)$と表現する。

この数に対して、数字を逆にした数字は、$100(10+z-x)+90+(x-z-1)$となるので、2つの数字を足した数字は、$900+180+9=1089$であると導き出される。

文字式を用いることによって、一般的な表現や数学的処理が可能となり、事象に見いだされる疑問の解明に貢献することができたのである。

3. 児童生徒の文字式の理解

文字式の理解においては、文字a、xなどの理解が最も基盤となる。それゆえ、文字a、xなどに対する児童生徒の認識を把握しておくことが必

要である。文字a、xは、「一般的な数」「未知数」「変数」という意味で用いられている。だが、この意味は、いわば教師の解釈であり、児童生徒の解釈とは必ずしも一致しない。例えば、a を apple の省略文字と考え、文字を数ではなく、「物」の意味で捉えている児童生徒がいることが報告されている［藤井 2011］。また、変数概念の 2 つの側面である「特定性」と「不特定性」という視点から見たとき、文字の理解のレベルは、児童・生徒によって全く異なることが明らかにされてきた。例えば、藤井斉亮は、インタビュー調査を基に、児童生徒には、文字の異同を考慮せずに、文字には任意の数が当てはまると考えたり、（一つの式、あるいは一つの文脈の下では）違う文字は違う数を表すと考えたりする実態があることを指摘した。そして、「文字には任意の数が当てはまる」（不特定性）と考えるレベルから、「同じ文字は同じ数を表す」（特定性）と考えるレベルへの移行は比較的容易であるが、そのレベルから、「違う文字であっても同じ数を表すことがある」（特定性と不特定性の共存）と考えるレベルへの移行は困難であることを明らかにしている［藤井 1992］。

「同じ文字は、同じ数を表す」という規約や「違う文字であっても、同じ数を表すことがある」という規約を理解していないと、数学のさまざまな学習において支障が出てくる。例えば、文字式を用いた論証において、「奇数と奇数の和は偶数である」という命題を証明する際、2 つの奇数を「2n+1」のように 1 つの文字だけで置くのではなく、「2n+1」と「2m+1」のように 2 つの文字を置いて考察しなければ、妥当な証明にはならないことを理解できないのである。教師が当たり前と考えていることが、児童生徒にとって、当たり前であるとは限らない。児童生徒の立場に立ち、それらの隔たりを明確にするとともに、文字式の指導におけるキーポイントを特定することが重要である。

4. 問題解決における文字式の利用

文字式の学習では、文字式の理解を深めるとともに、文字式をコミュニ

ケーションや問題解決の道具として利用することができるように授業が行われることが望ましい。では、問題解決において文字式を利用するとは、どのような過程を踏むことであるのか。以下の問題を用いて考えてみよう。

ルール
① 1段目に好きな1桁の数を書く。
② 2段目の数を5にする。
③ 1段目と2段目の数の和を求めて、その一の位の数を3段目に書く。
④ 2段目と3段目の数の和を求めて、その一の位の数を4段目に書く。
⑤ ③、④の手順と同様に、17段目まで繰り返し計算する。

1段目	1	2	3
2段目	5	5	5
3段目	6	7	8
4段目	1	2	3
5段目	7	9	1
6段目	8	1	4
7段目	5	0	5
…	…	…	…

問 17段目の数は何か。

ルールに基づいて、17段目の数を求めると5になる。これは、1段目の数をどのような数に変えても変わらない。この事柄から、1段目の数は、17段目の数に影響しないのではないかという仮説が得られる。

次に、2段目の数をさまざまに変えた場合、17段目の数がいくつになるかを求める（表1）。

表を観察すると、2段目の数を7倍した数の一の位の数が、17段目の数になっていることを発見する。では、7という数値はどこから来たのか。この新しい問いに答えるとともに、現象の背後にあるしくみを解明するために、1段目、2段目の数を文字で表し、文字式の処理や変形を行う。具体的には、1段目の数をa、2段目の数をbとすると、17段目の数として、610a+987b が得られることになる。では、610a+987b は何を意味しているのか。ここで、文字式を読む活動が行われる。610a は、1段目の数 a がどのような数であっても、0を掛けていることになるので、17段目には影

表1

2段目の数	0	1	2	3	4	5	6	7	8	9
17段目の数	0	7	4	1	8	5	2	9	6	3

響しないことを意味している。また、987bの7bは、2段目の数bを7倍していることを意味しており、「7はどこから来たのか」という数値のルーツに関する疑問に答えてくれている。

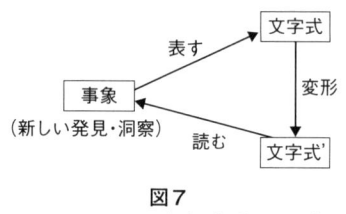

三輪辰郎は、思考の方法としての文字式利用の図式を図7のように表現している。上記の具体例では、図式が示すように、「文字式に表す」「文字式を変形する」「文字式を読む」という活動によって、問題解決が進展し、新しい洞察が得られた。問題によっては、3つの局面を何度もたどることもある。教師は図7を念頭に置き、ときには生徒に図式を意識させながら、問題解決において文字式が有用であることを実感させる授業を行うことが重要である。

図7
出所：[三輪 1996：2]

【課題5】　文字式を利用する価値が実感できる具体例を考えなさい。
【課題6】　文字式に関する生徒のミスコンセプションを調べなさい。

第3節　方程式・不等式の統合的な見方

　代数的に関係を示す式は、相等関係についての条件を表した等式と、大小関係についての条件を表した不等式に分けられる。等式で表現できる数量関係のうち、ある条件下で成り立つ関係を表すものを方程式という。方程式と不等式は、式に含まれる□、△、a、x等の記号を変数と見て、式を関係についての条件と見ることにより、統合的に捉えることができる。この立場から、解の意味や、等式・不等式の性質などについての理解をいっそう深めていくことが大切である。

1．条件命題としての方程式・不等式

　　　ある数xは4で割り切れる。
　上記の文は、それ自体では真であるとも偽であるとも判定できない。し

かし、xを8に置き換えれば真の命題が得られ、xを7に置き換えれば偽の命題が得られる。このように、変数xを含み、xの値を定めると真であるか偽であるかが定まる命題を、条件命題という。条件命題は、xの値が決まると、それに対応する命題の真偽が必然的に決まる関数であると見ることができるため、命題関数とも呼ばれる。

　条件命題が真であるか偽であるかを判定するためには、変数xのとりうる値の集合（全体集合）、すなわちxの変域が大切である。xの変域に含まれる要素のうち、与えられた方程式・不等式を真にするものを方程式・不等式の解といい、解の集合（真理集合）を求めることを、方程式・不等式を解くという。方程式や不等式を解くことは、表された条件が相等関係か大小関係かによる違いはあるが、条件命題が真の命題となるような真理集合を求めるという目的の下で同じと見ることができる。

2. 等式・不等式の性質

　方程式や不等式を解く際、式に含まれる変数のとりうる値の集合から、条件を満たす値を見いだすことが要求される。このとき、いかに能率よく求めることができるかが問題になる。変域に含まれる値を、式に含まれる文字に一つ一つ代入していく方法が考えられるが、能率的とは言えない。

　そこで方程式では、等式の性質を基に、一つの等式をより簡略で同値の関係にある他の等式に変形していくことで解の集合を求めていく。このとき使われる等式の性質は、図8に示す4つである。このうち①と②は、c

① $a=b$ ならば、$a+c=b+c$	① $a>b$ ならば、$a+c>b+c$
② $a=b$ ならば、$a-c=b-c$	② $a>b$ ならば、$a-c>b-c$
③ $a=b$ ならば、$ac=bc$	③ $a>b$, $c>0$ ならば、$ac>bc$
	$a>b$, $c<0$ ならば、$ac<bc$
④ $a=b$ かつ $c\neq 0$ ならば、$\dfrac{a}{c}=\dfrac{b}{c}$	④ $a>b$, $c>0$ ならば、$\dfrac{a}{c}>\dfrac{b}{c}$
	$a>b$, $c<0$ ならば、$\dfrac{a}{c}<\dfrac{b}{c}$

　　　図8　等式の性質　　　　　　　　図9　不等式の性質

が負の場合を含めて考えることによって、また、③と④は逆数の考えを用いることによって、統合的に見ることができる。

不等式についても同様に、大小関係を処理するうえで、図9に示す不等式の性質が基本となる。方程式と不等式の性質の違いは、乗法の場合に、負の数を掛けたときに大小の順序が反対になることである。つまり、大小の順序は、加法の場合は保存されるが、乗法の場合は、必ずしも保存されないことに注意する必要がある。

方程式は中学校で、不等式は高等学校で学習する内容に位置づけられているが、不等式を学習する際に、方程式で成り立つ性質を不等式でも同じように使えないかと対比して考えさせることが大切である。

3. 方程式・不等式の解の表現

方程式の解の表現について、考えてみよう。例えば、二元一次方程式
$$2x+y=6 \cdots\cdots ①$$
において、xとyの変域がそれぞれ実数の場合、解の集合は、
$$\{(x, y) \mid 2x+y=6, x \in \mathbb{R}, y \in \mathbb{R}\}$$
となる。しかしこれでは、この集合の要素がどんな数の組であるか、実感として分からない。そこで、グラフと結び付けると、直線ℓ_1上の点の座標、そのxとyの組として表すことができる（図10）。

一般には、二元の方程式1つでは、解は1つに定まらないが、異なる2つの方程式に共通な解、つまり連立二元一次方程式の解は1組になること

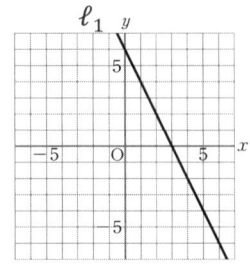

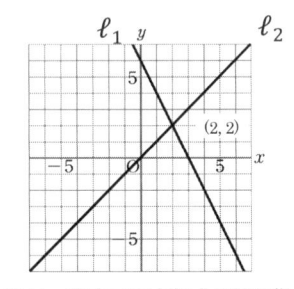

図10　2x+y=6の解の集合　　図11　連立二次方程式の解の集合

がある。例えば、①と、二元一次方程式

$\quad$ −x+y=0 ……②

において、2つの変数 x と y の変域がそれぞれ実数のとき、①②から成る連立二元一次方程式の解となる x と y の組は、ただ1つに定まる。それは、①の方程式の解の集合と、②の方程式の解の集合の共通集合であり、グラフ上では、直線 ℓ_1 と直線 ℓ_2 の交点として表れる（**図11**）。

二元一次不等式

$\quad$ 2x+y>6 ……③

の解の意味は、対応する二元一次方程式 2x+y=6 の解の意味を足場として理解される。不等式 2x+y>6 の解は、x と y の変域がそれぞれ実数ならば、

$\quad$ {(x, y) | 2x+y>6, x∈ℝ, y∈ℝ}

となる。これを成り立たせる x、y の値の組を座標とする点は、2x+y=6 の直線上にない点であることは見当がつくだろう。次に、不等式に含まれる大小関係について考察していくことで、解の集合は、直線 ℓ_1 で分けられた半面上のうち、右上側の点の集合に対応することが分かる（**図12**）。

さらに、③と二元一次不等式

$\quad$ −x+y>0 ……④

に共通な解の集合、すなわち連立二元一次不等式の解の集合は、グラフ上では、2つの半平面の共通部分として表れる（**図13**）。

このように、方程式と不等式を統合して考察する段階を設けることにより、また、グラフと関連づけて考察する段階を設けることにより、理解を

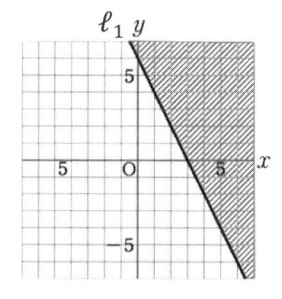

図12 2x+y>6 の解の集合
（ただし、境界線を含まない）

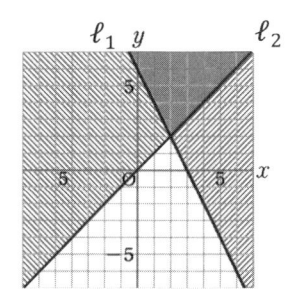

図13 連立二元一次不等式の解の集合
（ただし、境界線を含まない）

第10章　数と式

いっそう深めていくことが大切である。

【課題7】　戦後の学習指導要領における、方程式と不等式に関する指導内容の変遷について、改訂の経緯や内容の取り扱いと併せて分析しよう。

《課題のヒント・ポイント》

【課題1】　紙面の都合上、①②2つの扱い方を取り上げる。

①加法 a+b を「a より b だけ大きい数」と意味づける。b が負の数、例えば (−4) の場合は、「a より (−4) 大きい数」を、「a より 4 小さい数」と解釈し直して考える。減法 a−b を「a より b だけ小さい数」と意味づける。b が負数、例えば (−4) の場合、「a より (−4) 小さい数」を「a より 4 大きい数」と解釈し直して考える。

②東西への移動の場面などを参照しながら、加法を数直線上でベクトルの和として意味づける。減法は、加法の逆演算と意味づける。a−b=x とすれば x+b=a または b+x=a となるような x を求める演算を a−b とする。

生徒が負の数を含む数の加減を考え、作り出そうとしたとき、どのような難しさを含んでいるか、演算の意味理解を深める点からはどうか、加減法を統一的に見られるようにするにはどうか等の点から、それぞれの扱いについて検討してほしい。

【課題2】　加法を考えたとき、$\sqrt{2}$ に 1 を加えた数 $\sqrt{2}+1$ は、$\sqrt{2}$ でもなければ有理数でもない。つまり、$\sqrt{2}$ と 1 を加えた結果を表すには、$\sqrt{2}+1$ という要素を、初めの集合に加える必要がある。$\sqrt{2}+1$ を一つの数と考えられない人がいるかもしれないが、$\sqrt{2}+1$ を数直線に表してみると、一つの点に対応させることができるから、$\sqrt{2}+1$ は一つの数である。$\sqrt{2}$ に $\sqrt{2}$ を加えた数 $2\sqrt{2}$ も、初めの集合には入っていない。このように考えて、閉じるようにするために加えるべき要素を明らかにしよう。

【課題3】　加法については、ベクトルの和を考える。乗法について、まず複素数を極形式表示する（右図参照）。2つの複素数 α、β の絶対値をそれぞれ r、s、偏角をそれぞれ θ、φ とすれば、$\alpha = r(\cos\theta + i\sin\theta)$、$\beta = s(\cos\varphi + i\sin\varphi)$ と表せる。

$\alpha\beta = rs(\cos\theta + i\sin\theta)(\cos\varphi + i\sin\varphi)$

展開した後、三角関数の加法定理を用いれば、αβ=rs{cos(θ+φ)+i sin(θ+φ)}を得る。この式を読むと、複素数の積の絶対値は絶対値の積となり、複素数の積の偏角は、偏角の和となることが分かる。

　【課題4】　課題3から、絶対値が1である複素数どうしの乗法は、回転として捉えられる。−1を極座標表示したとき絶対値は1で偏角の大きさはπである。よって(−1)に(−1)を掛けた結果は、(−1)にπだけ回転を施した結果となることが分かる。(−1)を掛けることに加え、iや(−i)を掛けることが、平面上のどんな操作と対応するかについても考えてみよう。

　【課題5】　知的好奇心を揺さぶる問題として、「誕生日当て」等が挙げられる。誕生日を当てる側は、友達に、次の5つの計算をさせる。

　①生まれた月に生まれた日を足してください。②その数を100倍してください。③②の結果に①の結果を足してください。④生まれた日の数の100倍を引いてください。⑤生まれた月の数を引いてください。

　そして、その数を聞き出す。例えば、数字が609であれば、その友達の誕生日は6月9日となる。ではなぜ、5つの計算によって誕生日が出てくるのか。そのしくみを文字式を用いて探ることが考えられる。

　【課題6】　文字式に関するミスコンセプションとして、例えば、次のものが挙げられる。

　　問　n+(n+1)+(n+2)の計算をしなさい。
　① n+(n+1)+(n+2)=3n+3=6n
　② n+(n+1)+(n+2)=3n+3=3n=3　よって、n=1

　①、②ともに、3n+3を一つの式として捉えることができず、3n+3を計算の途中の式であると捉えてしまうことから生じているミスコンセプションである。①は、フレーズ型を維持してはいるが、計算できない項を無理に計算してしまっている。②は、フレーズ型からセンテンス型に変えてしまっている。

　【課題7】　1969（昭和44）年改訂の中学校学習指導要領では、不等式の性質、不等式の解法、二元一次不等式などを扱っている。中学校で方程式と不等式を学習することで、それらの解の意味、解くことの意味が互いに関連し合っていることを生徒に理解させることをねらいとしていた。その後の改訂で指導内容は揺れ動いているが、解を求める際に根拠としている性質や、方程式と不等式を統合的に考える段階を指導に位置づけることが大切である。

引用・参考文献

阿部浩一・出石隆・大野清四郎・古藤怜・中野昇編『新・中学校数学指導講座2 数』金子書房、1978年

カジョリ（小倉金之助補訳）『復刻版 カジョリ初等数学史』共立出版、1997年

古藤怜「問題の自発的設定とその結果の自己評価——フィボナッチ数列を例として」『上越教育大学研究紀要』第7巻、1988年、pp.1-11

数学教育研究会編『数学教育の理論と実際〔新訂版〕』聖文新社、2010年

杉山吉茂・澤田利夫・橋本吉彦・町田彰一郎編『数学科教育 中学・高校』（講座 教科教育）学文社、1999年

杉山吉茂『中学校数学科教育学序説』東洋館出版社、2009年

ストリャール（宮本敏雄・山崎昇訳）『数学教育学』明治図書出版、1976年

高木貞治『数の概念』岩波書店、1970年

中村幸四郎『数学史——形成の立場から』共立全書、1981年

藤井斉亮「児童・生徒の文字の理解とミスコンセプションに関するインタビュー調査」『日本数学教育学会誌数学教育学論究』第58巻、1992年、pp.3-27

藤井斉亮「『数字の式』から『文字の式』に至る指導——擬変数について」『新しい算数・数学教育の実践をめざして——杉山吉茂先生ご退官記念論文集』東洋館出版社、1999年、pp.153-162

藤井斉亮「文字式」日本数学教育学会編『数学教育研究ハンドブック』東洋館出版社、2011年、pp.83-94

三輪辰郎「文字式の指導序説」『筑波数学教育研究』第15号、1996年、pp.1-14

文部省『小学校指導書 算数編』大日本図書、1969年

文部省『中学校指導書 数学編』明治図書出版、1970年

ユークリッド（中村幸四郎・寺阪英孝・伊東俊太郎・池田恵美 訳・解説）『ユークリッド原論〔縮刷版〕』共立出版、1996年

吉田稔・飯島忠編集代表『話題源数学——心を揺する楽しい授業（上）』東京法令出版、1989年

第11章 図形

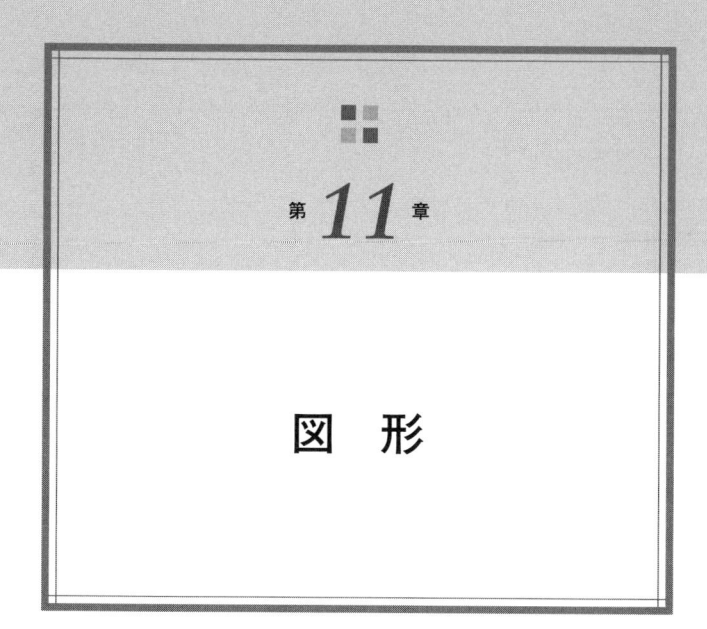

第1節 作図と論証

1. ユークリッドの『原論』

作図と論証の歴史は古く、紀元前3世紀頃に作成されたユークリッドの『原論』［中村ら1996］にその原型が見られる。『原論』では、冒頭で定義が述べられ、次に、証明なしで正しいと認める事柄が、公準と公理に分けて示されている。例えば、公準として以下のものが挙げられている。

1. 任意の点から任意の点へ直線を引くこと。
3. および任意の点と距離（半径）とをもって円を描くこと。
5. および1直線が2直線に交わり同じ側の内角の和を2直角より小さくするならば、この2直線は限りなく延長されると2直角より小さい角のある側において交わること［中村ら1996：2］。

『原論』では、これらの定義、公準、公理に基づいて、図形のさまざまな性質を演繹的かつ厳密に導いたり、それらの性質を体系化したりするなど、幾何学の理論構築が行われている。このように数学の研究を進めたり研究成果を表したりすることは、その後の数学の研究のみならず、他の学問にも多大な影響を与えた。

　また、第5公準が他の公準に比べて自明でないことから、他の公準からそれを導くことができないか、その独立性が長く検討されてきた。19世紀には、ロバチェフスキー（Nikolai Ivanovich Lobachevsky 1792〜1856）、ボヤイ（János Bolyai 1802〜1860）、ガウス（Carolus Fridericus Gauss 1777〜1855）が、第5公準を否定した非ユークリッド幾何学を創始し、第5公準が独立であることも続いて示された。この頃から、公理を自明な真理としてではなく、ある意味で約束事として考えるようになった。数学において真理を相対的に捉えた上で、定めた公理に基づいて数学の理論を構築していく傾向が生まれたのである。

　さらに、三大作図問題（円積問題、立方体の倍積問題、角の3等分問題）も長く関心が持たれてきたものである。これらは代数学の発展を通じて、19世紀に否定的に解決され、いずれも不可能であることが証明された。

2．作　図

（1）作図とは

　学校数学において作図とは、定規とコンパスを有限回だけ用いて図形を構成することを指す。ここで、定規は2点を通る直線を引く道具として、コンパスは円を描いたり長さを写し取ったりする道具として、それぞれ用いられる。前述の『原論』における公準との対応を考えれば、定規の用い方は公準1に該当し、コンパスの用い方の一部が公準3に対応している。

　学校数学では、基本的な作図として、線分の垂直2等分線、角の2等分線、垂線の作図が学習され、平行線の作図や角の作図が扱われる場合もあ

る。また、作図の妥当性を三角形の合同条件に基づいてより深く検討したり、作図をさまざまな場面で活用したりすることも行われる。

（2）作図の学習指導に当たって

基本的な作図の学習指導に当たっては、次の３点を充実させることが大切である。

第１は、手順に沿って作図するだけでなく、なぜその手順で作図することができるのか、その理由を生徒が説明することである。作図の妥当性を説明する活動は、その後の論証指導にもつながるため重要である。例えば、角の２等分線を図１のように作図したとき、その作図の妥当性を保証するものとして、たこ形の性質「対角線の１つは頂角を２等分する」が挙げられる。生徒がこうした図形の性質を根拠として作図の妥当性を説明する機会を、教師が意図的に設定することが考えられる。その際、作図の手順を振り返って意識化することは、たこ形を構成した際の根拠としてそれを用いることにつながるため大切である［岡崎・岩崎 2003］。

第２は、作図の手順を教師から一方的に与えるのではなく、生徒がそれを自ら見いだすことである。ここでも、生徒が既習の図形の性質に基づいて作図の見通しを立てられるようにすることが大切である。例えば、直線 ℓ 上にない点Ｐから直線 ℓ に垂線を引く場面を考える。このとき、たこ形の別の性質「対角線が互いに直交する」に基づき、点Ｐを頂点とするたこ形で、直線 ℓ 上に対角線の１つが位置するものを構成すればよいという見通しを持てるようにすることが重要である（図２）。

第３は、基本的な作図のそれぞれを別々に捉えるのではなく、それらを

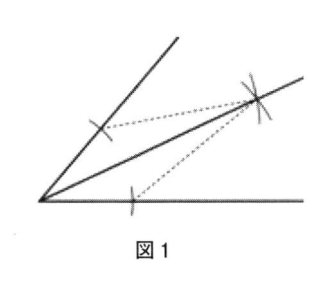

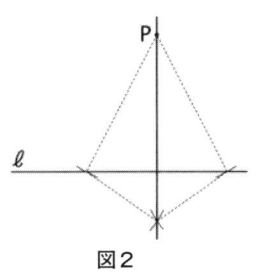

図１　　　　　図２

統合的に見ることである。例えば、図1にある角の2等分線の作図において、角を大きくしていけば、直線上に点がある場合の垂線の作図に結びつけることができる。それによって、垂線を平角の2等分線とみなし、垂線の作図を角の2等分線の作図の特殊として位置づけることが可能になる。また、基本的な作図は、いずれも、たこ形やひし形を作るという考えでまとめて見ることもできる。このように、ある視点から物事を統合的に捉えることは、数学的な考え方として大切なものである［杉山 1986］。

いずれにも共通していることは、たこ形やひし形などの図形やそれらの性質を、知識として知っているだけでなく、課題解決のために思考の道具として活用することである。したがって、作図の単元に入る前に、たこ形やひし形に生徒が十分に親しむ機会を意図的に設けておく必要がある。

3．論 証

（1）証明とは

学校数学において証明とは、すでに正しいと認められた事柄を根拠として、事柄の仮定から結論を演繹的に導くことを指す。証明は数学の学術研究に特徴的なものである。また、数学教育においても、証明を通じて論理的思考力を養うだけでなく、発展的・創造的な活動を実現することもできる。したがって、証明は学校数学において重要な教材である。

演繹とは「前提となる命題から論理の規則に従って必然的な結論を導き出す推論」［文部科学省 2008：29］である。例えば《問題1》の証明では、推論規則として肯定式（modus ponens）を用いており、三角形の合同条件を前提となる命題として、△ABD≡△ACEを導いている（次ページ）。学校数学において前提となる命題、言い換えれば根拠となる事柄には、証明せずに正しいと認めた事柄（いわば公理）が含まれ、例えば、平行線と角の性質や三角形の合同条件が挙げられる。また、そうした事柄を用いて導いた図形の性質も、後の証明では根拠として使用される。

《問題１》　AB＝ACの二等辺三角形ABCにおいて、∠B、∠Cの２等分線と辺AC、ABの交点をそれぞれ点D、Eとする。このとき、AD＝AEであることを証明しなさい。

証明：△ABDと△ACEにおいて、

AB＝AC（仮定より）、∠BAD＝∠CAE（共通）

△ABCは二等辺三角形であり、二等辺三角形の底角は等しいことから、∠ABC＝∠ACB

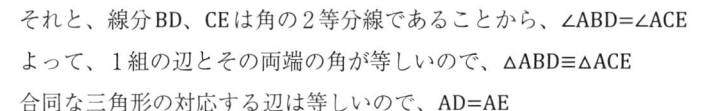

それと、線分BD、CEは角の２等分線であることから、∠ABD＝∠ACE

よって、１組の辺とその両端の角が等しいので、△ABD≡△ACE

合同な三角形の対応する辺は等しいので、AD＝AE

（大前提）２つの三角形の１組の辺とその両端の角がそれぞれ等しいならば、その２つの三角形は合同である。（PならばQ）

（小前提）△ABDと△ACEは１組の辺とその両端の角がそれぞれ等しい。（P）

_____

（結論）よって、△ABDと△ACEは合同である。（Q）

数学的な推論には、主なものとして、演繹の他に、帰納と類推がある。例えば、帰納は「特別な場合についての観察、操作や実験などの活動に基づいて、それらを含んだより一般的な結果を導き出す推論」である［文部科学省 2008：29］。帰納や類推は新しい性質を見いだすために、そして演繹は見いだした性質が正しいかどうかを確かめるために有効である。「それぞれの推論は、目的に応じて適切に選んで用いられるべきであり、演繹を学んだからといって、帰納や類推を軽視することは適切でない」［同上］という指摘は肝要である。

（2）証明の学習指導に当たって

証明の学習指導の際は、次の３点に留意することが大切である。

第１は、証明の方針を立てる活動を充実させることであり、そのことは生徒が自ら証明を構成できるようになるために重要である。一般に、証明

第11章　図形

は仮定から結論に向けて示されるが、その順番で証明が見いだされるわけではない。結論から逆向きに考え、結論を導くために何が分かればよいかを明らかにすることが大切である。そして、与えられた条件を整理したり、着目すべき性質や関係を見いだしたりする中で、仮定から結論への道筋が浮かび上がってくるのである［国立教育政策研究所 2013; 清水 1994］。

　例えば、《問題1》では、△ABDと△ACEの他にも、合同になりそうな三角形の組は複数ある。しかし、結論AD=AEを導くために、それらを辺として含む三角形に着目するのである。さらに、与えられた条件と図から、AB=ACおよび∠BAD=∠CAEであることを確認する。そして、三角形の合同条件を念頭に置き、辺 AD と AE が結論のため使えないことから、∠ABD=∠ACE を示せばよいという見通しを得るのである。

　第2は、証明の意義を生徒が実感できるようにすることである。証明の意義の一つとして、ある図形について証明された命題は、その仮定を満たす全ての図形について例外なく成り立つということが挙げられる。例えば、《問題1》を証明した後に、さまざまな形の二等辺三角形ABCを描き、それらの図と証明を照らし合わせる場面を設定することが考えられる。そして、仮定となる条件が変わらないことから、それらの図についてはあらためて証明する必要がないことを理解できるようにすることが大切である。あるいは、問題文では図を示さず、二等辺三角形ABCの図を生徒が自ら描き、いずれの図においても証明が成り立つことを確認する活動を取り入れることも考えられる［国立教育政策研究所 2013］。

　第3は、証明を構成して終わりではなく、さらに発展的に考える機会を設けることである。発展的に考えることは、数学的な考え方として大切なものである［杉山 1986］。発展の出発点として、まず「事柄」と「証明」が考えられる。前者の一例として問題の条件を変えることがあり、前掲の《問題1》であれば、角の2等分線を垂線に変えたらどうなるのかを調べることが考えられる。後者の一例としては、証明を読んで証明に使われていない条件を見いだし、問題からその条件を外すことで、より一般的な事柄を作り出すことが挙げられる。例えば《問題2》の証明において、四角形

ABCDが平行四辺形であるという条件は用いられていない。つまり、平行四辺形ABCDが一般の四角形であっても、証明はそのまま成り立つ。このことから、《問題2》を四角形ABCDの場合に一般化することが可能である。

> 《問題2》 平行四辺形ABCDの各辺の中点をE、F、G、Hとする。このとき、四角形EFGHは平行四辺形になることを証明せよ。 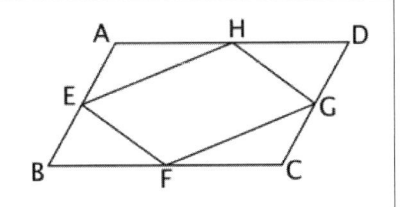
>
> 証明（概略）：△ABDで中点連結定理より、EH//BD、EH=$\frac{BD}{2}$
> 同様に、△CBDで中点連結定理より、FG//BD、FG=$\frac{BD}{2}$
> よって、EH//FG、EH=FG
> したがって、四角形EFGHは平行四辺形である。

最後に、テクノロジーの発展に伴い、数学教育でも動的幾何ソフトウェアを活用した図形指導について、1990年代から盛んに研究が行われている。とりわけ GeoGebra はフリーのソフトであり、タブレット型端末でも利用可能である。そうしたソフトを活用して作図や論証の学習を探究的なものにしていくことも、今後の社会の発展を考慮すれば重要である。

【課題1】 基本的な作図については、交わる2つの円の性質を用いて考える場合がある。それぞれの作図の妥当性やそれらの作図を統合的に見ることについて、交わる2つの円の性質を用いた場合で説明しなさい。

【課題2】 発展的に考えることについて、次の問題を例として説明しなさい。

> 線分ABの中点をCとし、それぞれAC、BCを1辺とする正三角形ACD、BCEを作る。このとき、AE=DBであることを証明しなさい。

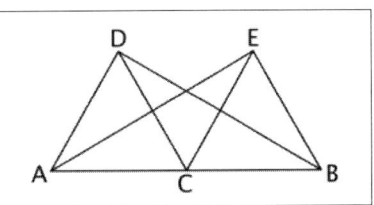

第2節　空間図形と空間観念

1. 空間観念の養成

空間図形指導の目標を考えるときには、空間図形の性質等その内容の理解に関する事柄と、空間図形について考える過程での見方や考え方に関する事柄を視野に入れることが必要である。空間観念の養成とは、両者を総合する表現として用いられることが多い。

例えば島田茂は、空間の想像力（空間的直観）とは何かについて、教育的な立場から、「1. 経験的な世界に、抽象的に構成された幾何的な対象や関係と局所的に同型なパターンを同定できること」「2. 頭の中で図形を考え、それに幾何学的操作を施した結果を、模型や図を用いずに想像できること」「3. 空間で、いろいろなところに基準点と基準の方向を移して考えられること」の3つを挙げている［島田1990］。

【課題3】　島田は、上記1～3のそれぞれについて、次のような例を挙げている。このほかの例を考えよ。

---
1. まっすぐな鉄道線路を平行な2直線と見とること。
2. 1つの図形から、もう1つの別の図形を幾何学的に構成すること。
   (a) 三次元の図形から三次元の図形へ（面対称移動や点対称移動などの合同変換）
   (b) 三次元のものから二次元のものへ（立体の切り口や展開図を考えること）
   (c) 二次元のものから三次元のものへ（平面の回転で回転体をつくること、平面の平行移動で柱体をつくること、平面で示された図から空間の図形を想像すること）
3. 地下鉄で改札口を出て地上のよく知っている出口に出ようと思ってもなかなか方向がはっきりしないこと。

【課題4】　『学習指導要領解説』では、空間図形指導の目標はどのように示されているか。

【課題5】 正四面体の1つの頂点に集まる3辺の中点を通る平面で正四面体を切断すると、辺の長さが1/2の正四面体が切り取られる。同様にして正四面体から4つの小さな正四面体を切り取ると、どのような立体が残るか。

(1) この問題の解答を頭の中で考えて予想せよ。
(2) (1)の予想について、見取図に表して考えよ。
(3) 工作用紙などで模型をつくり、確かめてみよ。
(4) (1)～(3)の活動を振り返り、【課題3】を参考にして空間の想像力のどのような事柄に関連するかを分析せよ［島田1990］。

空間図形の学習では、「…直観的な理解を助け、論理的に考察し表現する能力を培うために、例えば、立体の模型を作りながら考えたり、目的に応じてその一部を平面上に表す工夫をしたり、平面上の表現からその立体の性質を読み取ったりするなど、観察、操作や実験などの活動を通して図形を考察することを基本にして学習を進めていく」［文部科学省2008：68］と示されているように、空間図形を直接の考察対象とする活動が欠かせない。

2. 空間図形の性質

中学校での空間図形の指導では、主として第1学年で、空間における直線や平面の位置関係、直線や平面の運動による空間図形構成の見方、空間図形の平面への表現、平面に表現された空間図形からその性質の読み取り、基本的な柱体、錐体および球の表面積と体積を取り扱う。また、高等学校数学Aの「図形の性質」では、これらの見方をさらに深め、空間図形の性質として整理したり論理的に考察したりする活動を取り入れる。

空間図形についての定義や性質を具体的な場面を例に考えよう。

(1) 机の面に垂直に鉛筆を立てる

例えば図3のように机の面に垂直に鉛筆を立てるには、2枚の三角定規の直角を2方向から合わせる。

「直線が2直線の交点においてその2直線に垂直であれば、2直線によって決まる平面に垂直である」ことは、中学校では直観的に認めている性質である。これは次のように証明される。

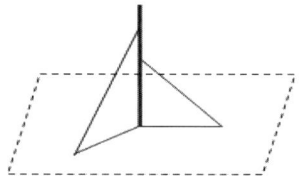

図3　平面に垂直な直線

〔直線と平面の垂直〕　［参考：栗田1979; 栗田1981］

「直線OPが点Oを通る平行でない2直線OA、OBに垂直であるとき、直線OPは点Oを通る平面OAB上の任意の直線に垂直である」（図4）

〈証明の概要〉

3点O、A、Bで決まる平面をαとする。

点Oを通る平面α上の直線で、OA、OBと異なる直線をmとする。

直線ABと直線mの交点をCとする。

PO⊥OA、PO⊥OBのとき、PO⊥OCであることを示せばよい。

まず、直線POの延長上に、PO = OP' となる点P'をとる。

PO⊥OA より P'O⊥OA

したがって △POA≡△P'OA が示せるから、PA=P'A

同様に　　PB=P'B

これより、△PAB≡△P'AB が示せるので、∠PAB=∠P'AB

したがって、△PAC≡△P'AC も示せるので、PC=P'C

以上より △POC≡△P'OC が示せるので、∠POC=∠P'OC=90°

図4　PO⊥平面OABの証明

この証明で、平面α上の直線mが点Oを通らない場合でも、点Oを通るように平行移動すれば同様に証明できる。したがって、次の性質が成り立つことが分かる。

図5　直線と平面の垂直

「直線lが平面α上の平行でない2直線m、nに垂直であれば、直線lは平面α上の任意の直線に垂直である」（図5）

【課題6】　上記〔直線と平面の垂直〕の証明の過程で着目している平面を挙げ、その平面を決めている要素を、次の〔直線や平面の結合関係〕の

〈平面の決定〉を参考に確かめよ。

〔直線や平面の結合関係〕〔栗田 1979；栗田 1981〕

〈平面の決定〉
次の3つの事柄は公理として認める。
公理Ⅰ　平面上の2点を通る平面はこの平面に含まれる。
公理Ⅱ　1直線上にない3点を通る平面は、1つあって2つとはない。
公理Ⅲ　2つの平面は1点だけを共有することはない。
これらの公理から次の性質が分かる。
(1) 1直線とその上にない1点を含む平面は1つあって2つとはない。
(2) 交わる2直線を含む平面は1つあって2つとはない。
(3) 平行な2直線を含む平面は1つあって2つとはない。

〈直線や平面の位置関係〉
(ア) 2つの平面の位置関係は「共通点がない（平行）」か「1直線だけを共有する（交わる）」の2つの場合がある。
(イ) 直線と平面の位置関係は「共有点がない（平行）」「1点を共有（交わる）」「含まれる」の3つの場合がある。
(ウ) 2直線の位置関係は「1点を共有（交わる）」「同一の平面上にあって共有点がない（平行）」「同一平面上にない（ねじれの位置）」の3つの場合がある。

〔直線や平面の平行関係〕〔栗田 1979；栗田 1981〕

(カ) 同一平面上にある2直線 p、q と、q を含み p を含まない平面 α について
p//q ならば p//α、p//α ならば p//q
(キ) 平行な2直線 p、q の一方を含み、他方を含まない2平面の交線を r とすれば p//r、q//r
(ク) 3直線 p、q、r について p//q、q//r ならば p//r
(ケ) 2つの平面を α、β とし、これと平面 γ との交線を a、b とするとき、
α//β ならば a//b
(コ) 2つの平面 α、α′ が、それぞれ交わる2直線 p、q および p′、q′ を含むとき、
p//p′、q//q′ ならば α//α′
(サ) 3つの平面 α、β、γ について α//β、β//γ ならば α//γ

（2）三角錐の頂点から底面への「高さ」の線分

図6のような三角錐の頂点Pから底面ABCへの垂線PHは、次のように作ることができる。

① 点Pから辺ABへの垂線を引き、ABとの交点をQとする。

② 点Qを通るABに垂直な直線を底面上で引く。

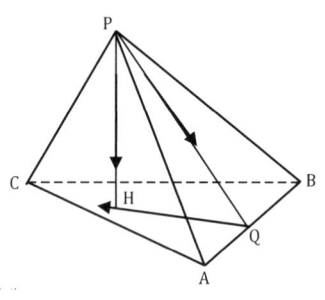

図6　頂点から底面への垂線

③ ②の直線に点Pから垂線を引き、ABとの交点をHとすれば、PHが求める垂線である。

これは、平面上にない点からその平面に垂直な直線と平面との交点の求め方であり、三垂線の定理の一部である。その証明の一部を下に示す。

〔三垂線の定理〕〔参考：栗田 1979; 栗田 1981〕

〈三垂線の定理〉

　平面 α 上に直線 l、その上にある点 K、l 上にない α 上の点 H、α 上にない点 P があるとき

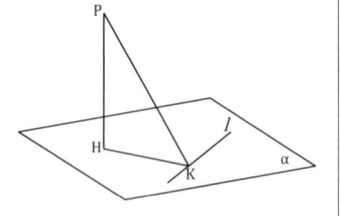

　（1）$PH \perp \alpha$、$HK \perp l$ ならば $PK \perp l$

　（2）$PH \perp \alpha$、$PK \perp l$ ならば $HK \perp l$

　（3）$PK \perp l$、$HK \perp l$、$PH \perp HK$ ならば $PH \perp \alpha$

図7　三垂線の定理

〈(3) の証明の概要〉

　$PK \perp l$、$HK \perp l$ より、直線 l は交わる2直線 PK、HK で決まる平面 PKH に垂直である。

　すなわち、$l \perp PKH$

　直線 l は、平面 PKH 上のすべての直線に垂直だから $l \perp PH$……①

　仮定より、$PH \perp HK$ であるから、これと①より、直線 PH は、平面 α 上の2直線 l、HK に垂直である。

　したがって、$PH \perp \alpha$

【課題7】　上の〔三垂線の定理〕(3) の証明の過程で着目している直線と平面の垂直関係を挙げよ。また、その平面を決定している要素を前出〔直

線や平面の結合関係〕の〈平面の決定〉を参考に確かめよ。

【課題8】 図6の三角錐をPA、PB、PCを切り開いた展開図に表すと、①〜③はどのような図形になるかを考え、点Hの求め方を考えよ。

(3) 坂道の傾き

坂道を図8のような図形で表し、斜面に沿ってまっすぐに上る場合と、斜めに上る場合を比べてみよう。平面ABGHは長方形で水平面、斜面ABCDも長方形でADがABに垂直であるとしておく。

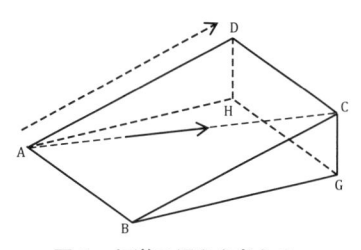

図8 坂道の傾きを考える

【課題9】
(1) 図8でAD、DH、ABの長さを適当に決めて、①と②の傾きを比べよ。
　　①ADに平行に上る場合　②Aから斜めにCに向かって上る場合
(2) 下を参考に、①は平面ABGHと平面ABCDの作る角、②は直線ACと平面ABGH上の直線AGの作る角に対応することを確かめよ（∠CAGは、直線CAと平面ABGHの作る角である）。

〔空間の2直線の作る角、平面と平面の作る角〕
〈2直線の作る角〉
　空間に2直線l、mがあるとき、1点Oを通ってこれらに平行な直線p、qを引き、その作る角の大きさを2直線l、mの作る角という。
〈2つの平面の作る角〉
　2つの平面α、βが交わるとき、交線l上の点Oを通ってlに垂直な直線a、bを引く（a、bはそれぞれα、β上）。その作る角の大きさを、平面α、βの作る角という。

3. 空間図形を平面図形に置き換えて考える

空間図形に関する問題解決では、目的に応じてその一部を平面上に表す工夫をする。具体的には、展開図、切断面を考えること、投影図等である。
《平行投影とその性質》 平面αと直線lがあるとき、図形Fの任意の点P

から l に平行な直線を引いて α との交点を P' とする。このようにして P を P' に移す写像を平行投影という。平行投影では、次の事柄が成り立つ。
・投影の方向に平行でない直線の投影は直線である。
・平行な 2 直線の投影としてできる 2 つの直線は、平行かまたは重なる。
・1 直線上の 2 つの線分の長さの比は、投影によって変わらない。
ここで、直線 l が平面 α に垂直である平行投影を正射影という。

【課題10】図9は正四面体ABCDの各辺の中点をとったところである。
(1) 4点L、P、Q、Nは1つの平面上にあることを説明せよ。
(2) 四角形LPQNの形が表れるようにこの立体を投影図に表すとき、立画面、平画面とこの立体の位置関係を説明せよ。
(3) ベクトルを用いて、四角形LPQNが正方形であることを説明せよ。

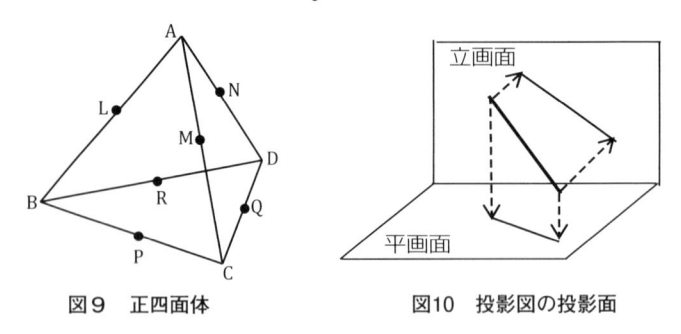

図9 正四面体

図10 投影図の投影面

第3節　図形の計量——相似・三角比

1. 相似と相似比を用いた計量

(1) 相似の概念

2つの図形は、次のそれぞれの場合に相似である。
　①対応する線分の比が等しく、対応する角がそれぞれ等しい。
　②適当に移動して相似の位置に置くことができる。

①は、ユークリッド『原論』第6巻の定義6-1「相似な直線図形とは角がそれぞれ等しくかつ等しい角を挟む辺が比例するものである」に由来する。①は、線分で囲まれた図形（直線図形）に関する論証の根拠として大切である。ただし、①は、円のような曲線図形には適用できない。

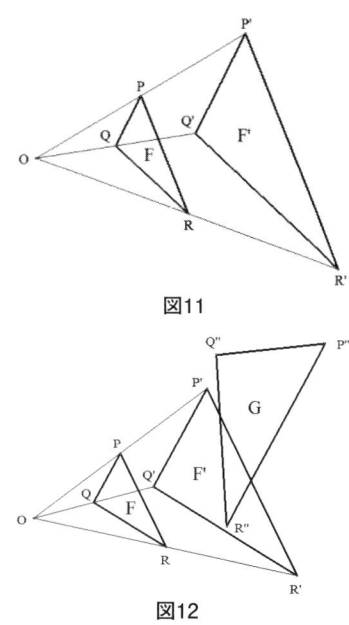

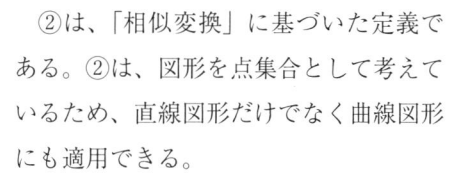

②は、「相似変換」に基づいた定義である。②は、図形を点集合として考えているため、直線図形だけでなく曲線図形にも適用できる。

図11のように、2つの図形FとF'が「2つの図形の対応する点を結ぶ直線がすべて一点Oで交わり、点Oから対応する点までの距離の比が一定である」とき、「相似の位置」にあるという。このときの点Oを「相似の中心」という。「相似の位置」にある2つの図形FとF'は相似である。

②から、ある図形を拡大あるいは縮小した図形と合同な図形は、元の図形と相似である。したがって、図12のように、図形Fをk倍に拡大した図形F'を回転移動（合同変換）させた図形Gも、図形Fと相似である。

（2）相似な図形の相似比と面積比および体積比

相似比が1:kである相似な三角形△ABCと△A'B'C'について、それぞれの面積をS、S'とすると、S'=k^2Sより、S:S'=1:k^2となる。したがって、相似な三角形の面積比は、相似比の2乗に等しくなる。

一方、相似比が1:kである2つの相似な直方体FとF'について、それぞれの体積をV、V'とすると、V'=k^3Vより、V:V'=1:k^3となる。したがって、相似な直方体の体積比は、相似比の3乗に等しくなる。

【課題11】半径の比がm:nである2つの円について、周の比と面積比について調べ、相似比と周の比および面積比の関係についてまとめよう。また、半径の比がm:nの2つの球の表面積比と体積比について調べ、相似比と表面積比および体積比の関係についてまとめよう。

(3) 相似な図形の性質を用いた計量

日常生活で相似を利用している場面には地図、設計図、測量などがある。このような場面を生徒が見いだし、調査することも大切にしたい。このような場面は小学校算数科における縮図や拡大図の学習で、すでに取り扱ってきている。したがって、中学校数学科では、相似について学習したことによる活用の深まりを実感できるようにする必要がある。

例えば、A4判の用紙とA3判の用紙について、相似比と面積比の関係から、コピー機に表示されている倍率の意味を考え、拡大・縮小のしくみを理解する場面が考えられる。具体的には、倍率141%の意味はA4判の縦と横の長さをそれぞれ1.41倍に拡大することである。それによって、面積は1.41×1.41=1.9881で、およそ2倍になる。これより、ある面積を2倍にしたい場合は、141%の倍率で拡大すればよいと判断することができる。

このように、日常生活の事柄について相似比と面積比および体積比の関係から捉え直すことで、新たな判断ができるようになり、相似な図形の性質を利用することのよさを実感することができるようになる。

【課題12】『学習指導要領解説』や教科書を基に、相似比と体積比の関係を用いることのよさを実感できる例を調べよう。

2. 三角比、正弦定理および余弦定理を用いた図形の計量

(1) 三角比を用いた図形の計量

直角三角形ABC（図13）で、∠Bの三角比は次のとおりである。

$$\tan B = \frac{b}{a} \quad \sin B = \frac{b}{c} \quad \cos B = \frac{a}{c}$$

それぞれ、∠Bの正接、正弦、余弦と呼ぶ。三角比を使うと、直角三角形の2辺の長さが分かっていれば、角の大きさを求めることができる。

また、式を変形したb=a tanB、b=c sinB、a=c cosBから、直角三角形で、内角のうちの1つの鋭角の大きさと1辺の長さが分かれば、残りの辺の長さを求めることができることが分かる。このように、目的に応じて三角比を使うことで、三角比の有用性を実感することができる。

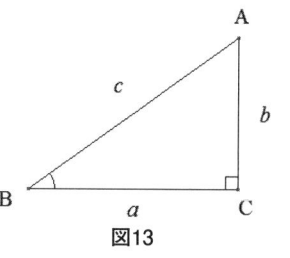

図13

また、三角形や平行四辺形などの平面図形の面積も、三角比を用いて求めることができる。図14の三角形ABCの面積の公式は、次のように表される。

$S = \frac{1}{2} b \sin A = \frac{1}{2} a \sin B = \frac{1}{2} b \sin C$

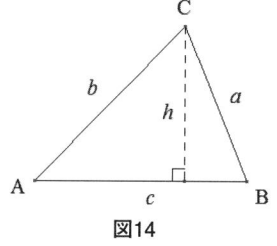

図14

この公式の特徴は、三角形の高さが分からない場合でも、2辺の長さとその間の角の大きさが分かれば、面積が求められるところにある。この公式は、どのようなときに用いると手際よく処理できるのかを考えることを大切にしたい。

【課題13】図15のような一般の四角形ABCDがある。この四角形の2本の対角線の長さをそれぞれa、b、対角線のなす角をxとするとき、三角比を使って、四角形ABCDの面積の公式を求めよう。また、この公式のよさを考えよう。

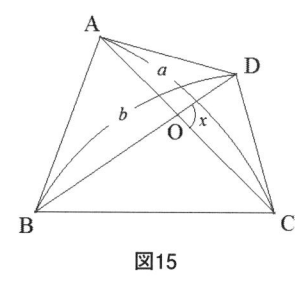

図15

(2) 正弦定理、余弦定理を用いた図形の計量

高等学校の「図形と計量」では、正弦定理と余弦定理も取り上げる。正弦定理や余弦定理は、三角形の外接円の半径、三角形の内接円の半径、そして、四面体の高さ等々を求めたりする際に利用する。

第11章 図 形 207

正弦定理や余弦定理を利用するときも、どのようなときにそれぞれの定理が利用できるのかを考察し、目的や状況に応じて定理を適用できるようにすることが大切である。例えば、余弦定理 $a^2=b^2+c^2-2b\cos A$ から、三角形の2辺とその間の角の大きさが分かっていて、残りの辺の長さを求めたい場合には、余弦定理を用いればよいことを読み取らせたい。正弦定理や余弦定理を使うためには、どのような情報が必要かを生徒が考える機会を設けることが大切である。

　【課題14】2地点A、B間の距離を求めたいが、その間に障害物があって、直接測ることができない。余弦定理を使ってA、B間の距離を求めるためには、どんな情報が分かればよいか考えよう。また、相似な図形の相似比を使わずに、余弦定理を用いることのよさについて考えよう。

《課題のヒント・ポイント》

　【課題1】　点A、Bを中心とし、2点P、Qで交わっている2つの円は、直線ABについて線対称である。線対称な図形の性質を根拠とすると、PQ⊥AB、∠PAB=∠QAB が導かれる。垂線や角の二等分線の作図の妥当性は、いずれもこれらの性質に求めることができる。線分の垂直二等分線についても、上記の2つの円の半径が等しい場合を考えればよい。このように基本的な作図は、いずれも交わる2つの円の性質を利用していると見ることができる。

　【課題2】　AC=DC、CE=CB、∠ACE=∠DCB より △ACE≡△DCB を示し、AE=DB を証明したとする。ここで問題の条件を変え、点Cを線分AB上の任意の点としても、上記の証明は成り立つ。あるいは、上記の証明を読むと、∠DCE は60°である必要がないこと、すなわち点Cを線分AB上でない場所にとってもよいことが分かる。正三角形を正多角形や相似な二等辺三角形などに変え、さらなる一般化について探究することも考えられる。

　【課題3】　それぞれについていくつか例を挙げておく。
　1．教室を直方体と見ること、地球を球と見て大円航路を考えること。
　2．(a) 正八面体を2つの合同な正四角錐に分割すること。

（b）立方体の展開図を考えること、正四面体の対称面を考えること。

（c）建物の平面図から部屋の配置等を想像すること。

3．地球上にいる自分が日の出を見るときの太陽の方向を想像すること。

【課題4】 （略）『学習指導要領解説』のどこに書かれているかを意識して調べる。

【課題5】

(1) 例えば右図。内部に1辺の長さが元の正四面体の半分の正八面体が残る。

(2) 課題10の図9も同様の場面である。

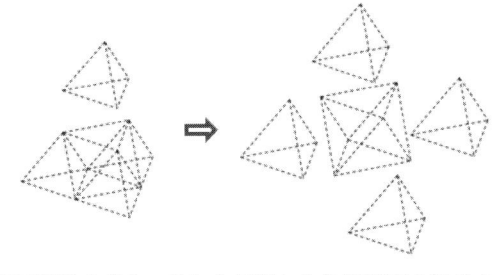

(3) 例えば、1辺10cmの正四面体を作り、それを切断したり切断面を埋めたりしながら上の図のような1辺5cmの正四面体と正八面体の模型を作る。

　　発展として、この模型の組み合わせで1辺15cmの正四面体、1辺20cmの正四面体、……と大きくしながら隙間なく埋め尽くしていくことができるか、またどんな規則性があるかを考えるとおもしろい。

(4) 三次元の図形（正四面体）を切断して二次元の図形（辺の長さが半分の正四面体4つと正八面体1つ）を作るところを想像する。見取図を描いたり、切り口の形が正三角形であると考えたりするときには、三次元の図形から二次元の図形を考える。また、見取図から立体を想像するときには二次元の表現から三次元の図形を想像する。

【課題6】 例えば次の平面に着目している。

・平面OAB（3点O、A、Bで決まる平面）

・平面PAP'（交わる2直線PP'とOAで決まる平面）

・平面PBP'（交わる2直線PP'とOBで決まる平面）

・平面PAB（交わる2直線PAとPBで決まる平面）

・平面P'AB（交わる2直線P'AとP'Bで決まる平面）

・平面PCP'（交わる2直線PP'とOCで決まる平面）

なお、（　）の「平面を決めている要素」については他の見方もある。

【課題7】 例えば次のような「直線と平面の垂直」に着目している。

・直線ℓ⊥平面PKH（交わる2直線PKとHKで決まる平面PKH）

・直線 PH⊥平面 α（交わる 2 直線 ℓ と HK で決まる平面 α）

【課題8】（ここでは右の図の記号を用いる）

・①②の直線は、右の展開図で、点 P₃ から AB に引いた一本の垂線 P₃Q になる。
・③は直線 P₃Q 上の 1 点になる。
・点 H は、点 P₁ から辺 BC に引いた垂線と、先に引いた直線 P₃Q との交点として求められる（点 P₂ から辺 CA に引いた垂線でもよい）。

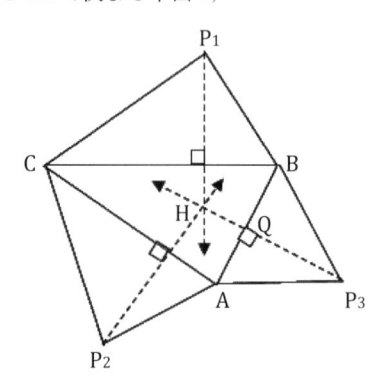

【課題9】
(1) ①は △AHD、②は △AGC を作図すれば傾きが表れる。①の傾きは DH/AH、②の傾きは CG/AG であり、AH＜AG、DH=CG であるから①の傾きが大きい。

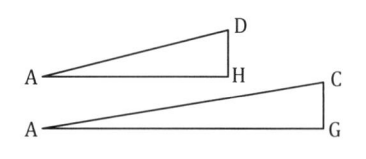

(2) HA⊥AB、DA⊥AB であるから DA、HA は平面 ABGH と ABCD の交線に垂直である。
したがって、∠DAH はこの 2 平面の作る角である。

【課題10】
(1) AL=LB、CP=PB より LP//AC、 同様に NQ//AC
したがって、LP//NQ
平行な 2 直線は 1 つに決まるから、4 点 L、P、Q、N は 1 つの平面上にある。

(2) 例えば、AC を平画面に垂直、BD を平画面に平行に置けばよい（これは、四角形 LPQN が立画面に平行になるように置いたことと同じである。このことを確かめよ）。

(3) △ABC、△ACD において中点連結定理により $\vec{LP}=\vec{NQ}=\frac{1}{2}\vec{AC}$
同様に、$\vec{LN}=\vec{PQ}=\frac{1}{2}\vec{BD}$
ここで、$|\vec{AC}|=|\vec{BD}|$
内積 $\vec{AC}\cdot\vec{BD}=\vec{AC}\cdot(\vec{BA}+\vec{AD})=\vec{AC}\cdot\vec{BA}+\vec{AC}\cdot\vec{AD}=0$
を用いればよい。

【課題11】半径 mr の円と半径 nr の円で、それぞれ周の長さと面積を求める。

周の長さの比は、$L_1:L_2=2\pi mr:2\pi nr=m:n$

一方、面積の比は、$S_1:S_2=\pi(mr)^2:\pi(nr)^2=m^2:n^2$

したがって相似比と周の比は等しく、面積比は相似比の 2 乗に等しい。

また、半径 mr の球と半径 nr の球で、それぞれの表面積 S'_1 と S'_2 と、体積 V_1 と V_2 を求める。球の表面積の比は、$S'_1:S'_2=4\pi(mr)^2:4\pi(nr)^2=m^2:n^2$

球の体積の比は、$V_1:V_2=\frac{4}{3}\pi(mr)^3:\frac{4}{3}\pi(nr)^3=m^3:n^3$

したがって表面積の比は相似比の 2 乗に等しく、体積比は相似比の 3 乗に等しい。

【課題12】例えば、ある商品が相似な立体と見られる2つの箱詰めで売られているとき、相似比から体積比を求めると、体積比と価格の比から、どちらが割安かを考えることができる。

【課題13】四角形 ABCD の 2 本の対角線に平行で、四角形 ABCD の各頂点を通る平行四辺形を作る。四角形 ABCD の面積は、平行四辺形の面積の半分である。

平行四辺形の底辺を a とすると、高さ h は bsinx となる。したがって、平行四辺形の面積 S は absinx である。

よって、四角形 ABCD の面積は $\frac{1}{2}$ absinx となる。

この公式を用いる利点は、2 本の対角線の長さとなす角の大きさの 3 つの情報だけが分かれば、一般の四角形の面積が求められる点である。

【課題14】地点 A、B を見ることができる地点を O とすると、点 O から点 A までの距離と、点 O から点 B までの距離、そして、直線 OA と直線 OB のなす角の大きさが分かれば、余弦定理を用いて AB 間の距離を求めることができる。

中学校 3 年生では、直接測ることができない 2 地点間の距離を、相似な図形（縮図）を描いて求める。相似な図形（縮図）を描くための情報量と、余弦定理を用いるときに使う情報量を比べてみよう。

引用・参考文献

岡崎正和・岩崎秀樹「算数から数学への移行教材としての作図——経験的認識から論理的認識への転化を促す理論と実践」『日本数学教育学会誌 数学教育学論究』第80号、2003年、pp. 3-27

栗田稔『立体幾何』（数学ワンポイント双書30）共立出版、1979年

栗田稔『幾何』（教職数学シリーズ基礎編2）共立出版、1981年

島田茂『教師のための問題集』共立出版、1990年

清水静海「論証」中学校数学科教育実践講座編『CRECER 第6巻 図形と論証』ニチブン、1994年、pp. 204-236

清水静海編著『平成20年改訂中学校教育課程講座数学』ぎょうせい、2009年

数学教育研究会編『新訂数学教育の理論と実際』聖文新社、2010年

杉山吉茂『公理的方法に基づく算数・数学の学習指導』東洋館出版社、1986年

中村幸四郎・寺阪英孝・伊藤俊太郎・池田美恵（訳・解説）『ユークリッド原論（縮刷版）』共立出版、1996年

文部科学省『中学校学習指導要領解説 数学編』教育出版、2008年

文部科学省『高等学校学習指導要領解説 数学編 理数編』実教出版、2009年

国立教育政策研究所『平成25年度全国学力・学習状況調査 解説資料 中学校数学』2013年　https://www.nier.go.jp/13chousa/pdf/13kaisetsu_chuu_suugaku.pdf（2014.03.05参照）

第12章 関　数

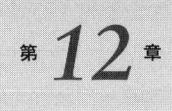

第1節　関数の考えと算数との関連（接続）

1. 数学教育における関数の考えとその重視

（1）数学教育における関数の考えの重視

　日本の数学教育においては、第二次世界大戦以前から関数の考えが重視されている。20世紀初頭にイギリスやドイツ、アメリカなどで起こった数学教育改造運動において関数観念が注目されるようになり、「数学教育の核心は関数観念の養成にある」[小倉 1924：176]というように関数観念が強調された。その後、NCTM第9年報『Relational and Functional Thinking in Mathematics』(1934年)が出され、日本の雑誌『教育研究』や『数学教育』などに紹介されている。

　昭和10年代には、今日、緑表紙教科書と呼ばれる教科書『尋常小学算術』

が作られ、関数の考えを算数教育に取り入れようとする考えが具体化された。このことは「関数概念指導の初等化」[高木1980:299-327]として示されている。

戦後においては、昭和40年代における数学教育現代化と呼ばれる時期において関数の考えが見直され、重視された。実際、当時の数学教育において、関数観念を重視してきた理由として、次の2点が示されている [中島1972]。

①自然科学的な精神にもとづいた数学の学習
②関数の考えによる統合的な考察

中島健三は関数の考えを「目的とする変量をよくわかった、または、とらえやすい変量でとらえるアイデアにもとづいていること」[中島1972:19]とし、さらに、数学的な内容が一般的な性格を持ったものであることから、関数の考えを用いることでその内容の持つ本質的な性格の理解に役立つことを述べているのである。

(2) 関数の考えを獲得することの意味

関数の定義は、従来、$y=ax+b$という式が表すように、xの変化に伴ってyが変化するとき、yをxの関数と決めていた。これに対して、今日では、Xがある変域を持った集合であり、この集合の各要素に対してもう一つの集合Yの一つの要素が一意に決まるとき、その一意対応が関数であるという2つの集合間の一意対応によって捉えられている。

関数は、制御したいが直接的には接近しにくい事象が、接近可能で制御しやすい事象のいくつかによって定まってくることが分かれば、その難しい事象も制御できるという依存関係を記述するものであり、現実の世界に数学を応用していくときの重要な鍵となる概念である[島田1990]。関数を理解させようとする場合、問題解決の必要性を意識させながら具体的な事象に対する考察を行う過程に生徒を参加させることが必要であろう。

島田茂は、関数の考えを用いることができるようにするためには、次の問いを自らに問えるようにすべきであることを示している。

「新しい問題に当面して、1. これは、いったい何と何が決まれば決まるのか。2. (1.の何が同定できたとき) それは、どんなふうに決まるのか。3. 必要とする結果を得るには、もとの方をどう決めたらよいか」[島田 1990:30]

　関数の考えの獲得とは、当該事象に対する知識を駆使しながら独立変数を特定して問題を解決しようとすることや、独立変数と従属変数との間の関係を特定して問題を解決しようとする問いを持つことであることが分かる。そのためには、関数の考えを獲得する学習指導をさまざまな領域において設定するとともに、関数の考えを用いると事象を数理的に捉えられたり事象の構造に対する理解が深まったりする関数の考えによる学習指導を設定することが必要である。

2. 算数との関連を志向した関数の考えによる学習指導

(1) 関数の考えによる事象を数理的に捉えるための学習指導

　算数科においては、例えば、大量の同じ釘の本数を数えずに求めるために、重さという独立変数に着目して問題を解決するという内容がある。このとき、できる限り独立変数の特定を児童に考えさせるべきである。独立変数の特定に焦点を当て、「これは、いったい何と何が決まれば決まるのか」を考える学習指導が欠かせないからである。

　数学科においては、例えば、桜の開花に関する教材がある。この教材の教科書における展開は、ある場所の桜の開花日と3月の平均気温との相関図から傾向を読み取り、関数と見て解決するというものである。この教材に対して、独立変数の特定に重点を置いた学習指導は、3月の平均気温だけでなく、3月の日照時間、降水量、最低や最高気温の平均等、複数の独立変数を捉えて相関の強弱を検討することである。そして、相関が強いと判断された独立変数による相関図に対して、典型的なパターンとしての一次関数を当てはめて問題を解決しようとするのである。

　一方、既存の活動において定数として捉えていた数量を独立変数として

捉え直す学習指導が考えられる。
1942年発行の『初等科算数一』には、厚紙を2枚の長方形に切り分け、それぞれの四隅から正方形を切り取って、ふたのあるはがき入れを作るという問題場面がある

図1　はがき入れ
出所：[文部省 1942：11]

（図1）。はがきを入れて箱にする長方形に対しては、はがきの大きさを考慮して四隅から切り取る正方形の大きさを考える必要があり、ふたにする長方形に対しては、先に切り取った正方形よりも小さい正方形を四隅から切り取る必要がある。

　こうした経験があると、今日の算数の教科書（例えば、『新編 新しい算数5上』p.27、東京書籍）にある、箱の容積が最も大きくなるときの各辺の長さを調べる活動が際立つ。容積が最大となるときの切り取る四隅の正方形の一辺の長さを考えるという課題性に加え、これまでの問題場面の条件を見直すことで新たな問題場面が生み出され、定数となっていた事柄を変数として捉え直すことで、事象が変化の一場面であると考えられるおもしろさを味わえるからである。さらに、高等学校において、この教材に対して微分を用いた解決を行うことで、微分を洗練された方法として捉える機会ともなる。

（2）関数の考えによる統合的な学習指導

　関数の考えを用いることによって、個々別々であった事柄が統合的に捉えられることがある。例えば、台形の面積公式 $S=\frac{1}{2}(a+b)h$、平行四辺形の面積公式 $S=bh$、三角形の面積公式 $S=\frac{1}{2}bh$ について考えてみる（図2）。
　台形の上底の長さaを、長さbとすれば平行四辺形の面積公式となり、a=0とすれば、三角形の面積公式を表すものと見ることができる。
上底の長さ x=a を、

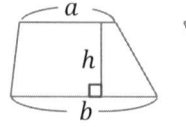

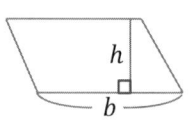

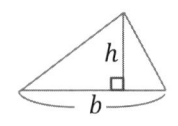

図2　文字aの変化による公式の統合

0≦x≦b の範囲において変化するものと見ている。公式の中のある定数を変数と見て変化させることによって、いくつかの公式を統合的に捉え直すことができる。中学校における関数の学習に、こうした場面を設けることで、統合的な考察を扱うことができる。

(3) 関数の考えによる図形の構造を捉える学習指導

特殊であった条件を見直して一般性を志向したり、定数を変数と見て図形を捉え直したりすることによって、対象となっている図形の構造を明らかにすることができる。

例えば、算数の学習内容に勾玉のような図の面積や周りの長さを求めさせる場面がある（図3）。大円の半径を10cm、小円の半径を5cmとすると、周りの長さは、$10\pi+5\pi+5\pi=20\pi$（cm）である。

次に、大円の半径を固定し、小円の半径をx cmとして変化させてみる。しかし、周の長さは変わらずに一定である。算数においても、大円の半径を固定し小円の半径を変化させた2つの場面を比較する問題があるが、関数の考えによって定数を変数として捉え、文字式に表現し処理して考察することで、より一般の状況から構造を捉えることができる。なお、関数の理解という面からは、「多対一」の場面の例を提供することになる。

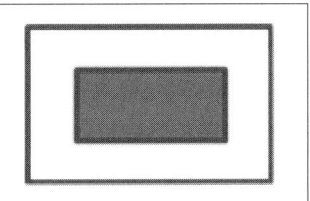

図3　周長や面積の考察

(4) 関数の考えによる方程式を解くことの理解を深める学習指導

関数の考えを用いることで関数と方程式とを関連づけ、方程式を解くことの理解を深める指導が考えられる。次の課題が与えられたとしよう。

> 写真が貼られた色紙を貼る台紙を作る。上下左右に同じ幅の余白を入れ、余白の面積が300cm^2 になるようにしたい。写真が貼られた色紙は、縦8cm、横12cmである。このとき、余白の幅を求めよう。

二次方程式を用いれば、(2x+8)(2x+12)−96=300である。これを解いて、x=5 (cm)となる。

　一方、関数の考えを用いて、余白の幅を1cm刻みで変化させると、余白の面積の変化が捉えられる。具体的には次の表のようになる。

余白の幅 (cm)	1	2	・・・	5	x
余白の面積 (cm²)	10×14−96	12×16−96	・・・	18×22−96	
余白の面積 (cm²)	(2×1+8)(2×1+12)−96	(2×2+8)(2×2+12)−96	・・・	(2×5+8)(2×5+12)−96	(2×x+8)(2×x+12)−96

　この余白の面積の式を考える際、余白の幅の数値が式に現れるように指導できれば、一般式への表現となる。関数の考えを用いたアプローチと、方程式を用いたアプローチとを関連づけることの価値は中野博之が示しているが［中野2012］、この教材では二次方程式の理解を深めることが期待できる。こうした指導は、関数の考えによって事象の変化を捉え、擬変数を用いた「数字の式」から「文字の式」への学習指導［藤井1999］である。数字の式を用いる際には、「敢えて計算しないこと」が重要となるとともに、「与えられた数値をできるだけ最後まで残しておくこと」［杉山1999：23］が重要となる。算数の学習において擬変数の取り扱いを重視していった際には、数学の学習指導も変化していく必要がある。

【課題1】　昭和10年代の日本の数学教育は、関数の考えを積極的に取り入れようとした時期である。当時の算数教科書『尋常小学算術』『初等科算数』、数学教科書『数学 第一類・第二類』『中等数学 第一類・第二類』から、関数の考えを重視した教材を整理してみよう。

【課題2】　昭和40年代において、関数の考えが強調され、関数の考えに関する学習指導の重点等が検討されている。この時期の検討を分析し、今日の学習指導のあり方を考えよう。

第2節　関数の活用

1. 関数の活用を重視する背景

　経済協力開発機構（OECD）では、2000年から15歳の生徒を対象に、学校で学んだ知識や技能を実生活で機能的に活用できるかどうかを評価する生徒の学習到達度国際調査（Programme for International Student Assessment; 略称PISA）を実施している。数学に関しては、次のような「数学的リテラシー」に光が当てられている。

　「様々な文脈の中で定式化し、数学を適用し、解釈する個人の能力であり、数学的に推論し、数学的な概念・手順・事実・ツールを使って事象を記述し、説明し、予測する力を含む。これは、個人が世界において数学が果たす役割を認識し、建設的で積極的、思慮深い市民に必要な確固たる基礎に基づく判断と決定を下す助けとなるものである」［国立教育政策研究所 2013：86］。

　民主的で、持続可能な社会に参画する「市民」であるために、数理科学的に事象を把握し、判断や意思決定をできることが求められているのである。このような背景を踏まえ、学校数学における関数の活用の指導を考えていく必要がある。

2. 関数の活用のプロセス

　初めに、関数を活用するプロセスを考えよう。上述のPISAの2012年調査では、「数学的リテラシー」を「数学的プロセス」「数学的な内容」「数学が用いられる状況」の3つの側面によって特徴づけている（図4）。「数学的プロセス」は、数学的モデル化過程とも呼ばれる一連の問題解決の様相を表している。関数の活用について、この「数学的プロセス」を基に考えてみよう。

```
現実世界における問題
  数学的な内容による分類：変化と関係、空間と形、量、不確実性とデータ
  数学が用いられる状況による分類：私的、職業的、社会的、科学的

  数学的思考と活動
    数学的概念、知識、技能
    数学的基礎能力：思考と推論、論証、コミュニケーション、モデル化、問題設定と
    問題解決、表現、記号による式や公式を用い演算を行うこと、テクノロジーを含む
    ツールを用いること

    数学的プロセス
      ある状況の中での問題 →定式化→ 数学的な問題
                                        ↓適用
      ある状況の中での結論 ←解釈← 数学的な結論
      ↑評価
```

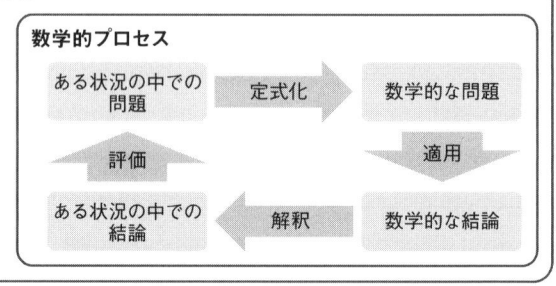

図4　PISA2012　数学的リテラシーの枠組みの特徴

出所：[国立教育政策研究所、2013]

「定式化」では、解決を要する状況を、数、量、図形などの数学的な側面に着目しながらその特徴や関係を捉えつつ、変数を取り出し制御したり、仮定をおいて理想化・単純化したりして「数学的な問題」に作り替え、関数による数学的モデルを作成する。「適用」では、その数学的モデルに対して、数学的処理や操作を施して、数学的な結論を導く。「解釈」では、数学的な結論を、元の状況に照らして解釈する。「評価」では、結論の妥当性や数学的モデルの適用範囲等を評価する。必要に応じて繰り返されるこのプロセスには、前項で述べたような関数の活用の社会的背景から、他者と協働しながら行うことや他者へ報告することも含むことになる。

具体的な問題場面で、このプロセスについて考えてみよう。

《問題1》　はるかさんの中学校では、募金活動を行います。数日おきに、およそいくら集まっているかを報告していきたいと考えています。どのようにして集まっている金額を調べるとよいでしょうか。

手間や正確な金額でなくてもよいことに着目し、重さを利用して、
　（合計金額）＝a×（募金の重さ）
　ただし、（募金の重さ）＝（募金箱全体の重さ）－（空の募金箱の重さ）
という仮説を立てて見積もることが考えられる。

そして、比例定数a（円／g）を決めるために、「①10円、50円、100円、500円硬貨が同じ枚数ずつあると仮定する、②目視で10円、50円、100円、500円の割合を仮定する、③ひとつかみして重さと額を調べる」などする。このように仮定をおき、理想化した結果、例えば、次のような数学的な問題ができる。

> 《問題2》　ひとつかみした重さがAgで、そのときの金額がB円だった。募金箱内全体が、ひとつかみした分と同じ割合になっているとして、募金の重さxgと総額y円の関係を式に表せ。

$y=(B/A)x$ と表し、A、B、xを調べて代入すれば、この場合の数学的な結論に当たる総額が得られる。

そして、元の問題場面に戻って解釈する。ばらつきが気になる場合は、かき混ぜて一つかみしたときの重さと額を調べることを何回か繰り返し、その平均値を用いたり、あるいは、そのばらつきぐあいを見て、〇円〜□円というように適当な幅を設けて解釈したりする。また、ひとつかみした重さと額を累積していくことで、「（合計金額）＝a×（募金の重さ）」という仮説の妥当性の検証ができる。もちろん、お札が入っている場合には、この数学的モデルをそのまま用いることはできないことも確認されよう。このような活動が「解釈」や「評価」である。

「関数を活用できる」と言うときには、このようなプロセスが行えることを指す。したがって、現実の事象を題材にしていても、「1mの重さが20gの針金があります。全体の重さxgと針金の長さymの関係を式に表しなさい」というような問題を解決させるだけでは、関数を活用する学習とは言えないのである。

3． 関数の活用プロセスの指導

上に述べたような関数の活用ができるようにするには、比例・反比例、一次関数、関数 $y=ax^2$、二次関数、三角関数のような関数の種類ごとになされる学習の中で、各関数に関する理解や技能の習熟とともに、関数の活用のプロセスを習得させていく必要がある。その基盤となる見方や方法を検討しよう。

(1)「みなす」方法について

主に「定式化」において必要となる見方である。一次関数と「みなす」ことに関して、中学校学習指導要領の解説では次のように述べられている。
「具体的な事象に関する観察や実験の結果を一次関数とみなすことによって、未知の状況を予測したりできるようにする。その際、判断の根拠や予測が可能である理由を他者に説明することができるようにする」[文部科学省 2008 : 58]。

「みなす」方法には、事象の観察に基づく場合と実験の結果に基づく場合があることが分かる。比例・反比例、関数 $y=ax^2$ についてもほぼ同様に述べられており、高等学校で学ぶ関数にも同様のことが言える。

①事象の観察に基づく場合

生活経験や既知の事象の定性を根拠にする場合である。例えば、前者は紙の重さと枚数の関係、後者は水を温めるときの時間と温度の関係である。

また、「ほぼ一定の速さで動いている」のように、観察される変化の様子を根拠とする場合もある。

②実験の結果に基づく場合

データを基に「みなす」場合である。例えば、図5の保冷パックに入れたペットボトル飲料の温度の上昇の仕方［東京書籍 2011］や、図6の1万メートル近くまでの高度と気温の関係などである。①のような判断ができないので、データを表や散布図に表し、それを基に「みなす」ことになる。例えば図5では、表からほぼ一定の割合で変化していることを読み取るこ

時間（分）	30	50	70	90	110
温度（℃）	8.8	10.0	11.1	12.3	13.6

図5　保冷バッグに入れたペットボトル飲料の温度の上昇の仕方
（外の気温を30℃としたときの実験結果）

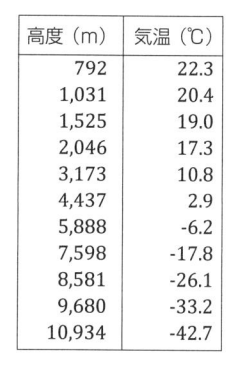

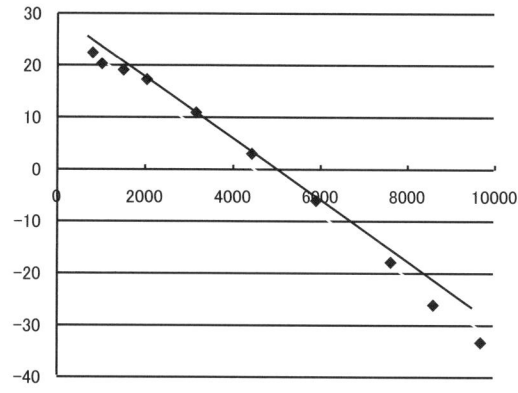

高度（m）	気温（℃）
792	22.3
1,031	20.4
1,525	19.0
2,046	17.3
3,173	10.8
4,437	2.9
5,888	-6.2
7,598	-17.8
8,581	-26.1
9,680	-33.2
10,934	-42.7

高層気温のデータは、気象庁などのwebページで得られる

図6　高度と気温の関係

とで、また図6では、点が直線状に並ぶことを根拠に、一次関数とみなす。後者の判断は、散布図の軸の取り方に左右されるので、表や事象に照らしながら観察する必要がある。

　非線形の事象に対しては、どの関数とみなすか、例えば、二次関数か指数関数かの判断は難しい。そこで、「データの変換」をして直線になるかどうかで判断することがある。(x, y) を (x, log y) や (log x, log y) と変換する「対数変換」が代表的だが、$(x, \sqrt{y})$ （y≧0）や $(x, \frac{y}{x})$ （x≠0）のような変換も考えられる。変換した点を散布図に表し一次関数とみなせれば、その関係はlog y=ax+bや$\sqrt{y}$=ax+bと表せるので、代数的に処理することによりyをxで表した式を得ることができる。

　このとき問題となるのは、一次関数の決め方である。中学校であれば、その「決め方」を考えさせることを学習課題とし、他の場面でも利用することを視点にグループやクラスで話し合わせ、アルゴリズム化を図ること

などが考えられる。高等学校であれば、『数学活用』で残差（直線と各データとの間の従属変数の値の差。図7）の平方和を最小にする「最小二乗法」による回帰 $y=\frac{S_{xy}}{S_x^2}(x-\bar{x})+\bar{y}$（$S_x$は分散、$S_{xy}$は共分散、$\bar{x}$はxの平均値、$\bar{y}$はyの平均値）を学習するが、関数の活用のプロセスを習得させると

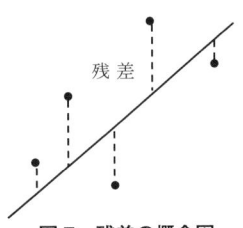

図7　残差の概念図

いう点からは、他の科目でも、数学ツールや表計算ソフトの利用を前提に、適宜扱っていくことが望ましい。その際は、はずれ値の影響がある場合や因果関係がないような場合にも式が得られてしまうので注意が必要である。

　さらに、数学ツールや表計算ソフトによる回帰が「ブラックボックス」になってしまうのを避けるために、生徒の実態に応じて、どのように、どこまで理論的な考察を扱うかは研究課題となっている（例えば［清野 2013］）。また、諸外国の中等教育段階では、最小二乗法による回帰直線を代替するものとして、次のようなメジアン－メジアン直線が扱われていることも参考になる。

> 　データの組 (x_i, y_i) について、x_i をソートし、ほぼ個数が等しい3つのグループに分け、各グループの中央値 $\alpha_1, \alpha_2, \alpha_3$ を求める。y_i についても同様にして、各グループの中央値 $\beta_1, \beta_2, \beta_3$ を求める。そして (α_1, β_1)、(α_3, β_3) を結ぶ直線を $y=f(x)$ とすると、2点 (α_2, β_2)、$(\alpha_2, f(\alpha_2))$ を端点とする線分を 2：1 に内分する点を通って、$y=f(x)$ に平行な直線を求める。

（2）精度と限界について

　「解釈」「評価」では、(1) のように「みなした」結果であることを踏まえて、事象に照らしつつ、数学的な結論を解釈する必要がある。例えば、得られる値はある程度の幅を持った値として解釈することが望ましい。

　図8のような成長曲線の平均値の曲線を「モデル」と捉えれば、±1SD、±2SD（SDは標準偏差）は、モデル全体を幅を持って解釈する方法の一例と言える。

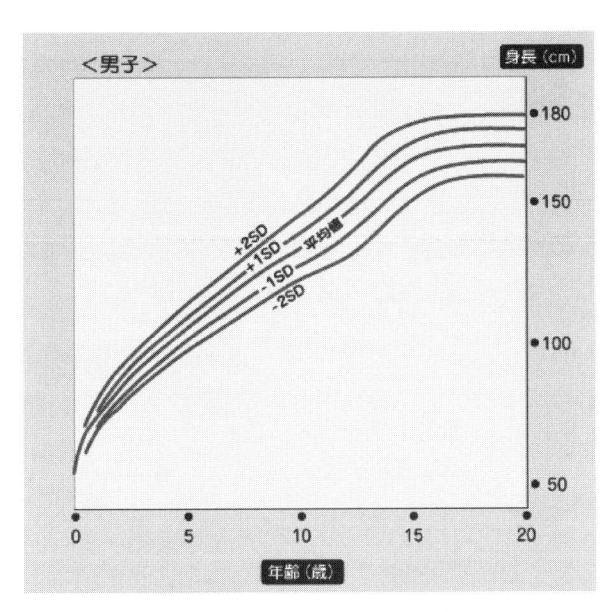

図8 縦断的標準身長（模式図）
±2SD の範囲に、全体の95％の子どもの身長が入ることになる

　また、「みなした」ことの妥当性やその適用可能範囲を評価する必要がある。最小二乗法による回帰は、そのデータセットにおいて残差の平方和が「最小」なだけであって、実際にどの程度当てはまっているか、説明（独立）変数が目的（従属）変数をどの程度説明しうるかは分からない。データおよび残差の散布図の様子から評価する方法がある（例えば［松嵜 2011; 安川・椿 2012]）。また、この当てはまりぐあいを表す指標の一つに、決定係数（R^2）がある。いずれにしても、当てはまりぐあいの精度や許容度は、事象や解決の目的によって異なることに注意する必要がある。

（3）数学ツールの利用

　GeoGebra（http://www.geogebra.org/cms/）のような無料の数学統合型ソフトウェアでは、関数のグラフはもちろんのこと、パラメータを使ったグラフ表示、点やグラフの軌跡、方程式の解や近似解を求めること、因数分解・展開、微分・積分、統計量の計算、散布図、回帰とその残差の表示

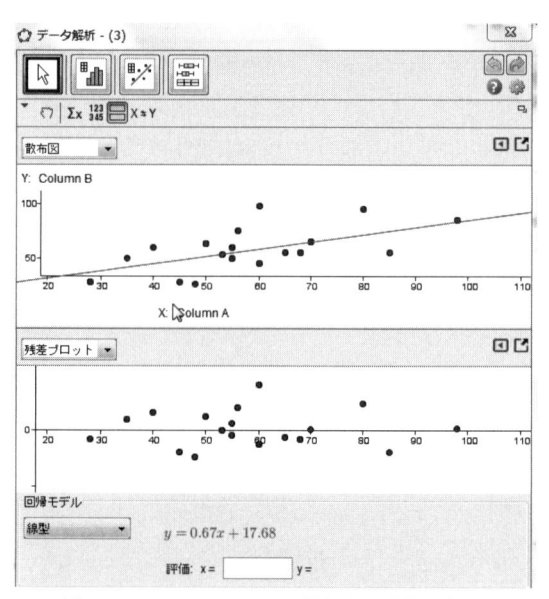

図9　GeoGebra による回帰とその残差の表示

（図9）等が簡単な操作でできる。関数を活用するプロセスには、このようなツールの利用を含めて考える必要がある。

4. 関数の活用の横断的な学習

　関数を活用できるようにするには、どのような関数とみなすかを判断できるようにすることも重要である。中学校・高等学校の個々の関数ごとの学習においては、現実事象を扱っていても、学習中の関数を用いるという前提が置かれがちである。「課題学習」や高等学校「数学活用」等を利用して、どの関数を用いるかを考えさせるような横断的な学習場面を設定することが求められる。

　また、前項で見てきたように、関数の活用には「統計」の内容が深く関わる。「統計」には、関数モデルの作成を数学的に精緻化したり、それによる予測等の妥当性を数値化し評価したりする等の目的もあるからである。数学ツールや表計算ソフトには、一次関数以外の回帰もできるものが多い

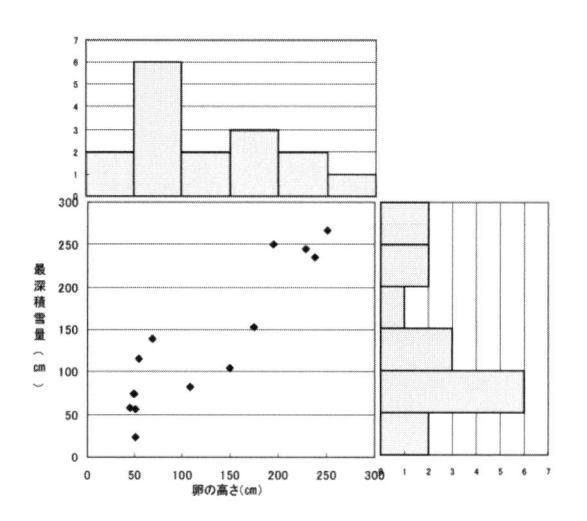

図10 ヒストグラムと散布図を統合した図
出所：[新井・西村 2010]

が、ヒストグラムと散布図を統合した図（**図10**）や、時系列データにおける「移動平均」のグラフ（「数学活用」）などを併用することで、解釈や評価を多面的に行うこともできるようになる。例えば、月や年ごとの統計量を回帰する例が散見されるが、「移動平均」により変化の傾向を捉えることも望まれる。

　さらに、事象の変化の様子を漸化式に表す、すなわち漸化式によるモデルを作ることも考えられる。日本の高等学校の教科書における漸化式の扱いは、提示された漸化式の一般項を求めることが中心になりがちだが、事象の変化の表現にこそ、漸化式の価値がある。表計算ソフト等を用いれば、容易に次々と項を求めることができ、教科「情報」との連携した扱いも考えられる。

　関数の活用に関する、このような統計や漸化式との関連づけや他教科との連携といった横断的な扱いは、中学校・高等学校の数学科にとって喫緊に解決すべき課題の一つとなっている。

《課題のヒント・ポイント》

【課題1】 高木佐加枝は『「小学算術」の研究』の「関数概念指導の初等化」において、『尋常小学算術』(緑表紙教科書)の中に取り入れられたさまざまな教材を示している。これらを参考にしたり、『尋常小学算術』とこの教師用書とを併せて読んだりして教材を整理してみよう。同様に、『数学 第一類・第二類』とこの教科書の編纂方針等を示した『数学編纂趣意書』を読むことによって教材を整理するとともに、『尋常小学算術』とどのような関連を意図していたのかについても見ることができる。

【課題2】 文部省から1973年に、『関数の考えの指導』が小学校算数指導資料として出版されている。これには、関数の考えの教育的意義が示されているとともに、具体的な指導事例も示されている。この他、『中学校 数学教育現代化全書5 関数』や、日本数学教育学会編『関数とその指導』などから当時の検討事項や議論の内容をうかがい知ることができよう。

引用・参考文献

新井仁・西村圭一「データに対する多面的な見方を育成する数学的モデリングの教材開発」『日本科学教育学会年会論文集』第34号、2010年、pp.133-136

小倉金之助『数学教育の根本問題』イデア書院、1924年

国立教育政策研究所編『生きるための知識と技能5 —— OECD生徒の学習到達度調査(PISA)2012年調査国際結果報告書』明石書店、2013年

島田茂『教師のための問題集』共立出版、1990年

杉山吉茂「『式をよむ』ことについて」『学芸大数学教育研究』第2号、1999年、pp.17-26

清野辰彦「最小二乗法の基本的な考え方の理解を目指した学習指導に関する一考察」日本数学教育学会『数学教育』第95巻第9号、2013年、pp.10-18

高木佐加枝『「小学算術」の研究』東洋館出版社、1980年

中島健三「関数の考えの指導のねらいをどこにおくか」新算数教育研究会編『新しい算数研究』5月号、1972年、pp.17-21

中野博之「『数学的な考え方』を育成するための教材研究——統合的に考えることに焦点をあてて」杉山吉茂先生喜寿記念論文集編集委員会『続・新しい算数数学教育の実践をめざして』東洋館出版社、2012年、pp.81-90

藤井斉亮「『数字の式』から『文字の式』に至る指導——擬変数について」『新しい算数・数学教育の実践をめざして』東洋館出版社、1999年、pp.153-162

松嵜昭雄「残差分析によるデータ間の関係の読み取り－表計算ソフトを利用した線形変換を通じて」日本数学教育学会『数学教育』第93巻第11号、2011年、pp.35-38

文部科学省『中学校学習指導要領解説 数学編——平成20年9月』教育出版、2008年

文部省『初等科算数一』日本書籍、1942年

安川武彦・椿広計「研究の基本リテラシーとしての統計的方法」渡辺美智子・椿広計編著『問題解決学としての統計学——すべての人に統計リテラシーを』日科技連出版社、2012年、pp.105-133

Hamley, Herbert Russell, *Relational and Functional Thinking in Mathematics, 9th yearbook, National Council of Teachers of Mathematics*, Teachers College, Columbia University, 1934

第13章 資料の活用

第1節　データの収集

　現実世界にはさまざまな要素が複雑に絡み合い、結果が偶然に左右される不確定な事象が多い。そのような事象に対しても、手に入る限られた情報に基づき、信頼性の高い判断を下すための方法論が統計である。ビッグデータへの関心も高い現在の情報化社会においては、政治、医学、経済などあらゆる分野で統計が用いられている。また、新聞やニュース報道の内容を正しく理解し、適切な判断を下すためにも統計は必要な素養とされている。本節では、統計的な問題解決プロセスにおける問題設定からデータ収集のプロセスまでをまとめる。

1. データの種類

　統計で扱うデータにはさまざまなものがある。種類や分類の違い（カテゴリー）に関する質的データと、大きさや量など数量に関する量的データ

である。例えば、生徒の性別や入っている部活、好きな科目などは質的データである。身長や体重、テストの得点などは量的データである。
・質的データ：種類や分類の違いを表すデータ
・量的データ：大きさや量などの数量を表すデータ

データの種類によって見方や分析の際に用いるグラフは異なるため、注意が必要である。質的データは、主として棒グラフ、円グラフ、帯グラフを用い、量的データは、折れ線グラフ（特に時系列データの場合）やヒストグラム、散布図を用いる。

【課題1】 次のデータは、質的データか量的データか答えなさい。
①血液型　②年齢　③50m走の記録　④1カ月間毎日の最高気温
⑤男性を1、女性を2と記録したデータ

2. 統計的な問題解決プロセス

「資料の活用」領域では、ヒストグラムを作ったり、代表値や確率を求めたりするだけでなく、それらを基にして事象を考察したり判断したりすることが求められている［文部科学省2008］。これは数学的活動とも関わり、統計を用いての問題解決活動を取り入れる必要性を示している。

統計的な問題解決プロセスとしては、次のものが挙げられる［Frankcom 2009］。この5つのプロセスの頭文字をとって、「PPDACサイクル」とも呼ばれている（図1）。

問題（Problem）：統計的に取り組める形に問題を設定する
計画（Plan）：調査や実験などの計画を立てる
データ（Data）：データを収集し、整理する
分析（Analysis）：表やグラフを用いてデータを分析する
結論（Conclusion）：設定した問題に対する結論をまとめる

図1　PPDACサイクル

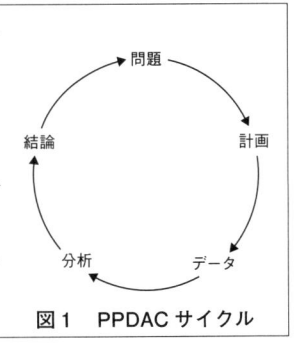

結論の段階で、初めに設定した問題に対するいちおうの結論を出すのだが、解決が十分でない場合や新たな疑問が生じた場合には、再度問題を設定し直し、一連のプロセスをもう一度行うこととなる。そのため、「サイクル」という表現が用いられている。

3. 統計的な問題設定

　生徒にとっても関心のある題材を取り上げ、統計的な問題解決を行う場合には、「問題」のプロセスも重要である。例えば、「自分たちの学校の生徒の勉強時間について調べてみよう」という課題は、統計的に取り組むことはできるが、問題解決としての目的が見えないし、生徒自身にとっての問題意識から起こったものかはっきりしない。ここでは例えば、「中学生のスマートフォン利用は禁止すべきか」というテーマを取り上げ、統計的な問題解決活動を考えてみる。

　まず「問題」のプロセスで、このテーマに対し、どのような活動を展開していくか、後のプロセスを想定しながら問題を設定する。スマートフォン利用の禁止に対する賛成・反対意見を調べるのか、スマートフォンを持っていることが不規則な生活を誘発するかどうかを調べるのかなど、同じテーマでもアプローチの仕方は幾通りも考えられる。

　スマートフォン利用の禁止に対する賛成・反対の意識調査であれば、質的データを収集し、円グラフや帯グラフなどで割合を比較することになる。不規則な生活かどうか実態を把握したいのであれば、スマートフォンを持っている中学生と持っていない中学生とで、勉強時間や睡眠時間などを調べてみることもできる。この場合は、スマートフォンを持っている・いないについては質的データ、勉強時間や睡眠時間については量的データとなる。分析としては、スマートフォンを持っている・持っていないという質的データに基づき生徒をグループ分けし、それぞれのグループについて勉強時間や睡眠時間を度数分布表やヒストグラムなどにまとめ、グループの間で違いが生じているのかを分析することとなる。

問題の設定の仕方によっては、テーマに対して適切な結論が得られなくなったり、自分たちで集められないデータが必要になり行き詰まってしまうことも起こり得るため、的確な問題を設定することが必要となる。

4．計　画

　問題が設定できたら次はデータ収集の仕方について計画を立てる。その際には次の3つの観点を押さえるとよい。
　〇調査対象：誰（何）に対してデータを集めるのか
　〇調査方法：いつ、どのような方法を用いて調査を行うのか
　〇調査項目：データとして集める項目は何か
　調査対象について、スマートフォン利用の禁止に関する意識調査を例にとれば、自分たちの学校の生徒を対象とするのか、父兄や教師、街の人たちまでも対象とするのかである。生徒だけを対象に意識調査を行えば、スマートフォン利用の禁止に対する反対意見が多くなることが容易に予想される。それでは公正さに欠け、分析した結論も信頼できないものになってしまう。
　調査方法については、アンケート調査を行うのか街頭インタビューをするのかどうかということや、それをいつ、どこで、どのように行うのかなどである。後で取り上げる標本調査か全数調査かを選択することも含まれる。実験器具などを用いて測定してデータを集める場合には、実験の仕方について計画を立てることである。
　調査項目については、アンケートやインタビューで質問する項目など、データとして記録するものを決定することが当てはまる。スマートフォンの利用に関する生活実態調査を例に挙げると、スマートフォンを持っている・持っていないということと、勉強時間、あるいは睡眠時間に関することが調査項目に入る。それ以外にも、学年や性別、塾や習い事をしているか、部活に入っているか、スマートフォンをいつでも自由に使えるのか、夜間の利用は制限されているか、なども合わせて調査すべきかどうか検討

が必要である。これは、勉強時間など主として分析したい項目に影響してくるかもしれないからである。1年生と受験を控えた3年生では、スマートフォンの利用の仕方や生活リズムが違うかもしれない。集めたデータをヒストグラムにまとめて分析をする際にも、多峰性の分布を示した場合には、別の調査項目を手がかりにグループ分けをすることで、実態をより正確に把握できることがある。データを集めてしまった後から再度収集し直すことは現実的には難しいため、事前の「計画」の段階で、結果に影響しそうな項目は盛り込んでおく必要がある。

5．データ収集

　計画が立てられたら、実際にデータを収集する。集めたデータは手書きの表やエクセルなどのソフトに入力してまとめる。

　その際には、表の行と列を区別し、きちんと集計しておかなければ分析がうまく進められなくなる。集計に先駆けて、調査対象者やアンケート用紙に通し番号を付けておくと、後の確認がしやすくなる。調査対象者は1件ごとに表の1行を割り当てて集計しておくと、エクセルをはじめ、他の統計解析ソフトでも分析を進めやすくなる（表1）。

　集計し終わったら、データ全体を概観して入力内容に欠損やおかしな値が入っていないか確認を行う。例えば、中学生の学年なのに4年生であるとか、家での勉強時間が16時間などである。アンケート用紙への記載に関しては、対象者が記入ミスすることもあれば、意図的に虚偽の内容を記入することもある。このようなデータが入っていると分析結果がゆがめられ

表1　集計方法の事例

番号	学年	性別	スマホ	塾	勉強時間
1	1	男	あり	あり	4.5 時間
2	1	男	なし	あり	5
3	2	女	あり	なし	3
4	1	女	あり	なし	2
5	3	女	あり	あり	5
6	1	男	あり	なし	4

てしまうため、明らかに虚偽の内容を記入している対象者のデータは分析から除外する。

6. 標本調査

　調査を実施する際には、想定した対象全員に調査をすることは難しい場合が多い。中学生の生活実態といっても、全国や県内、市内の中学生全員を対象に調査はできないだろう。自分の学校の生徒だとしても、全校生徒を対象にするのは時間的に難しい場合もある。そんな場合には、全体ではなく一部分を取り出して、その結果から全体について推定することができる。これを「標本調査」という。これに対し、一部分ではなく対象全てについて調べることを「全数調査」という。標本調査では、調査の対象となる全体を「母集団」、調査のために母集団から取り出す一部分を「標本」という。

　標本調査を行う際には、母集団から取り出した一部分が全体の特徴を備えていることが重要である。そのために母集団から偏りなく取り出すことが大切になる。これを無作為に抽出するという。

　無作為に抽出するための方法としては、母集団に対し通し番号を付け、乱数さいや乱数表などを利用して、出た番号だけを標本として設定し調査することなどが挙げられる。こうすることで、全ての対象が等しい確率で選び出されるようになる。性別や学年による違いがはっきりと予想される場合には、あらかじめ母集団をグループ分けしておき、それぞれのグループから無作為に標本を取り出す方法もある。

　【課題2】　ある中学校で、生徒に人気のあるスポーツについて調べるために、標本調査をすることにした。各学年から1クラスずつを乱数さいを使って選び出し、それを標本とするのは適切だろうか。理由も合わせて答えなさい。

第2節　データの分析——グラフ表現・数値化

　気温や降水量など、ある特性を数量的に表すものを変量という。観察、調査や実験から得られた変量の測定値をデータという。統計のデータはさまざまな値をとる。そのため、統計分析では、データの散らばりぐあいをグラフで表現したり、数値化したりすることにより、データの特徴を捉える。ここでは、統計分析で利用されるグラフ表現や数値化の手法を学び、データに基づいて客観的に科学的な仮説を立てたり、問題解決したりするための基本的な方法を身につけよう。

1．度数分布表

次のデータは、ある年の9月における東京の最高気温の観測値である。

35.7	33.1	33.7	30.8	29.4	28.3	29.1	28.9	28.7	27.9
27.7	31.5	32.0	32.5	29.4	29.3	28.6	28.7	28.8	29.3
29.9	30.1	24.3	26.4	24.6	24.2	24.2	25.3	26.2	26.2

　表2は、このデータについて24℃から2℃ごとの幅で区間を作成し、それぞれの区間に入るデータの個数を整理したものである。それぞれの区間を「階級」、区間の幅を「階級幅」という。各階級について、両端の平均値を「階級値」、各階級に含まれるデータの個数を「度数」という。また、各階級の度数の全体の度数に占める割合を「相対度数」という。このよう

表2　度数分布表

階級（℃）	階級値	度数	相対度数
24以上26未満	25	5	0.17
26　～28	27	5	0.17
28　～30	29	12	0.40
30　～32	31	3	0.10
32　～34	33	4	0.13
34　～36	35	1	0.03
計		30	1.00

$$相対度数 = \frac{各階級の度数}{全体の度数}$$

に、各階級に度数を対応させた表を度数分布表という。

表2の度数分布表から、26℃以上32℃未満の区間にデータ全体の約67%が含まれていることが読み取れる。また、30℃以上の日が4分の1以上あったことが読み取れる。

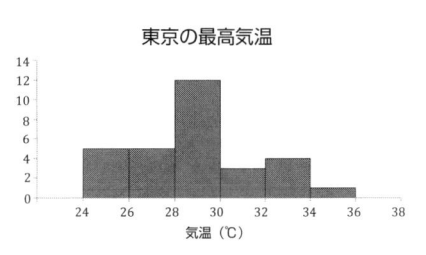

2. ヒストグラム

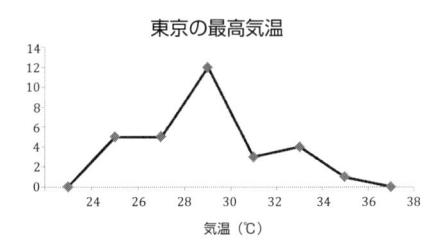

ヒストグラムは、度数分布表を視覚化する代表的なグラフ表現である。ヒストグラムは、横軸に変量の階級をとり、各階級の度数と面積が比例するように長方形を描いたグラフである。表2の度数分布表をもとにヒストグラムを描くと、図2のようになる。

図2 ヒストグラム

また、度数分布表を視覚化するグラフ表現として、度数分布多角形がある（図3）。度数分布多角形は、ヒストグラムの各長方形について、上辺の中点を線分で結んだグラフである。ここで、最小値を含む階級の左側に度数0の階級があるとみなして中点をとり、最大値を含む階級の右側にも度数0の階級があるとみなして中点をとって、これらも線分で結ぶ。そうすれば、度数分布多角形と横軸で囲まれる面積の和と、ヒストグラムの長方形の面積の和を等しくすることができる。複数のデータを比較する場合、同一の座標平面上にこれらの度数分布多角形を描くことにより、データの間の相違点を際立たせることができる。

図3 度数分布多角形

3．代表値

度数分布表やヒストグラム、度数分布多角形のようなグラフで表現することにより、データの全体的な特徴を捉えることができる。ここではデータの中心の位置を捉えるために、データを数値化する手法を学ぼう。

データの中心の位置を示す指標として、平均値、中央値、最頻値がよく用いられる。平均値、中央値、最頻値は、データ全体を1つの値で代表する値であり、代表値と呼ばれる。

①平均値

変量xについて、データの値が$x_1, x_2, \cdots, x_n$であるとき、それらの合計をデータの個数で割った値を平均値といい、$\bar{x}$（エックスバー）で表す。

$$\bar{x} = \frac{x_1 + x_2 + \cdots + x_n}{n}$$

②中央値

変量xについて、データの値が$x_1, x_2, \cdots, x_n$であるとき、それらを大きさの順に並べ替えて真ん中に位置する値を中央値という。

nが奇数の場合は、小さい方から$\frac{n+1}{2}$番目の値が中央値になる。

nが偶数の場合は、$\frac{n}{2}$番目の値と$\frac{n}{2}+1$番目の値の平均値が中央値になる。

③最頻値

データで最も度数が多い値を最頻値という。データが連続量の場合は、値が細かく分かれてしまうこともあるため、度数分布表で最も度数が多い階級の階級値を最頻値という。度数分布表から求めた最頻値は、ヒストグラムで高さが最も高い長方形の下辺の中点として確認することができる。

236ページに示した東京の最高気温のデータから代表値を求めると、平均値は、$\frac{35.7+33.1+\cdots+26.2}{30} \fallingdotseq 28.83$（℃）、中央値は、データを小さい順に並べ替えて、15番目の28.8と16番目の28.9の平均値である28.85（℃）、最頻値は、度数分布表から29.0（℃）になる。

4. 範囲と四分位範囲

統計のデータはさまざまな値をとる。ここでは、データの散らばりぐあいを捉えるために、データを数値化する手法を学ぼう。

データの散らばりぐあいを表す数値として、5数要約がある。5数要約は、データを大きさの順に並べて、その両端の値である最小値と最大値、およびデータをほぼ4分割する3つの四分位数で構成される。四分位数は、小さい方から第1四分位数（Q_1）、第2四分位数（Q_2）（中央値と等しい）、第3四分位数（Q_3）という。具体的に、5数要約は次のように求める。

次のデータは、ある9人の生徒の昨日の睡眠時間である。

| 380 | 390 | 430 | 400 | 470 | 480 | 330 | 350 | 370 |（分）

データを小さい順に並べ替えると、330、350、370、380、390、400、430、470、480になる。最小値は330、最大値は480、中央値は390になる。そして、第1四分位数は1番目から4番目までの値の中央値であり、350と370の平均値で360、第3四分位数は6番目から9番目までの値の中央値であり、430と470の平均値で450になる（表3）。

5数要約から、データの散らばりぐあいを示す指標として、範囲と四分位範囲が求められる。範囲は最大値と最小値の差であり、R（Range）で表す。

R=480−330=150

四分位範囲は第3四分位数と第1四分位数の差であり、IQR（Inter Quartile Range）で表す。

IQR=450−360=90

表3　5数要約

最小値	330
第1四分位数	360
第2四分位数	390
第3四分位数	450
最大値	480

また、四分位範囲の半分の大きさを、四分位偏差という。四分位範囲は、中央値の周りにある約50%のデータの散らばりの大きさを示しており、集団から極端に離れた値がデータに含まれていても、その影響を受けにくい。四分位数の求め方には、第2四分位数を上半数、下半数のどちらのデータにも含めるなどいくつかあるが、本書では上述した方法で求めた。

5．箱ひげ図

　箱ひげ図は、5数要約を視覚化するグラフ表現である。箱ひげ図は、第1四分位数と第3四分位数で箱を描き、箱の内部に中央値を表す線分を引いて、第1四分位数と最小値、第3四分位数と最大値をひげで結んだグラフである。表3の5数要約を基に箱ひげ図を描くと、図4のようになる。箱ひげ図には、平均値を「＋」で記入することもある。複数のデータを比較する場合には、同一の数直線上にこれらの箱ひげ図を並べて描くことにより、データの間の相違点を捉えやすくなる。

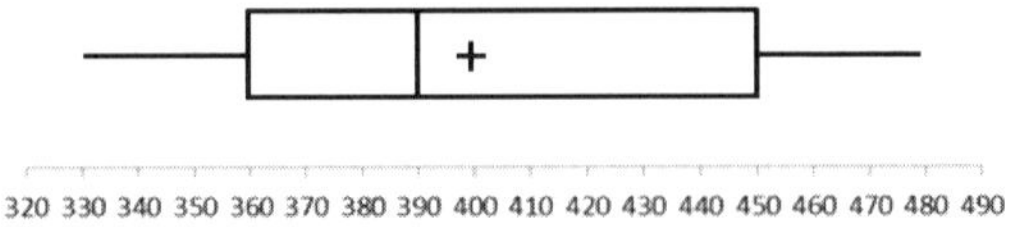

図4　箱ひげ図

6．標準偏差

　四分位範囲は、中央値の周りにある約50％のデータの散らばりの大きさを示す指標であった。標準偏差は、平均値の周りに、データがどのように散らばっているかを示す指標である。

　変量 x について、データの値が $x_1, x_2, \cdots, x_n$ で、それらの平均値が $\bar{x}$ であるとき、各値と平均値との差 $x_1-\bar{x}, x_2-\bar{x}, \cdots, x_n-\bar{x}$ を、それぞれ平均値からの偏差という。次のように、偏差の合計は常に0になる。

$$(x_1-\bar{x})+(x_2-\bar{x})+\cdots+(x_n-\bar{x})=(x_1+x_2+\cdots+x_n)-n\bar{x}=0$$

よって、偏差の平均値も常に0になり、データの散らばりぐあいを示すことができない。そこで、偏差の2乗の平均値を s^2 とすると、

$$s^2=\frac{1}{n}\{(x_1-\bar{x})^2+(x_2-\bar{x})^2+\cdots+(x_n-\bar{x})^2\}$$

s^2 を分散という。さらに、分散の正の平方根 s を標準偏差という。

$$s=\sqrt{\frac{1}{n}\{(x_1-\bar{x})^2+(x_2-\bar{x})^2+\cdots+(x_n-\bar{x})^2\}}$$

標準偏差が大きいほど、データの散らばりは大きいと言える。

7. ヒストグラムの指導

ここでは、ヒストグラムからデータの特徴を捉えるための観点について考えよう。主要な観点として、次の4つが挙げられる。

① 分布の形状：単峰型（山が1つ）の分布には、対称な分布、右に裾を引く分布、左に裾を引く分布がある。

② 分布の中心：ヒストグラムで長方形の高さが最も高い階級の階級値が最頻値になる。また、各階級の度数を数えて、中央値を含む階級を求めることができる。

③ 分布の散らばり：最大値と最小値の差が範囲になる。また、最頻値の周りにある7割程度のデータを含む区間が標準的な区間になる。

④ 基準値以上、基準値未満の割合：目的に応じて、ある基準値以上あるいはある基準値未満の割合を求める。

例えば、羽の長さが7cmの紙コプター（図5）を2mの高さから落下させ、滞空時間を測定した結果を表したヒストグラム（図6）から、データの特徴を捉えてみる。第1の観点から、単峰型でほぼ対称な分布と言えるだろう。第2の観点から、最頻値は2.975（秒）、中央値は2.90〜3.05（秒）の階級に含まれる。第3の観点から、範囲は約1.20（秒）、標準的な区間は2.75〜3.20（秒）でデータの約73%が含まれる。第4の観点から、3.20（秒）以上の割合は0.1（10%）である。これらの特徴から、羽の長さが7cmの紙コプターは、標準的な滞空時間が2.975±0.225（秒）であり、1割程度は滞空時間が長く3.20（秒）以上になる傾向があるという結論を導くことができる。

図5　紙コプター

図6　滞空時間

8. 代表値の指導

代表値の指導では、てんびん図を用いて、平均値と中央値の違いを際立たせるとよい。図7のように、平均値はデータが釣り合う位置を示す。平均値は、片側に集団から離れた値があると、そちらの方向に偏る。一方、図8のように、中央値はデータの個数を半分に分ける位置を示す。中央値は順位で決まるので、集団から離れた値の影響を受けにくい。そのため、右に裾を引く分布や左に裾を引く分布では、中心の位置を示す指標として中央値のほうが適している。一方、対称な分布では、平均値と中央値はほぼ等しくなる。

図7　平均値

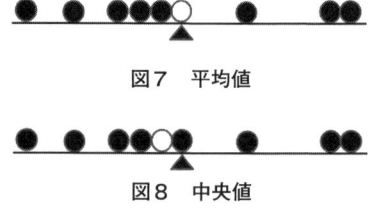

図8　中央値

9. 箱ひげ図の指導

箱ひげ図は、複数のデータを比較しやすいという特徴がある。図9は、羽の長さが5cmと7cmの紙コプター（図5）を2mの高さから落下させ、滞空時間を測定した結果を並べて表した箱ひげ図（並行箱ひげ図）である。図9のように、箱ひげ図は縦に描くこともある。四分位範囲について、5cmの結果は0.20（秒）、7cmの結果は0.35（秒）であり、5cmのデータのほ

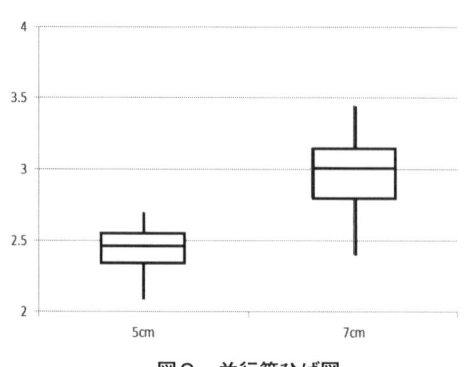

図9　並行箱ひげ図

うが中央値の周りに集中している。2つの箱ひげ図の箱に重なりはなく、7cmの第1四分位数のほうが、5cmの最大値よりも大きい。また、5cmのデータは全て3.00（秒）未満であり、7cmのデータは3.00（秒）の周りに集まっている。これらの特徴から、羽の長さが7cmの紙コプターのほうが、5cmの紙コプターよりも滞空時間は長い傾向があるという結論を導くことができる。

10. 統計的問題解決のプロセス

統計では、データに基づいて客観的に科学的な仮説を立てたり、実験や観察を繰り返して問題解決を進めたりする。統計的問題解決のプロセスとして、PPDACサイクルがよく用いられる（231ページ参照）。

統計の指導では、生徒に統計的問題解決のプロセスを意識させ、自分でデータに基づいた探究ができるようにさせることが大切である。

【課題3】 統計分析ではさまざまなグラフ表現が用いられる。小学校、中学校、高等学校で学習するグラフを整理し、それぞれの特徴について調べなさい。

【課題4】 データの中心を示す指標、およびデータの散らばりを示す指標を整理し、それぞれの特徴について調べなさい。

【課題5】 統計学には、探索的データ解析、セイバーメトリクスという研究がある。これらの研究について調べ、学校数学の内容との関連を述べなさい。

第3節 統計的確率と数学的確率

我々が住む環境は、不確実な現象であふれている。その中で我々は、自らの知識や経験、信念などから、その不確定な事象の起こりやすさを見込んでさまざまな判断を下して行動している。例えば「おそらく」「たぶん」

などの口語表現が頻繁に用いられる要因の一つには、そのような人間の行動様式の影響があるのだろう。不確定さの程度を捉えたいという思いは、我々人間が自然に抱く感情と言えよう。

本節では、不確定な事象の起こりやすさの程度を数値化した「確率 (probability)」とその考えについて、特に統計的確率と数学的確率との関係性に焦点を当てながら考察していく。

1. 数学における確率の定義

まず、確率論史を念頭に置きながら、確率の定義を確認する。なおここでの定義記述は、想定される読者の数学・数学教育的素養に配慮している。

不確定な事象を把握したいという人間的な思いを背景に、確率は古くから、数学的な考察対象とされてきた（課題6）。その過程でラプラス（P.S. Laplace 1749〜1827）は、それまで扱われてきた起こりやすさに関わる概念を体系的に整理し、学問としての確率論（古典的確率論）を完成させた。ラプラスによる確率の定義は、現在、数学的確率（あるいは理論的確率、先験的確率）と呼ばれている。

> 根元事象が全て同様に確からしい (equally likely) 試行において、根元事象が全部で n 個、事象 A に含まれる根元事象が a 個ある。このとき、$P(A) = \dfrac{a}{n}$ として得られる $P(A)$ を、A が起こる確率と定義する。

この定義は「ある実験を1回行ったとき、事象 A が起こると期待される程度が $P(A)$ である」という感覚的で分かりやすい考えに基づいている。しかし、この定義の前提条件である「同様に確からしい」か否かを、明確な理由をもって判断することは難しい。例えば我々は、通常のサイコロを用いた試行と、正方形でない面を持つ直方体の形をしたサイコロを用いた試行とでは、"1の目の出る確率"は異なると判断するはずである。しかしその根拠は、起こりやすさに関わる経験に基づく場合が多いのである。加えて、確からしさを仮定して確率を定義することに対して、そもそも原

理的矛盾が内在していることが指摘される場合もある。

　この弱点を補うのが、次の定義である。この定義に基づく確率は、統計的確率（あるいは経験的確率）と呼ばれている。

> ある試行を n 回繰り返したとき、事象 A が r 回起こったとする。このとき、$\lim_{n \to \infty} \dfrac{r}{n} = p$ なる p が存在するならば、この p を A の起こる確率 $P(A)$ と定義する。

　相対度数を用いるこの定義では、「同様に確からしい」ことを前提としていない。しかも、生活経験との関係づけが容易な統計的な考えに基づく定義であり、受容されやすいものと言える（課題7）。一方で、「$n \to \infty$」という無限を扱う操作が現実世界では不可能なことや、余事象と全事象の確率の関係が捉えにくいなど、いくつかの短所も見受けられる。

　これら短所を補ったのが、コルモゴロフ（A. N. Kolmogorov 1903～1987）による確率論の公理的基礎づけであった。この考え方の根底には、理論的あるいは経験的に規定された概念に附随する幾つかの性質を公理として捉え直すものであり、20世紀初頭の数学界を席巻した研究の方向性と整合するものであった。このようにして定義された確率は、公理的確率と呼ばれている。以降、根元事象を変数（確率変数）とし、確率をその関数とみなす現代的な確率論が展開され（課題8）、今日に至っている。

2. わが国の学校数学における確率の扱い

　現在、統計に関する算数・数学科の教育内容について、「数学教育現代化」後の低調な扱いが急速に改善されつつあり、本章第1・2節で述べたとおり、この方向性はしばらく継続されると見られている。したがって、統計的な考え方を支える、あるいはそれと相補的な関係にある確率やその考え方の扱いは、数学科の学習指導でも特に高い意識を持って検討していく必要があろう。

　この立場に立って数学科の教科書記述に目を向けてみると、中学校で確

率は、統計的確率で定義されたうえで"確率の求め方"として数学的確率が扱われていることが分かる。一方、高等学校で確率は、数学的確率で定義されたうえで"確率の基本性質"として公理的確率に関わる内容が扱われているのである。学習指導を考える場合、これらの相違を把握したうえで数学的確率の扱いを軸とする教育内容のつながりに十分配慮すべきことが明らかとなろう。確率の意味や「同様に確からしい」ことに対する理解が十分とは言えない中学生が少なくないことが報告され続けている（課題9）が、上記の観点からの学習指導の検討・再検討が重要と考えられる。

この件も含めて、確率やその考えの学習指導で重要視すべきは、不確定な事象を統計的に捉えたうえで確率を把握する、あるいは、確率計算の結果が統計的にはどんな意味を持つのかを意識することと言える。平均と期待値の関係は言うに及ばず、例えば条件付き確率は、条件が付与される度に全事象に制限が加わるため確率が更新されていくという統計的な感覚が重要であろう。そしてこれこそが、事象の独立や従属といった知識を、生きた知識として受容するために必要不可欠な感覚と思われる。

生徒たちが将来遭遇するであろう社会生活における問題は、数学的確率では処理できないものがほとんどであろう。そのような状況でも、なんらかの規則を見いだし解決を目指そうとする姿勢や態度は、まさに、社会を生き抜く力である。統計的確率、数学的確率やその考え方を扱う際にはこのことを念頭に置き、生徒たちの長期的な成長を意識した取り組みが求められる。

【課題6】 アントワーヌ・ゴンボー（Antoine Gombaud 1607〜1684: 通称"メレの騎士; Chevalier de Méré"）が数学者ブレーズ・パスカル（Blaise Pascal, 1623〜1662）に提起した「分配問題」が、数学的考察としての確率計算の発端であるとする数学史家が多い。この問題がどんな問題なのかについて調べたうえで、この問題と現在のわが国の学校数学での教育内容との関連について考察せよ。

【課題7】
(1) 根元事象が同様に確からしい試行における数学的確率と統計的確率と

は、非常に近い値になることが知られている。この事実の根拠となる法則の名称を調べ、その意味を考察せよ。
(2) 有名なビュッホンの問題（Buffon's Needle Problem, 通称"ビュッホンの針"）について、統計的確率と数学的確率の双方の観点から調べ考察せよ。

【課題8】 二項分布、正規分布、および中心極限定理とそれらの関係について調べよ。また、これら概念やその考えが、わが国で現在使用されている高等学校数学科教科書において、どのように扱われているか調べ、学習者の立場に立って考察せよ。

【課題9】 2007年度から実施されている全国学力・学習状況調査「中学校数学」で、確率の意味に関わる知識やそれらを活用する力について調査された問題について、調査結果と合わせて調べよ。

《課題のヒント・ポイント》

【課題1】 血液型や性別は質的データであり、集計する際の表記で1、2と数字が当てられていてもそれは変わらない。年齢や50m走の記録、毎日の最高気温などは量的データである。

【課題2】 特定のクラスを対象としてしまうと、そのクラスで流行しているスポーツに回答が偏ってしまうことなども考えられる。

【課題3】 小学校では、棒グラフや円グラフなど、主に質的データのグラフ表現を学習する。中学校、高等学校では、ヒストグラムや散布図など、主に量的データのグラフ表現を学習する。

【課題4】 データの中心を示す指標には、平均値、中央値、最頻値がある。さらに平均値には、相加平均、相乗平均など複数の指標がある。データの散らばりを示す指標には、範囲、四分位範囲、標準偏差、平均偏差などがある。

【課題5】 探索的データ解析は、1960年代から1980年代にかけてプリンストン大学のチューキーを中心に開発され、モデルを仮定せずにデータを多面的に捉える手法が用いられる。新たなグラフ表現として、樹形図や箱ひげ図が開発された。セイバーメトリクスは、1970年代に野球統計専門家のビル・ジェームズによって提唱され、長打率《(1×一塁打＋2×二塁打＋3×三塁

打＋4×本塁打）÷打数》などの客観的指標が開発された。

【課題6】 例えば、引用・参考文献にあるトドハンターとアイザックによる『確率論史』の第2章に詳細な記述がある。簡単に言えば、「先に3勝した者が賞金を得るゲームをA、Bの2人で行っていたが、Aの2勝1敗の時点でゲームを終了せざるを得なくなったとき、A、Bへの賞金分配を如何に行えばよいか」という問題である。これは、現行教育課程の高等学校「数学A」における教育内容「条件付き確率」に関わる問題である。

【課題7】

(1)「大数の法則」と呼ばれる法則であり、正確には「大数の弱法則」（確率収束する）と、「大数の強法則」（概収束する）の2つがある。前者が相対度数はある狭い範囲に収まること（必ずしも収束しなくてもよい）を主張するのに対して、後者は必ずある値に収束すると主張するもので、わが国の学校数学での「大数の法則」は、前者の意味で用いられることが多い。

(2) ビュッホンの問題とは、等距離の平行直線群で区切られている平面に小さな細い棒を落としたときに、その棒が直線群と交差する確率を考えよという問題である。この試行は独立な試行を繰り返した結果とみなせるので、その割合は統計的確率と言える。一方、数学的確率の観点からの考察は中学校段階では難しいが、同様に確からしいことを発展させて一様分布の考えを適用すれば、三角関数の積分を利用してその割合を算出できる。

【課題8】 二項分布、正規分布、中心極限定理とこれらの関係については、引用・参考文献を参照のこと。この内容は現在、「数学B」で扱われている。その教科書では、離散型確率変数の代表的な分布として二項分布を扱った後、連続型確率変数の分布である正規分布が導入され、これら2つを統合する形で、二項分布が正規分布に近づくことを視覚的に学ぶ。この事実の背景には中心極限定理が存在するが、そのことには言及していない。

【課題9】 国立教育政策研究所のホームページ（2015年7月時点でのURL; http://www.nier.go.jp/kaihatsu/zenkokugakuryoku.html）に掲載されている。例えば2013（平成25）年調査では、数学A第15問において、正しい確率の意味を選択肢から選ぶ問題と、簡単な場合について確率を求める問題が出題されたが、正答率はそれぞれ、33.4％、54.7％であった。大数の法則や同様に確からしい根元事象の意味の理解に対する課題が浮き彫りとなっている。

引用・参考文献

古藤怜「確率の指導」『日本数学教育学会誌』第54巻第6号、1972年、pp.94-98

コルモゴロフ，A. N.（坂本實訳）『確率論の基礎概念』筑摩書房、2010年

トドハンター，アイザック（安藤洋美訳）『確率論史』現代数学社、1975年

日本統計学会編『データの分析——日本統計学会公式認定統計検定3級対応』東京図書、2012年

日本統計学会編『資料の活用——日本統計学会公式認定統計検定4級対応』東京図書、2013年

Frankcom G. "Statistics Teaching and Learning: The New Zealand Experience," 『統計教育実践研究』No.1、2009年、pp.18-27

文部科学省『中学校学習指導要領解説 数学編』教育出版、2008年

ラプラス，P. S.（伊藤清解説・樋口順四郎訳）『確率論』共立出版、1986年

終章

授業研究のいっそうの質の向上を目指して

　大学を卒業し、教員免許を取得し、めでたく教師になったとしよう。わが国の場合、初年度から学級担任になることも多く、いわゆる「見習い」期間はないと言っても過言ではない。初任者研修はあるが、初任者だからといって特別扱いはされず、責任はベテラン教師と同じだけ課される。したがって、日々勉強という毎日が続くと思われる。しかも、その研修・研鑽は、上限があるわけではない。そういう意味では、教員免許は、他の免許とは本質的に異なる性格を有していよう。

　では、教師として必要な知識とは何か。シュルマン（Lee S. Shulman 1938～）は教科内容の知識（Content Knowledge）に対して、実際に教育現場で教科内容の知識を活用する際に必要とされる知識をPCK（Pedagogical Content Knowledge）と呼んでいる。PCKには、児童生徒が持っているミスコンセプションに関する知識、例えば、周りの長さと面積の混同（周りの長さが長い方がより広い面積を持つ）などが含まれる。また、このミスコンセプションにどう対応するかを考える際には、認知心理学的知識だけでなく、教育課程に関する知識も必要となる。例えば、円の面積を考えると、円周

が長いほうが面積は広いので、このミスコンセプションは正しいのである。日常生活でもほぼ相似形の図形どうしを比較する場合、このミスコンセプションは有効である。すなわち、ミスコンセプションを支えるものを教育課程や児童生徒の生活から洗い出し、それを指導上の知識として持っていなければならない。

　児童生徒の思考の特性に関する知識は、経験を重ねるごとに豊かになっていくであろう。また、他の先生方の授業を見る機会もあるので、そこから学ぶことも多々あろう。一人で悩まずに、ときには同僚と協同して授業を作り上げることも大切であり、そのような活動を通して教師としての知識もよりいっそう豊かになっていくのである。

　実際、わが国には「授業研究」という極めて特異な研修システムがある。授業研究はLesson Studyと英訳され、今や世界中で模倣？実践されている。そのきっかけの一つとされているのが、数学の授業（中学校第2学年）に焦点を当てたTIMSSビデオスタデイの結果を集約した"*The Teaching Gap*"（1999年）の出版である。その第7章で、日本の授業研究が紹介されたのである。それから約15年が経過した。今や北米やイギリスなどのヨーロッパ諸国だけでなく、シンガポール、タイ、マレーシアなどの東南アジア諸国、カタールなどの中東諸国、そしてケニヤ、ウガンダ、マラウイ、ザンビアなどのアフリカ諸国においても活発に実践されている。

　一方、世界で試行されている授業研究には誤解や曲解もあり、我々が暗黙に前提としていたことを正確にかつ明確に世界に発信していかねばならない。授業研究は120年以上の歴史があり、いわば空気のようなもので、無自覚に実践している側面があるからである。

　例えば、授業研究は、まず研究主題の設定から出発する。実は、ここが世界から高く評価されている点であるが、そのことを自覚しているだろうか。研究主題の決定は、先生方が議論し協同し、教育目標と児童生徒の実態の両者を踏まえてなされる。校内型の授業研究であれば、そこで考慮する児童生徒は自校の児童生徒である。地域型であれば、その地域の児童生徒の実態を踏まえ、全国型の授業研究であれば、日本全体の児童生徒を視

野に入れるわけである。研究主題を決めることなどは、当たり前のことかもしれない。しかし、この第一段階こそが、授業研究を他の教員研修と明確に区別する重要な要素である。多くの教員研修では、研修主催者が「答え」を用意し、それを先生方が受け取るわけである。「答え」から始まると言える。一方、授業研究は研究主題、すなわち「問い」から出発する。どの国でも教員研修は実施されているが、授業研究のように、教員自ら問いを立て、そこから自覚的・協同的に自らを高める研修を実践している国は日本だけ(15年前までは)である。ぜひ、自信と誇りを持ちたいものである。そして、授業研究を担う若手教員として、これまで以上に授業研究の質の向上を目指してほしいと願っている。

■■ 編著者紹介 ■■

藤井斉亮（ふじい・としあきら）━━━━━━━━━━━━━●序章、終章、第5章第1節

東京学芸大学教授。日本数学教育学会会長。筑波大学大学院教育学研究科博士課程単位取得退学。博士（教育学）。専門は数学教育学。

主な著書・論文に、『算数的活動で授業を楽しく』（共著、東京書籍、2000年）、『グラフ電卓で育てよう、数学を活かす力 ― 数学的探求とモデル化の授業』（共著、東京書籍、2004年）、"*Algebra and Algebraic Thinking in School Mathematics*"（分担執筆、NCTM Seventeenth Yearbook、2008年）、『講座算数授業の新展開 第4学年』（共著、東洋館出版社、2010年）、『授業を科学する ― 数学の授業への新しいアプローチ』（分担執筆、学文社、2010年）、『数学教育学研究ハンドブック』日本数学教育学会編（分担執筆、東洋館出版社、2010年）、『続・新しい算数・数学教育の実践をめざして』（分担執筆、東洋館出版社、2012年）、『教材事典』日本教材学会編（分担執筆、東京堂出版、2013年）、"*Algebra Teaching around the World*"（分担執筆、Sense Publishers, 2014）。また、小学校算数科用教科書および中学校数学科用教科書編集代表。

■■ 執筆者紹介 ■■

青山和裕（あおやま・かずひろ）━━━━━━━━━━━━●第13章第1節
　愛知教育大学准教授

飯島康之（いいじま・やすゆき）━━━━━━━━━━━━●第3章
　愛知教育大学教授

市川　啓（いちかわ・ひらく）━━━━━━━━━━━━━●第10章第1節
　山形大学准教授

江森英世（えもり・ひでよ）━━━━━━━━━━━━━━●第8章第3節
　群馬大学教授

大谷　実（おおたに・みのる）━━━━━━━━━━━━━●第9章
　金沢大学教授

太田伸也（おおた・しんや）━━━━━━━━━━━━━━●第11章第2節
　東京学芸大学教授

小口祐一（おぐち・ゆういち）━━━━━━━━━━━━━●第13章第2節
　茨城大学教授

小松孝太郎（こまつ・こうたろう）━━━━━━━━━━━●第11章第1節
　信州大学准教授

清水美憲（しみず・よしのり）━━━━━━━━━━━━━●第8章第1節
　筑波大学教授

清野辰彦（せいの・たつひこ）━━━━━━━━━━━━━●第10章第2節
　東京学芸大学准教授

高橋昭彦（たかはし・あきひこ）━━━━━━━━━━━━●第4章
　デポール大学准教授

髙橋　聡（たかはし・さとし）────────●第13章第3節
　　椙山女学園大学講師

髙橋　等（たかはし・ひとし）────────●第8章第2節
　　上越教育大学准教授

田中義久（たなか・よしひさ）────────●第12章第1節
　　弘前大学講師

田端輝彦（たばた・てるひこ）────────●第6章第3節
　　宮城教育大学教授

辻　宏子（つじ・ひろこ）──────────●第6章第2節
　　明治学院大学准教授

中川裕之（なかがわ・ひろゆき）────────●第7章第2節
　　大分大学准教授

中野博之（なかの・ひろし）─────────●第5章第3節
　　弘前大学教授

中村光一（なかむら・こういち）────────●第2章第1節
　　東京学芸大学教授

中村享史（なかむら・たかし）─────────●第5章第5節
　　山梨大学教授

西村圭一（にしむら・けいいち）────────●第12章第2節
　　東京学芸大学教授

二宮裕之（にのみや・ひろゆき）────────●第2章第2節
　　埼玉大学教授

日野圭子（ひの・けいこ）──────────●第5章第4節
　　宇都宮大学大学院教授

舟橋友香（ふなはし・ゆか）─────────●第10章第3節
　　奈良教育大学准教授

蒔苗直道（まきなえ・なおみち）────────●第1章
　　筑波大学准教授

牧野智彦（まきの・ともひこ）─────────●第11章第3節
　　宇都宮大学准教授

増田有紀（ますだ・ゆき）──────────●第6章第1節
　　東京成徳大学助教

松山武士（まつやま・たけし）─────────●第5章第2節
　　聖徳大学大学院教授

宮﨑樹夫（みやざき・みきお）─────────●第7章第1節
　　信州大学教授

森本　明（もりもと・あきら）────────●第5章第6節
　　福島大学教授

（五十音順／敬称略／●印は執筆担当箇所）　※現職所属は執筆時

■ 監修者紹介 ■

橋本美保（はしもと・みほ）

1963年生まれ。1990年広島大学大学院教育学研究科博士課程後期中途退学。現在、東京学芸大学教育学部教授、博士（教育学）。専門は教育史、カリキュラム。主な著書に、『明治初期におけるアメリカ教育情報受容の研究』（風間書房、1998年）、『教育から見る日本の社会と歴史』（共著、八千代出版、2008年）、『プロジェクト活動――知と生を結ぶ学び』（共著、東京大学出版会、2012年）、『新しい時代の教育方法』（共著、有斐閣、2012年）、『教育の理念・歴史』（新・教職課程シリーズ、共編著、一藝社、2013年）、ほか多数。一藝社「新・教職課程シリーズ」（全10巻、既刊）を監修。

田中智志（たなか・さとし）

1958年生まれ。1990年早稲田大学大学院文学研究科博士後期課程満期退学。現在、東京大学大学院教育学研究科教授、博士（教育学）。専門は教育思想史、教育臨床学。主な著書に、『キーワード現代の教育学』（共編著、東京大学出版会、2009年）、『社会性概念の構築――アメリカ進歩主義教育の概念史』（単著、東信堂、2009年）、『学びを支える活動へ――存在論の深みから』（編者、東信堂、2010年）、『プロジェクト活動――知と生を結ぶ学び』（共著、東京大学出版会、2012年）、『教育臨床学――「生きる」を学ぶ』（単著、高陵社書店、2012年）『教育の理念・歴史』（新・教職課程シリーズ、共編著、一藝社、2013年）、ほか多数。一藝社「新・教職課程シリーズ」（全10巻、既刊）を監修。

教科教育学シリーズ③

算数・数学科教育

2015年10月30日　初版第1刷発行
2017年 3月30日　初版第2刷発行

監修者　橋本美保／田中智志
編著者　藤井斉亮
発行者　菊池公男
発行所　一藝社

〒160-0014　東京都新宿区内藤町1－6
Tel. 03-5312-8890　Fax.03-5312-8895
http://www.ichigeisha.co.jp　info@ichigeisha.co.jp
振替　東京00180-5-350802
印刷・製本　シナノ書籍印刷株式会社
ISBN 978-4-86359-081-6 C3037
©2015 Hashimoto Miho, Tanaka Satoshi, Printed in Japan.

定価はカバーに表示されています。落丁・乱丁本はお取り替えいたします。

本書の内容の一部または全部を無断で複写（コピー）することは、
法律で認められた場合を除き著作者及び出版社の権利の侵害になります。

一藝社の本

教科教育学シリーズ［全10巻］

橋本美保・田中智志◆監修

《最新の成果・知見が盛り込まれた、待望の「教科教育」シリーズ！》

※各巻平均210頁

01 国語科教育
千田洋幸・中村和弘◆編著
A5判　並製　定価（本体2,200円＋税）　ISBN 978-4-86359-079-3

02 社会科教育
大澤克美◆編著
A5判　並製　定価（本体2,200円＋税）　ISBN 978-4-86359-080-9

03 算数・数学科教育
藤井斉亮◆編著
A5判　並製　定価（本体2,200円＋税）　ISBN 978-4-86359-081-6

04 理科教育
三石初雄◆編著
A5判　並製　定価（本体2,200円＋税）　ISBN 978-4-86359-082-3

05 音楽科教育
加藤富美子◆編著
A5判　並製　定価（本体2,200円＋税）　ISBN 978-4-86359-083-0

06 体育科教育
松田恵示・鈴木秀人◆編著
A5判　並製　定価（本体2,200円＋税）　ISBN 978-4-86359-084-7

07 家庭科教育
大竹美登利◆編著
A5判　並製　定価（本体2,200円＋税）　ISBN 978-4-86359-085-4

08 図工・美術科教育
増田金吾◆編著
A5判　並製　定価（本体2,200円＋税）　ISBN 978-4-86359-086-1

09 英語科教育
馬場哲生◆編著
A5判　並製　定価（本体2,200円＋税）　ISBN 978-4-86359-087-8

10 技術科教育
坂口謙一◆編著
A5判　並製　定価（本体2,200円＋税）　ISBN 978-4-86359-088-5